난 부자가 되기보단
내 삶을 지키고 싶었다

난 부자가 되기보단 내 삶을 지키고 싶었다

뼈 때리는 부동산

초판 1쇄 발행 2022년 12월 05일

지은이 이희재   **펴낸곳** 크레파스북   **펴낸이** 장미옥

편집 정미현, 이상우, 김용연   **디자인** 김지우   **마케팅** 김주희

출판등록 2017년 8월 23일 제2017-000292호
주소 서울시 마포구 성지길 25-11 오구빌딩 3층
전화 02-701-0633   **팩스** 02-717-2285   **이메일** crepas_book@naver.com
인스타그램 www.instagram.com/crepas_book
페이스북 www.facebook.com/crepasbook
네이버포스트 post.naver.com/crepas_book

ISBN 979-11-89586-52-2(03320)
정가 18,000원

이 도서의 국립중앙도서관 출판예정도서목록CIP은 서지정보유통지원시스템 홈페이지(http://seoji.nl.go.kr)와
국가자료종합목록 구축시스템(http://kolis-net.nl.go.kr)에서 이용하실 수 있습니다.

뼈 때리는

부동산

글 이희재

크레파스북

목차

이번 원정은 정상에 오르는 것이 목표가 아니다.
때문에 우리에겐 그 어떤 명예노 보상노 돌아오지 않을 것이다.
두려워하지 말자. 등산이란 길이 끝나는 곳에서 시작되는 법이다.

영화 <히말라야>에서 엄 대장의 대사 中

그래, 인생이란 말이다. 우리가 인생이란 원정길 위에서 내리는 모든 결정은, 어쩌면 지금의 나를 정상에 올리기 위함이 아니라 지켜야 할 사람을 위해, 목적지로 향하는 길목 어딘가에 가지런히 벽돌 한 장을 쌓는 것일지도 모른다. 그래서 그 결정은 때론 무겁고 두렵지만, 그 자체로 소중하고 존엄한 것이다. 설령 어떤 명예도 보상도 돌아오지 않더라도 말이다. 혹여 가다 길이 좀 끊기면 또 어떠랴. 그렇다고 이제 와 처음으로 되돌아 갈 수도 없는 여정인데 말이다. 그저 봇짐 한 번 고쳐 메고, 내 곁에 있는 사랑하는 이들의 손 한 번 꽉 붙들고, 그렇게 가다 보면 더러는 또 없던 길도 새로이 나타나는 법이다. 살다 보면 말이다.

프롤로그

내 삶을 바꾼 결단

군가 '청룡은 간다'의 가사 그대로, 삼천만의 자랑인 대한 해병대 소속 청룡부대가 얼룩무늬 번쩍이며 월남의 정글로 향했던 1965년 가을, 한 중년 부부도 강원도 원주에서 서울로 향하는 이삿짐 가득한 용달차 2대에 몸을 실었다. 영동고속도로도 뚫리기 전인 그 시절, 비포장 국도를 위태롭게 내달리는 용달차 안, 부부의 옆자리와 무릎 위에는 고등학생부터 초등학생까지, 서너 살 터울의 아이 넷도 함께였다. 지천명을 넘긴 남성이 처자식과 함께 반평생 살던 고향을 등지고 새로이 둥지를 튼 곳은 서울특별시 성북구 정릉동 254-160번지 솔샘길 골목, 높은 담장이며 정원까지 딸린 제법 모양을 갖춘 양옥집이었다. 그는 고향에서 처분한 전 재산 가운데 집 한 채를 사고 남은 돈으로 8대의 중고 버스를 매입해 당시 청수장에 종점을 둔 동양운수 3번 노선을 창업했다고 한다. 아들이며 딸자식 시집, 장가갈 때 고생 안하게 버스 한 대씩 팔아 살림 밑천 삼아주겠노라며 말이다. 60년이다 된 내 할아버지의 이야기다.

70년대 후반, 막내를 뺀 자식 셋이 모두 혼인하자 할아버지는 홀연 운수업을 정리하고 관악구 신림동 신대방역 앞 단독주택으로 이사하셨다고 한다. 이유는 몰라도 다시 한 번 자리를 옮기로 하신 마당에 이왕이면 관악구 말고 강남구나 서초구였다면 참 좋았을 텐데 말이다. 원주에서 서울로 이사하던 1965년도에 초등학교 4학년이었던 막내는 그즈음 군대를 막 다녀와 첫 눈에 반한 동갑내기 여인과 결혼했고, 1979년 겨울, 젊은 부부는 신림동 어딘가에 있는 산부인과에서 외동아들을 얻었다. 임춘애가 우리나라에서 처음 열린 아시안 게임에서 라면만 먹고도 3관왕을 차지했던 1986년, 초등학교에 막 입학한 아이를 데리고 분가한 부부가 자리 잡은 곳은 강서구 신월동 곰달래길 사잇골목 어딘가에 있는 3층짜리 연립주택이었다. 2년이 지나마침 위층 살던 재구 엄마의 간곡한 권유를 들은 젊은 아내는 남편과 상의 끝에 당시 프리미엄 800만 원을 더해 3,000만 원이 조금 넘는 돈으로 난생 처음 27평짜리 아파트를 사기로 결정했다. 한창 신축이었던 목동 7단지였다. 30년도 넘은 내 부모님의 이야기다.

올림픽이 열리고 양천구가 강서구에서 분리되던 1988년 그해 여름, 초등학교 3학년이었던 난, 그렇게 용달차 2대를 앞세우고 결혼 전까지 이후 무려 25년을 살게 될 목동 7단지에 입성한다. 그건 한창 '손에 손잡고' 가사를 외우고, 강시 부적을 그리는 데 재미를 들였던 초등학교 3학년 철부지가 난생처음 엘리베이터가 달린 아파트를 경험했던 일생일대의 사변이자, 결과론적으로 이후의 내 삶을 바꾸어 놓은 분기점이었다.

난 말이다. 이따금 그런 상상을 한다.

돌아가신 내 할아버지가 60년 전, 전 재산을 처분해 이촌향도를 감행하지 않고 강원도 원주에 주저앉으셨다면, 35년 전 내 부모님이 목동 아파트가 아닌 조금 다른 선택을 하셨더라면, 그렇다면 아마 나 자신은 그대로이되, 지금의 나와는 사뭇 다른 모습으로 살아갈지도 모르겠다는, 그런 아찔하고도 부질없는 상상 말이다. 그리고 무엇보다 난, 뒤에서 잠시 얘기하게 될 신혼시절 내 선택까지 더해 우리 삼대(三代)가 저마다 각자의 인생길 위에서 내렸던 그 세 가지 결단이, 세월과 세대를 이어 결국 지금의 내 두 딸아이가 앞으로 살아가게 될 인생까지도 어느 정도는 결정지었다고 믿는다. 60년 전 할아버지의 선택이 아버지에게, 그리고 35년 전 아버지의 선택이 나에게 그러했듯이 말이다.

산업화와 민주화라는 더없이 퍽퍽하고 촘촘한 격동의 세월을 오롯이 견뎌냈다고 해서, 그들이 인생의 갈림길에서 두려움이 없었던 건 분명 아니었을 것이다. 아니, 어쩌면 지난 5년 동안 벼락거지와 벼락부자 가운데 양자택일을 끊임없이 강요당한 우리네 삶보다 더한 질곡이었는지도 모를 일이다. 하지만 그들은 당면한 격동의 세월을 회피하기보단 정면으로 맞섰고, 그런 선택 덕분에 아이러니하지만 풍진 한국 현대사 속에서 어쩌면 앞으로는 다시 만나지 못할 신분 상승의 기회를 잡아챈 것이었는지도 모르겠다.

지난해 이 나라 20, 30대 하위 20% 평균 자산이 2,473만 원으로 전년 대비 64만 원 증가에 그치는 동안, 상위 20%의 평균 자산은 8억 744만 원으로 같은 기간 7,031만 원 늘어났다. 110배의 차이다. 이제 어지간한 서울, 경기도의 살 만한 아파트 입장권이 10억 원을 넘긴 상황에서 이 땅의 20, 30대들은 근로소득으로 집을 살 수 있다는 희망을 잃었다. 이제 그런 그들이 할 수 있는 일이라곤 기껏해야 눈알 시뻘게질 때까지 들여다보는 주식이나 코인, 아니면 여행과 맛집 투어 정도다. 이제 어디에 집을 사느냐 마느냐, 새로이 짓느냐 마느냐를 개인이 선택할 수 있던 세상은 강제로 끝이 났다. 지금은 사퇴한 어느 국회의원의 말마따나 임대인에게는 목돈과 이자 활용의 기회를, 임차인에게는 저축을 통해 내 집 마련의 기회를 제공했던 전세 또한 소멸의 길로 들어섰다. 적어도 지금까진 그렇다. 내 집도 없고, 전세도 없으니 갈 곳이라곤 월세 집뿐이요, 매달 벌어 매달 빠져나간 뒤 그깟 푼돈으로 주식이며 코인 좀 사본들 결과는 뻔하다.

지금부터 내가 하려는 이야기는 어디서 어떤 투자를 해 얼마의 수익을 올렸단 도장깨기 식의 화려한 무용담도 아니요, 일타 강사가 수능 문제를 찍어주듯 청약 전략이나 경매 낙찰 노하우를 알려주는 족집게 지침서도 아니다. 어느 동네 어느 아파트는 저평가 되었으니 지금이라도 서둘러 사놓으면 훗날 돈 좀 될 거란, 아니면 말고 식의 사이비 천기누설은 더더욱 아니다. 나 스스로조차 그런 유망한 투자는 일찍이 배우지도 해보지도 못했거니와, 원래가 고단한 인생에 있어 달콤한 오아시스 같은 요행이란 없다고 믿는 까닭이다.

그저, 말하자면 그냥 이런 거다.

시대와 장소를 가리지 않고, 나와 내 식구들이 어떻게 하면 부침 없이 평범하고 사납지 않게 먹고살 수 있을까 하는 일상의 이야기, 화려하지만 결국은 남의 집 빌려 쓰는 그런 빛 좋은 개살구보단 남루할지언정 어디든 내 집 하나 장만하고 사는 편이 낫다는, 그간 스스로 질문했던 고민의 편린 같은 거 말이다. 무엇보다 우리네 삶의 궤적이 크게 다르지 않은 탓에 특수한 상황의 소수를 제외하곤 동시대를 공유하는 많은 이들의 고민 또한 나와 크게 다르지 않을 거라 생각했다. 내 두서없는 끼적임을 읽는 사람들 가운데 단 한 명이라도 무언가 공감할 수 있다면, 그래서 그 또는 그녀의 삶이 단 1㎝라도 나아지는 쪽으로 옮겨갈 수 있다면, 그렇다면 내겐 더 없는 기쁨이겠다.

Part 01

삶을
통찰하다

우리가 세상과 싸우는 건 세상을 바꾸기 위해서가 아니라,
세상이 우리를 바꾸지 못하게 하기 위해서예요.

영화 <도가니>에서 유진이 인호에게 보낸 편지글 中

나약한 우리가 끊임없이 이 세상과 싸우고 있는 이유는 사실 세상을 바꾸기 위해서가 아니라, 세상이 우리를, 나와 내 소중한 가족을 바꾸지 못하게 하기 위해서다. 난 지금껏 그래왔듯 내가 선 자리에서 나만의 방식으로 계속해 세상과 싸워 나갈 것이다. 이깟 세상 바꾸기 위해서가 아니라, 그깟 세상이 나와 내 식구들을 제 맘대로 바꾸지 못하게 하기 위해서 말이다.

인생이란 아이러니:
삶의 궤도를 바꾼 나의 첫 부동산

지금으로부터 9년 전인 2013년 가을, 결혼할 당시 아내와 내가 가진 자산은 1억 3천이 전부였다. 처음부터 받고자 했다면 양가 모두 부족하지 않을 정도의 도움을 주실 경제적 여력은 됐었고, 굳이 그게 싫었다면 그저 눈 한 번 질끈 감고 본가나 처가에 들어가 급한 대로 주거문제부터 한 수 접고 시작했어도 그만이었다. 하지만 당시에 아내와 난 그때까지 모아둔 각자의 돈 8천씩을 합해 우리 스스로의 힘으로 홀로서기를 택했다. 이제 와 난 그때 우리의 선택을 두고서 치기 어린 오기였다 애써 폄훼하고픈 마음도, 개념 있는 호기였다 굳이 추켜세우고픈 마음도 없다. 누구나 그렇듯 당시 우리는, 각자의 인생길 위에서 그저 나름의 치열한 고민과 선택을 했을 뿐이었다.

한데 모은 1억 6천 가운데 결혼식에 필요한 '스드메'며 신혼여행 비용으로 3천을 미리 제하고 남은 1억 3천에다 전세 대출 4천을 더해 우리가 얻은 첫 신혼집은 경기도 광명시 철산동에 있는 21평짜리 낡은 복도식 아파트였다. 지금 돌이켜보면 2013년은 2, 3차 뉴타운 대부분이 첫 삽도 뜨기 전으로, 은평과 왕십리 정도만이 겨우 뉴타운 딱지를 붙이고 있을 때였다. 강남을 뺀 어지간한 서울 역세권 대단지 매매가가 59㎡는 4억, 84㎡는 5억대 중반으로 현재 같은 면적 전셋값의 절반에도 못 미치는 수준이었고, 2000년대 후반 불어닥친 금융위기로 서울 아파트값 대부분이 전고점에도 이르지 못해 하우스 푸어를 걱정하던 시절이었다. 나라에선 경제부총리까지 나서 원하는 만큼 기꺼이 돈을 빌려줄 테니 빚내서 제발 집 좀 사라고 간곡히 부추기기까지 했던 터에, 맞벌이로 각자 직장도 제법 탄탄했으니 집값의 70~80%를 당겨 내질러도 그만이었지만, 매사 성격이 사납지 않은 아내의 간곡한 만류로 타협을 본 게 대출 4천 낀 전세였다.

그리고 전세 한 바퀴가 돌아 2015년이 됐다. 2015년은 지금보다 청약과 전매가 느슨해 여기저기서 '묻지마 청약'과 '소액 P팔이'가 들불처럼 유행하던 시기였는데, 이즈음 첫째 아이 출산과 맞물려 거주공간에 대해 다시 생각해야 했던 난, 아내를 설득해 눈여겨보던 서울 뉴타운 한 곳의 특별 공급 물량에 청약했고, 운 좋게 당첨됐다. 다시 2년이 흘러 2017년 둘째가 태어났고, 그즈음 대통령이 바뀌었다. 지금 이 모든 불행의 서막이었던, 그해 8월 2일 발표된 일련의 대책들을 보고 겪으며, 이듬해 2018년 나는 서울 어느 뉴타운에 있는 아파트 하나를 추가로 매입했고, 그렇게 다시 4년이 지났다.

적어도 부동산에 관해 내가 지난 9년 동안 한 건 고작 그게 다였다. 부동산 이견으로 부부간에 칼부림까지 나는 세상, 지금 기준에서 매매가 아닌 전세를 택했던 9년 전 우리의 선택을 반추하면 분명 최선은 아니었다. 하지만 그것이 결국 7년 전 선택과 5년 전 결단의 밑거름이 돼주었다는 점에서 또한 최악도 아니었으니, 인생이란 역시 아이러니다.

그런데 정작 문제는 이런 것이다. 예를 들어, 올해 결혼한 어떤 부부가 9년 전 우리와 같은 선택을 한다면 이들이 지금으로부터 2년 뒤, 그리고 4년 후 지금의 우리와 같은 수준의 궤도로 무사히 진입할 수 있느냐 하는 문제 말이다. 9년 전, 우리 부부가 집을 사지 않고 신혼 첫 집으로 전세를 택했던 것이 우리가 동년배들에 비해 대단히 멍청해서가 아니었듯이, 이후 집을 산 것 또한 우리가 그 시점의 그들에 비해 대단히 똑똑해서도 아니었다. 그것은 누구나 저마다의 상황에서 내릴 수 있는 판단이요 자유의 영역일 뿐, 옳고 그름의 잣대로써 재단할 수 있는 문제는 아닌 것이다. 다만 여기서 중요한 대목은 명색이 제대로 된 나라라면, 한 개인이 어떠한 판단 착오를 했더라도 본인이 이를 개선하기 위해 노력할 경우 늦게나마 다시 보통의 궤도로 재진입할 수 있는, 그런 건강한 생태계가 항시 작동되고 있어야 한다는 것이다. 9년 전 결혼 이래 조우했던 그 몇 번의 길목에서 그때의 내가 만일 조금 결이 다른 선택을 했었더라면, 그리고 아내가 그때의 내 결단과 제안을 그처럼 지지해 주지 않았더라면, 그랬다면 아마 우리 가족은 지금쯤 굉장히 다른 궤도의 삶을 살고 있을 것이다.

강남이야 좀 제쳐두더라도 지금 어지간한 뉴타운에서 재산세와 종부세로 앓는 소리 꽤나 낸다는 사람들 대부분은 실상 불과 몇 년 전까지만 해도 그리 대단한 재력가들이 아니었다. 9년 전 우리 부부처럼 당시 30대 중반에서 40대 초반이었던 그들이 결혼과 출산을 전후해 기껏 한 것이라곤 박근혜 정부에서 서류 몇 장과 맞바꾼 대출로 아파트 한두 채 산 게 전부였는데, 어쩌다 보니 지금에 와 가족 전체의 인생이 바뀐 것이다.

이 대목에서 한 가지 재밌는 상상을 해볼 수 있을 것이다.

내가 광명시 철산동 언덕배기 21평에 전세로 들어가던 2013년, 인근에서 제일 비쌌던 아파트는 '철산푸르지오하늘채'와 '철산래미안자이'였고, 84㎡ 가격이 막 5억을 넘어가고 있을 때였다. 그때 근처 5억짜리 자가에 살던 어느 40대 중반의 부부가 중학교 진학을 앞둔 자식 교육을 위해 살던 집을 팔고서 그 돈으로 학군지를 찾아 서울 어디 목동쯤에 있는 비슷한 평수 아파트에 5억짜리 전세로 들어갔다고 치자. 당시 목동 대장 7단지 36평 매매가가 9억 언저리였으니 이 부부야말로 마음만 먹었다면 대출 좀 끼고 목동 7단지를 샀어도 그만이었던 상황이었고, 하다못해 정히 목동에 전세로 가려거든 철산동 자가는 세를 놓고 가도 충분했다. 하지만 이들은 기어이 살던 내 집을 팔고 남의 집에 전세 들어가기를 택했고, 그러는 사이 정권이 바뀌었다.

일상에 치이고 관성에 이끌려 살다 보니 중학교 진학을 앞뒀던 아이는 어느새 대학에 들어가 군대까지 갔는데, 그 세월 전세 서너 바퀴를 돌고 나니 9억 언저리에 살 수 있었던 목동은 25억이 됐고, 5억에 팔았던 철산동은 11억이 됐다. 깨알 같은 임대차 3법 덕분으로 깔고 앉은 보증금 5억에 그간 주식이며 적금으로 알뜰살뜰 모아둔 돈 몇 푼 보태본들 이제 와 목동은 고사하고 철산동 25평 전세도 빠듯한 형편이니, 그저 애 하나 키우며 숨만 쉬고 살았을 뿐인데 어느 날 갑자기 그야말로 오도 가도 못 하는 '벼락거지'가 됐다. 우린 지금 그깟 전세와 매매를 선택하는 것에 가족 전체의 인생을 걸어야 하는 세상에 살고 있다. 벼락부자와 벼락거지 중 어디에 속할지 인생의 아이러니는 여전히 현재 진행형이다.

시차만큼 매매가와 전세가 모두 지금보단 무척 저렴했고 원하는 만큼 대출도 받을 수 있었다곤 하지만, 돌이켜 생각하면 수중에 있는 1억 3천으로 서울에 있는 아파트에 들어가기란 9년 전 그때도 결코 녹록한 일은 아니었다. 차도 있고 여차하면 몸으로 때울 수 있는 내 출퇴근이야 아무래도 그만이었지만, 강남으로 출퇴근을 해야 하는 아내를 위해 집 주변의 지하철역이 간절했고, 한평생 고생시키지 않겠노라 데려와 놓고 아내에게 볕도 잘 들지 않는 허름한 빌라에다 신혼살림을 풀게 하고 싶지도 않았다. 정확한 날짜까진 기억나지 않지만, 그날이 한 웨딩 박람회에 다녀왔던 날이란 것과 크리스마스를 앞두고 무척이나 추웠다는 건 또렷이 기억한다. 어지간히 늦은 밤, 미리 알아놓은 5호선 우장산역 근처 한 신축 빌라를 둘러보고 나오는 길에 아내와 난 손을 잡고 걸으면서도 서로 한동안 말이 없었는데, 문득 아내가 내게 이렇게 물었다.

"오빠, 지하철역도 가깝고, 저런 아파트는 늘어가려면 낳이 비싸겠지?"

아내는 아마도 그날 일을 기억조차 못 하겠지만, 그때 아내가 가리킨 곳은 다름 아닌 강서구 화곡동에 있는 '우장산아이파크이편한세상'이었다. 그리고 아마 그때였던 것 같다. 내가 사랑하는 아내를 위해, 그리고 머지않은 훗날 만나게 될 아이를 위해, 내가 지켜야 할 가족을 위해, 꼭 아늑한 아파트 한 칸은 마련해 주겠노라 마음속으로 다짐했던 순간 말이다. 지금 생각해도 그날 그때, 2,500세대가 넘는 '우아이'는 바로 옆 2,600세대 '강힐'과 겹쳐지며 반평생 아파트에 살아왔던 내 눈에도 유난히 높고 화려하게 보였더랬다. 그리고 한편으론 일순간 무력감이 몰려왔다. 우리 앞에 펼쳐진 그 아파트들이 마치 가난한 소시민은 절대로 들어갈 수 없는, 너무도 공고한 중세 시대 영주의 성처럼 느껴졌기 때문이다.

"살짝 접어두는 페이지요. 책 읽을 때 그러잖아요?!
열심히 잘 읽어가다가 잠시 멈출 때,
언젠가 다시 그 책을 집어 들 순간을 위해서
다시 찾기 쉽게 페이지를 접어두잖아요."

드라마 <로맨스는 별책부록>에서 서준이 단이에게 했던 대사 中

9년이란 세월이 흘렀어도 그날은 여전히 내게 있어 마치 책을 읽다가 살짝 접어둔 페이지와 같다. 부동산에 있어서만큼은 몇 년째 아무것도 할 수 없게 돼버린 탓에 한동안 한 발짝 떨어져 지냈지만, 언젠가 스스로의 집 문제로 다시 고민할 순간이 왔을 때, 망각하고 있던 집에 대한 생각과 가치를 다시금 상기시킬 수 있도록 살짝 접어둔 페이지 말이다. 내게 평생을 두고 쓸 그런 소중한 책갈피를 선사해 준 아내에게 뒤늦은 고마움을 전한다.

기다림이 없어진 세상:
이 땅의 벼락거지들에게 건네는 레퀴엠

기다림이란 그런 것이다. 고사리손으로 꼼꼼히 그려낸 그림 한 장을 자랑하고 싶어 졸린 눈을 비벼가며 퇴근이 늦어지는 아빠를 기다리는 5살 아이의 마음, 자신의 능력이 부족한 것을 자책하며 그 미안한 마음을 오롯이 담아 자식에게 먹일 한 끼 밥의 지루한 뜸을 기다리는 엄마의 마음, 그런 거 말이다. 그래서 기다림이란 어쩌면 내가 아끼고 사랑하는 사람에 대한 설렘의 다른 이름일지도 모른다.

누군가의 연락을 기다릴 때도, 선택의 결과를 기다리는 동안에도 우린 늘 가슴 설레는 상상에 빠지곤 한다. 소신 있게 지원한 대학의 합격자 발표를 기다렸을 때도, 간절했던 회사에 면접을 보고 났던 후에도, 고민 끝에 고른 첫 차의 인수를 기다렸을 때도, 아내의 결혼 승낙을 기다렸을 때도, 그리고 알량한 전 재산을 걸고 일생의 승부수를 던졌던 아파트 청약의 당첨자 발표를 기다렸을 때도, 지난 20여 년간 내 인생을 스쳤던 수많은 기다림은 늘 아찔하고 힘겨웠지만 역설적으로 내게는 삶을 지탱해준 설렘이기도 했다. 어느 한 극단에 치우친 사람이 아닌 바에야, 우리네 삶은 너 나 할 것 없이 닮아 있는 까닭에 아마 많은 이들이 살아가며 겪었을 저마다의 기다림 또한 나와 크게 다르진 않았을 것이다.

하지만 시나브로 세상엔 더 이상 기다림이 없어졌고, 어쩌다 생겨난 드문 기다림은 설렘이 아닌 고통과 절망의 다른 이름이 되었다. 단군 이래 단 한 순간도 녹록한 적 없었던 세상살이라지만, 그래도 불과 5년 전까지만 해도 말이다. 어렵사리 취직해서 적으나마 월급 차곡차곡 모아 월세에서 전세로 갈아타고, 그렇게 다시 몇 년 구르다 모아둔 전세 보증금에 은행 대출 좀 보태면 내 집 마련할 날이 언젠가 올 거라 믿고 살았더랬다. 하지만 되는 것보다 안 되는 게 더 많은 규제 일변도의 부동산 정책이 시작된 어느 시점부터, 집값은 더 이상 근로소득만으론 닿을 수 없는 영역으로 저 멀리 달음질쳤고, 그 간극을 메워 줄 대출은 오히려 줄어들다 못해 불가능해졌다. 대출을 옥죄니 이리저리 다른 경로로 돈을 끌어모아 집 사느라 '영끌'이란 신조어가 생겨났고, 그 영끌조차 힘든 이 땅의 2030들은 스스로를 '벼락거지'라 칭하며 자조하기에 이르렀다.

넘쳐나는 유동성에 정권의 무능함까지 더해져 집값은 2000년대 후반 금융위기 이전의 전고점을 넘어 몇 년째 신고가를 경신하고 있는데, 평온한 주말 댓바람부터 청와대 비서관이 강남에 있는 집 대신 세종시에 있는 집을 팔았다는 게 주요 포털의 속보로 뜨고, 공무원 신분으로 세종시에 특별 공급을 받았음에도 실제로는 한 번도 거주하지 않고 매각하는 '뛰튀'가 여기저기 성행하는가 하면, 집을 파느니 아예 승진을 포기하겠다는 공무원들이 생겨나는, 부동산 광기의 시대를 우리 모두는 지나왔다.

업무상 알게 된 정보를 도둑질해 개발 예정 구역 필지를 잘게 쪼개 부모, 배우자, 자식 명의까지 들이대며 거액의 대출을 받아 100억 원대 땅을 매입한 LH 직원들, 자신이 그곳 사장으로 있을 때 벌어진 직원들의 범죄행위를 두고서 개발 정보를 알고 투자한 건 아닌 것 같다고 두둔하는 장관, 투기는 투기이고 공급대책에 대한 신뢰가 흔들려서는 안 되니 오히려 더 속도감 있게 추진돼야 한다는 대통령, 그리고 내부 게시판에 LH 직원이라고 부동산 투자하지 말란 법이 있느냐고 도리어 따져 물은 그들, 이쯤 되면 부동산을 논하기에 앞서 이미 이 나라는 정의와 상식이 집단으로 마비된 광란의 도가니와 다름없었다. 영끌로 코딱지만한 집 하나 겨우 장만한 탓에 그 잘난 취미는 고사하고 삼시 세끼 맨밥만 먹으며 몸테크하거나, 그나마 영끌할 지푸라기조차 없어 욜로나 외치며 월세방을 전전하는 이 땅의 벼락거지들에게 과연 저 LH 사태는 무슨 의미요, 어떤 메시지였단 말인가?

서울 어지간한 동네와 좀 잘 나가는 경기도는 이미 4~5년 전 같은 면적의 강남 집값을 넘어섰고, 같은 아파트 안에서도 지금의 전셋값은 그때의 매매가보다 비싸졌다. 그렇게 나라 전체가 무엇에라도 홀린 듯 앞에서 당기고 뒤에서 밀어 올리는 통에 그저 하염없이 떠밀려 여기까지 왔는데, 잠깐 정신을 차리고 보니 압구정, 반포는 40억, 대치와 개포는 30억, 마·용·성 20억에, 이하 나머지 뉴타운들도 15억을 전후해서 네가 잘났네, 내가 잘났네, 저마다 키를 맞춘다. 그 틈에 동남쪽에선 분당을 중심으로 판교가 20억에 광교도 15억인데, 서쪽에선 저 아래 있던 김포와 파주까지 1~2년 새 몇억이 뛰어버리니 이런저런 이유로 잠시 거래가 정체된 서울 어디쯤보다 비싸거나 거의 근접해서 실거래가가 등재되기도 했다. 그래도 명색이 서울인데 경기도에 역전될 수는 없다며 다시 호가를 높이지만, 15억 대출 상한선을 중심으로 헤쳐 모인 촘촘한 그물 탓에 사방이 막혀 오도 가도 못하니 누구는 벙어리 냉가슴 앓듯 마음만 답답했었다.

근데 말이다. 뻔질나게 호갱노노에 들어가 하루 사이 1~2억이 올랐다가 떨어졌다 하는 그깟 '부루마불' 호가를 살피는 것보다, 지금 시점에서 실상 우리가 경계하고 고민해야 할 것은 정작 이런 것들이다. 시절 하나 잘 타고난 덕분에 지금 세대보다 분명 더 적은 노력으로 더 많은 걸 움켜쥔 채 세상 고상한 척 '아프니까 청춘'이라는 헛소리나 해대는 기득권 세대를 2000년대 들어 줄곧 욕했던 우리가, 지금에 와 적어도 부동산 문제에 있어서만큼은 우리 다음 세대들에게 저 기득권 세대보다 나을 건 또 무엇인가 하는 뼈아픈 지점 말이다.

건물은 감가돼 언젠가 사라질지언정 그걸 떠받치고 있는 땅은 영원하다. 이런 특성으로 인해 부동산은 종류를 불문하고 훗날 내 물건을 내가 매입했던 가격보다 비싸거나 최소한 물가상승률이 반영된 수준에서 받아 줄 매수인이 존재해야 한다는 숙명을 지녔다. 그래야 비로소 소유의 이유가 생기게 되는 까닭이다.

대출과 구매의 요건까지 완벽히 통제된 지금의 비정상적 상황이야 언젠간 원상 복구될 거라지만, 그래도 가슴 한구석 갑갑함은 여전히 남는다. 타고난 금수저가 아닌 바에야 어지간한 근로소득으로 단돈 1억 모으기도 녹록지 않은 게 또 세상살이인데, 정책이 바뀌어 예전처럼 계약금 10%만 있으면 집을 살 수 있거나, 가파르게 오르는 금리 탓에 그야말로 4~5억씩 '하락'해 '줍줍'할 수 있는 호시절이 다시 온다고 치자. 그렇다고 해도 이미 집값의 스펙트럼 자체가 닿을 수 없는 범위까지 멀어진 마당에 과연 다음 세대의 근로소득으로 이것을 감당할 수 있겠느냐는 본질적 의구심 말이다. 다시 말해, 어지간한 뉴타운 84㎡가 폭락해 대충 10억이 됐다 치고, 계약금과 부수비용 2억은 모아둔 내 종잣돈으로 어찌 충당한다고 쳐도 나머지 8억을 30년 상환으로 대출받으면 시중금리를 4.5%만 적용해도 당장 갚아야 할 원리금이 매달 4백을 넘기는 마당에 대출이 된다 한들 어차피 집 못 사는 건 매한가지가 아닌가 말이다.

그럼 내 집을 받아 줄 다음 세대가 없으니 무한정 자녀와 또 그 자녀들에게 대물림을 할 것인가? 그렇게 증여를 통해 이어간다고 쳐도 최소 한 세대에 한 번꼴로는 재건축을 해야 할 텐데, 지금과 같은 도시개발 프로세스로 내 손자, 손녀 세대에 가서는 도대체 용적률은 몇 퍼센트가 되어야 할 것이며, 그때 서울의 집값은 또 얼마가 돼 있어야 그 시점의 그들에게 손익계산이 맞다는 것인가? 이왕지사 이 급류에 발을 담갔으니 앞에서 당기고 뒤에서 떠밀어도 이제 와 발을 뺄 순 없는 노릇이다. 기다림이 없어진 세상, 지금 우리 모두는 어디로 가고 있는가?

"어머니의 등쌀에 선을 보고 결혼을 하고 나니 꿀맛 같던 신혼도 잠시
아이를 낳고 나니 더욱 무거워진 아버지란 위치는 돌덩이를 지고 사는 자리
때 이른 퇴근길 천 원짜리 과자를 사 들고 집 들어서니
못난 애비를 반기는 토끼 같은 자식 호두과자를 어찌나 맛나게 먹던지
이놈들을 보니 더욱 빨리 뛰어야지 쑥쑥 커나가는 나만의 공주님
집을 마련하고 이제는 허리 좀 필까 했더니만 결혼 자금에 또 등이 휜다
평생 번 돈을 다 내주고 보니 내 마누라 머리 위에 내린 하얀 서리
이제는 좀 마누라랑 살갑게 살려 하니 머리부터 발끝까지 다 쑤시고
자식 놈들 찾지 않는 썰렁한 이 내 맘도 손주 녀석 재롱 보니 다 풀리고
용돈을 주는 재미에 하루 이틀 살다 보니 관 속에서 누우라고 손짓하고
아버지와 내 어머니도 이렇게 살았구나 생각하니
하염없이 눈물 흐르고
꽃 피듯 살아온 인생 꽃 지듯 살다 갈 인생
돌아보니 아름다웠던 인생 이젠 미련이 없네"

MC 스나이퍼 정규 6집 <Full Time> 7번 Track
<인생, Feat. 웅산> 가사 中

스스로를 자조하고 있을 이 땅의 2030과 잘못한 거 없이 어느 날 벼락거지가 되어버린 모두에게, 구태여 고상한 척 미사여구 가득한 위로를 건네고픈 마음은 일절 없다. 내가 잘난 것도, 네가 못난 것도 아닌 걸 알기 때문이다. 그래도, 그냥 말이다. 그저 뭐가 됐든 지금 위치에서 기다림 하나 정도는 저마다 가슴 한편에 품고 살아갔으면 하는 바람이다. 누구나 꽃 지듯 살다 갈 인생, 그래도 돌아볼 때 아름다운 인생이었노라 미련 없이 말할 수 있으려면 말이다.

●

은마 유감:
내 이름의 집 한 채를 갖는다는 것

"그 썩어빠진 아파트가 18억이라는 거 자체가 이해가 안 됨. 무슨 40년 된 주공아파트처럼 생겨서는… ㅉㅉㅉ

다 무너져가는 아파트를 15억 넘게 주고 사느니 그 돈 갖고 깔끔한 신도시에 좋은 거 하나 사겠다. ㅋㅋ

정상적인 사람이라면 다 무너져가는 아파트를 그 가격 주고 사겠냐? 어차피 그들만의 폭탄 돌리기지!!!

그 돈 주고 그 썩은 아파트를? 한 3~4억 안쪽이 적당함~ "

4년 전 겨울, 3기 신도시 예정지는 후끈한 반면, 은마아파트는 호가가 3억이 내렸는 데도 관심이 없다는 한 포털 기사에 달린 댓글 중 추천 수가 가장 많았던 것들이다. 혹시 훗날 곱씹어볼 일이 있을까 싶어 어딘가에 고이 저장해 뒀더랬다. 정확히는 2018년 12월 26일 오전 10시경에 나왔던 기사였다.

부동산에 대한 세상 모든 사람들의 관심사이자, 논쟁의 8할은 결국 그것의 가격으로 수렴한다. 자가든 전·월세든 어쨌든 부동산에 가격이 개입되는 건 필연적인 것이고, 집은 사는(Buy) 게 아니라 사는(Live) 거란 이야기를 제아무리 해본들 현실로 돌아오면 돈 주고 사거나(Buy), 아니면 하다못해 전세나 월세 보증금이라도 있어야 비로소 들어가 사는(Live) 것도 가능해지는 까닭이다. 그러니 이제 제발 그 어떤 감흥도 재미도 없는 말장난은 그만 접어두길 바란다. 문명사회에서 정당한 대가 없이 목적물을 취하겠다는 건 언어유희에 앞서 실정법을 위반한 범죄니까 말이다.

지난 몇 년 동안 매일 같이 쏟아졌던 무수히 많은 부동산 관련 기사와 각종 칼럼에는 그저 작성자와 어투 정도만 다를 뿐, 매번 어김없이 등장하는 댓글들이 있다. 바로 지금의 집값, 더 구체적으로는 서울의 아파트값은 비정상적인 거품이고, 평범한 사람들의 벌이로는 도저히 살 수 없는 수준이니, 지금 가격에서 반 토막 내지는 반의반 토막은 나야 한다는 것이다. 그러면서 간혹 어느 지역의 아파트값이 3억 남짓 하락했다는 대목에서는 또한 여지없이 가진 자를 몰아세운다. 그간 10억, 20억이 올랐는데, 그깟 3~4억쯤 떨어진들 그게 뭐 그리 대단하냐는 논리다. 얼핏 들으면 일리가 있는 듯하다.

딴은 그렇다. 아파트와 더불어 비교적 비싼 가격표를 붙이고 있는 재화 가운데 대표적 공산품인 자동차는 공장에서 출고되는 순간부터 감가가 시작되는데, 저마다 차이는 있을지언정 그 가치의 효용은 유한하니 아무리 수억 원을 넘나드는 슈퍼카라 할지라도 언젠가는 폐차장에서 고철로 돌아가는 신세를 면할 수 없다. 공산품은 아니지만 집도 사람이 살고 시간이 흐르면 낡기 마련이다. 너무 오래 쓰면 불편해지고, 불편하니 허물고 다시 짓는다.

자동차는 3년을 타고 폐차한 슈퍼카든, 20년을 타고 폐차한 경차든 폐차 후에는 고철값 몇십만 원을 손에 쥐지만, 집은 허물어버려도 자신이 버티고 섰던 터가 남는다. 차를 폐차하고 새 차를 사려면 폐차 후 받는 고철값 몇십만 원을 뺀 나머지 값을 온전히 내가 부담해야 하지만, 기존의 공동주택이나 단독주택을 허물고 그 터에 새 아파트를 지으면 새롭게 책정된 아파트 가격의 몇 분의 일만 부담하거나, 경우에 따라서는 40년이 다 된 썩은 아파트를 주고 최신식 아파트에 들어가면서도 도리어 상당한 돈을 조합으로부터 돌려받는 요지경을 경험하기도 한다.

초졸 학력의 정태수가 세무 공무원을 그만두고 1974년 창업한 한보그룹은 시대를 잘 만난 탓에 한때 재계 서열 14위까지 오르며 승승장구했지만, IMF 직전인 1997년 이른바 한보사태로 일순간 사라졌다. 훗날 세상은 그 사건을 가리켜 건국 이래 최대의 금융 부정 사건으로 기록했다. 정태수와 한보는 그렇게 사라졌지만, 그가 1979년 대치동 터에 지은 저층 아파트는 43년째 그 자리에 있으니, 바로 농사짓던 저지대 땅 7만 3천 평에 올려진 14층짜리 26개 동, 마래푸도 울고 갈 단일 4,424세대 은마아파트다. 당시 은마 분양가는 평당 68만 원이었는데, 마침 같은 해 신진자동차에서 출시한 소형 지프 '훼미리'의 판매가는 680만 원이었고, 그 해 휘발유값은 1ℓ에 434원이었다. 찻값이

삶을 통찰하다　031

비쌌던 건지, 집값이 쌌던 건지 도통 모를 일이다.

70년대의 기술과 생활 풍습을 기준으로 지어진 아파트가 40년이 다 됐으니 분명 겉보기에는 다 무너져가고 썩어빠지고 불편해 보일는지는 몰라도, 은마가 들어선 곳에 한 번이라도 가봤거나 하다못해 그 흔한 로드뷰라도 봤다면 앞의 댓글들과 같은 반응은 나오지 않았을 텐데 말이다. 부동산이라는 대상물을 마치 공장에서 대량으로 찍어낸 중고차처럼 낡았으니 싸져야 한다며 날을 세우는 그 논리의 해맑음을 구태여 따질 마음은 없고, 한편으로는 아무 걱정 없이 한세상 참 쉽게 생각하고 말하며 살아가는 사람들이 일견 부럽기도 하다.

그런데, 그럼에도 말이다. 그저 대치동 은마아파트가 그들의 바람대로 한 3~4억에 사고팔 수 있는 세상을 그리려거든, 어딘지 몰라도 지금 자신들이 살고 있는 집은 그때 도대체 얼마가 될 것이며, 그때 이 나라의 경제는 온전할지에 대한 고민과 상상도 부디 함께하기를 바랄 뿐이다. 그래야 균형 잡힌 고민이요, 공평한 일일 테니 말이다.

사전에 쓰여 있듯 집이란 본디 추위와 더위, 비바람 등을 막고 그 안에 들어가 살기 위한 공간에 지나지 않는다. 그러하니 그 본연의 정의 앞에서 집의 형태나 거주의 형식 따위는 부차적인 것에 지나지 않는다. 꼭 아파트가 아닌 빌라나 다가구도 추위와 더위쯤은 거뜬히 막아줄 수 있고, 내 소유든 전·월세든 집이 비바람을 막아주는 데는 아무런 차이가 없다.

아니, 그렇게 생각하니 또 생각이 많아진다. 어차피 대출 길도 막히 터에 영끌로 20평 조금 넘는 아파트 하나 붙잡고서 매달 받는 월급을 원리금 갚는 데 넣어봤자 서울 변두리 아니면 빨간 버스 타야 하는 경기도 어디쯤인데, 차라리 똑같은 돈으로 아파트 전세나 자가로 빌라에 살면 서울 안에서도 제법 상급지에 전입신고를 할 수 있으니, 이 대목에서 사람 마음이 간사해진다.

기껏 모은 쌈짓돈을 롤러코스터 같은 주식에 태울 배짱은 없고, 빤한 월급으로 할 수 있는 옵션이라고 해봐야 시중 은행 정기적금 금리 비교인데, 어디가 소수점 밑 숫자 몇 개 더 준다고 해봐야 도긴개긴이요, 월 기백만 원짜리 1년 만기 정기적금에 묵힌들 365일 꼬박 붙은 이자로는 그럴듯한 곳에서 우리 식구 저녁 외식 한 끼 값으로도 마뜩잖다.

월급쟁이 근로소득으로 모을 수 있는 돈은 빤하고 갈 길은 멀기만 한데, 간사한 내 눈은 강남 3구나 '마·용·성' 정도가 아니면 성에 차지 않으니 생기는 건 이유 없는 짜증이요 원인 모를 조급함이다. 그래, 내가 아주 많이 양보해 현실과 타협한 지역도 엔트리가 이미 10억을 넘어가고, 호주머니에 모아둔 쌈짓돈 3억 언더로 최대한 '땡겨' 봐야 내가 건드려 볼 수 있는 건 기껏 5억 언저리다. 빌어먹을 세상, 정부의 말마따나 내가 집이 없는 건 싸가지 없는 다주택자들 때문이라 자위하며 또다시 전셋집을 기웃거리니 믿을 거라곤 역시 임대차 3법뿐이란 현실이 그저 웃기기만 하다.

서울 변두리나 빨간 버스로 1시간 남짓 고속도로를 달려 당도할 경기도에 살 비용으로 어지간한 서울 뉴타운에 살 수 있으니 가성비와 편익으로 따지자면야 아파트 전세만한 것도 없겠는데, 나라에서 같은 값으로 2년을 더 살 수 있는 계약갱신청구권까지 손에 쥐여줬으니 이보다 더 좋을 수가 없다.

그렇게 한 수 접고 열린 마음으로 세상을 보니, 아파트 전셋값으로 매입 가능한 빌라도 심심찮게 보인다. 그냥 빌라도 아닌 65인치 TV는 기본이요, 냉장고·건조기·식기세척기에 스타일러까지 빌트인(Built-in)으로 제공하는데, 거실 바닥 타일은 이탈리아제, 주방 싱크대 상판은 일제라는 고급 빌라다. 나름 역세권에 입지가 나쁘지 않고, 심지어 구조도 아파트에 견줄 만큼 제법 그럴싸하다. 아파트도 아닌 것이 무인 택배함에 공동현관 도어록은 기본이며, 고작 4층짜리 필로티 빌라에 번쩍이는 금칠 두른 엘리베이터까지 달렸다니 뭔가 득템한 기분마저 든다.

하지만 그래봤자 현관 밖은 차 한 대도 겨우 지나는 골목길 밀집촌이요, 뒤에 있는 내 차는 앞에 있는 윗집 차 안 빼주면 꼼짝도 못 하는 '친목도모형' 주차장이 뼈를 아프게 때리는데, 재개발이 느리다는 빌라촌에서 3년 뒤, 5년 뒤에 내가 실컷 써 낡을 대로 낡아진 65인치 TV와 식기세척기 딸린 이 대책 없는 물건은 도대체 누가, 얼마에 받아 줄 것인가 말이다.

"제발 현실 좀 봐! 네가 맨날 말하는 소확행…
그거 다 자기기만이고, 자기합리화야.
당장 힘드니까 사탕 하나 물고 행복하다는 거잖아?!
뭐 하나 제 손으로 해본 적이 없으니까,
그런 하찮은 행복에 정신승리 하는 거라고!!"

드라마 <경로를 이탈하였습니다>에서 경혜의 대사 中

이왕에 태어난 인생, 잘나게 태어났으면 얼마나 좋았을까마는 그건 내 의지로 되는 영역이 아니니 그냥 어쩔 수 없는, 말하자면 디폴트값인 것이다. 하지만 전세에 안주하며 일평생 '욜로'를 목놓아 외치든, 당장 '그럴싸한' 전셋집보단 좀 볼품없어 보여도 자기 이름으로 된 아파트 하나 마련해 악착같이 대출 원리금을 갚아 나가든, 그건 순전히 본인 판단과 자유의 영역이다. 그럼에도, 한 가지는 알고 지내야 말하는 쪽이든 듣는 쪽이든 피차 피곤하지 않을 게다. 내가 전세로 살고 있는 이 집값도 오르고, 내가 전세 사느라 안 샀던 저 집값도 오를 때, 내가 깔고 앉은 전셋값도 같이 오른다는 사실 말이다.

당장은 인스타에 올려진 때깔 좋은 음식과 풍경 사진이 좀 힙해 보일지는 몰라도, 세월이 좀 흐르면 말이다. 낼 땐 배가 아파도 때 되면 알아서 내 집 우편함으로 날아드는 재산세와 종부세 고지서가, 또 그렇게 유지하고 있는 집에서 먼저 누워 잠든 아내의 부은 얼굴과 잔망스러운 아이들이, 더 반갑고 의미 있게 다가올 때가 있을 거다. 그리고 그런 생각이 들 때쯤, '아, 나도 이제 철이 들었나보다' 생각하면 대충 맞을 거고 말이다.

거꾸로 주택정책:
주거의 안정을 위해 살던 집에서 나가라고?

집에서 사무실까지 차를 두고 대중교통을 이용할 때가 있다. 더러는 출퇴근길 교통체증 속에서 운전하기가 싫어서, 또 더러는 주말에 애써 세차해 놓은 차에 비나 눈을 맞히기 싫어서, 이유야 그때마다 내 멋대로 가져다 붙이기 나름이다. 지하철을 타보면 서 있는 사람이나 앉아 있는 사람이나, 애나 어른이나 그저 휴대전화 삼매경이고, 그중 대개는 게임 아니면 동영상이다. 나도 요새 구독을 걸어둔 몇 가지 채널엔 제법 진심인 편인데, 짧은 이동 시간 동안 서거나 앉은 상태로 한 편에 30분 가까운 영상을 보려니 자동차 리뷰나 예능 하이라이트처럼 가벼운 내용은 그저 1.5배속이나 2배속으로 돌려봐도 그만이다. 태생이 성격 급한 한국인인지라 일단 적응되니 빨리 돌려보는 편이 오히려 답답하지 않아 좋을 지경이다.

하지만 아껴보는 채널 가운데 유독 80~90년대 생활 모습이 나오는 영상은 일찍부터 0.5배속으로 느리게 돌려보는 재미를 들였다. 80년대 서울 거리의 간판과 자동차들, 90년대 사람들의 옷차림은 마치 숨은 그림을 찾아내듯 레트로 감성을 사랑하는 내겐 꽤 소중하고도 쏠쏠한 재미다. 똑같은 길이라도 빨리 뛰면 운동이 되지만, 천천히 걸으면 풍경이 보인다. 빠르게 읽으면 다독할 수 있고, 느리게 읽으면 정독할 수 있다. 살아가는 데 운동과 다독도 필요하겠지만, 주변의 여러 현상들을 살필 땐 나무보다 숲을 볼 수 있는 통찰력과 깊이 읽을 수 있는 정독도 반드시 필요한 덕목이다.

시답잖은 사설이 쓸데없이 길었는데, 어쨌든 한없이 복잡하게만 보이는 일도 알고 보면 의외로 간단해지고, 잘 보이지 않던 것이 어느 순간 모습을 드러낼 때가 있다는 거다. 본래 뒤가 구리고 떳떳하지 못한 수작일수록 마치 숙주에 기생하는 바이러스처럼 스스로의 정체를 들키지 않으려 복잡하게 위장하고 감추려는 속성이 있기 때문이다. 지난 5년, 시절을 안 가리고 참 쓸데없이 바지런히도 나오는 부동산 대책들을 지켜보며 어느 틈엔가 나는 정부에 더 이상 기대할 것도, 나아질 것도 없다는 결론을 내렸더랬다. 적어도 부동산 문제에 있어서만큼은 말이다.

지난 5년여간 벌여온 이 지루한 싸움의 본질은 결국 좋은 주거환경에서 살고자 하는 국민의 열망과 어떠한 이유에서인지 그것을 막고자 하는 정부의 아집 사이의 격돌이었다. 그리고 정권의 갈라치기 속에서 당연한 국민의 소망은 투기꾼의 탐욕으로 매도되었고, 정부의 아집은 서민을 위한 깊은 고뇌로 포장되었다. 분양가 상한제는 건설 회사의 이익을 당첨자에게 몰아주면서 부의 이전 효과만 있었을 뿐, 결국 '로또 청약'이란 신조어를 만들며 투기 심리만 자극해 오히려 집값 상승을 부추겼다. 무지막지한 양도세 중과는 매도자의 매물 회수로 이어져 가뜩이나 부족한 시장의 공급을 줄였고, 양도세의 상승분을 가격에 녹여 집값 상승이란 부작용을 낳았다.

아니, 공부를 안 하겠단 것도 아니고, 학생과 학부모가 기꺼이 내 품 팔아 어떻게든 좋은 환경에서 미래를 위해 공부 좀 열심히 해보겠다는데도 불평등한 우등생보단 다 같이 평등한 열등생이 낫다며 멀쩡한 특목고와 자사고를 폐지하니, 너도나도 학군 좋은 강남으로 몰리며 안 그래도 비싼 강남 수요를 자극했다. 사려 깊지 못한 무차별적 지역 규제는 풍선효과로 인해 규제되지 않은 지역의 집값을 폭등시키며 규제지역의 집값을 더 밀어 올리는 부작용을 불렀고, 언제나 시장보다 한발 늦은 땜질식 추가 지역 규제는 이미 재미 볼 거 다 보고 떠난 자리에 울려 퍼진 공허한 메아리에 불과했다.

집값 폭등으로 매매가 대비 전세가가 상대적으로 낮아지며 마침 정부가 그렇게도 혐오하던 갭 투자에 불리한 상황이 조성됐을 때, 하필 임대차 3법을 만들어 전세가를 폭등시키며 다시 갭 투자에 유리한 멍석을 깔아준 것은 또 누구인가? 재산권 침해 문제는 일단 차치하고서라도, 알아서 제 갈 길 가고 있는 재건축과 재개발에 한껏 분탕질을 놓아 시장의 공급은 꽉꽉 틀어막고선 뒤늦게 교도소와 군부대 터에 공공임대 몇 세대 짓는 걸로는 도저히 답이 안 나오니, 하다 하다 이제는 비좁은 호텔 방을 개조해 전세로 주겠다는, 이런 자들이 세상 어디 있느냐 말이다.

동서고금을 막론하고 무릇 부동산 정책의 제1 목표는 주거의 안정이다. 그렇기에 그 어느 정부가 내놓는 그 어떤 부동산 대책도 이 대명제를 훼손해선 안 되는 것이고, 집값의 안정화도 결국엔 주거안정이란 목표를 위해 설정된 하위 어젠다에 다름 아닌 것이다. 당장 반포자이 30평대에 붙는 보유세만 1,500만 원이 넘고, 공시가 현실화로 3년 뒤엔 3,200만 원으로 오르는데, 매월 금액으로 환산하면 대강 잡아 270만 원이다. 내 돈으로 내가 산 내 집에 살며 나라에 매월 270만 원씩 월세를 내는 셈인데, 1년에 3,200만 원이면 억대 연봉을 받는 사람도 세후 실수령액의 거의 넉 달 치에 해당하는 금액이니 천하의 강남 주민이라도 도저히 당해낼 재간이 없는 것이다.

그런데도 정부는 꼭 강남에 살 필요도, 꼭 서울에 살 필요도 없다며 '집을 파시라'는 얘기만 되풀이했다. 아니, 도대체 세계 그 어떤 나라가, 그 어느 정부가 '살던 집에서 나가라'는 부동산 정책을 시행하는가 말이다. 내가 현재 살고 있는 집에서 강제로 퇴거당하는 것보다 주거를 불안정하게 만드는 경우가 도대체 어디 있단 말인가.

적어도 대한민국 주택 시장에 있어 국민 모두에게는 자가, 전세, 월세라는 세 가지 선택지가 공평하게 주어진다. 그리고 아주 특수한 상황이 아닌 바에야 월세보단 전세가, 전세보단 자가가 계약 주체에게 더 유리하다는 건 부정할 수 없는 보편타당한 팩트다. 명색이 주거의 안정과 서민의 행복을 통해 모두가 더불어 잘 사는 나라를 만들겠다는 정부라면, 그렇다면 어떡하든 월세보단 전세를, 다시 전세보단 자가에 거주하는 국민의 비중을 높여 시장 테두리 안에서 국민들 스스로가 각자의 능력에 맞게 사다리를 오를 수 있는 정책을 수립하고 시행해야 옳았다. 그 이외의 것들, 이를테면 대출 한도와 금리를 조절한 다거나 보유세나 거래세를 올리고 내리고 하는 정책들은, 그러한 보편타당한 절대가치를 실현시키고 사다리를 오르는 데 좀 힘들어하는 국민이 있다면 그 장애물을 치워주기 위한 보조수단으로써 아주 제한된 수준에서 매우 신중하고도 정교하게 작동됐어야 했다.

집을 허물지도, 새로 짓지도, 사고팔지도 못하게 꽁꽁 묶어 놓고선 어지간한 직장인 연봉에 맞먹는 보유세를 부과해버리니 이건 전·월세 살던 사람이 자가로 옮기는 데 도움을 주기는커녕 자가에 살던 사람도 멀쩡히 살던 집을 팔고 전·월세로 내려앉을 판이다. 어디 그뿐인가? 2년 주기로 집주인을 사이에 두고서 전세 시장에 진입하는 쪽과 이탈하는 쪽이 벌이는 온순한 화학작용을 통해 꽤 합리적으로 굴러가던 한국의 전세 시장, 여기에 느닷없이 임대차 3법을 끼워넣으니 반평생 월세방만 전전하다 이제 겨우 전세 보증금 정도 마련한 사람이 전세로 옮기는 데 도움을 주기는커녕 그간 전세 살던 사람도 실거주하겠단 집주인 등쌀에 쫓겨나 월세로 내려앉을 판이다.

합리적인 상식에 기대어 생각했을 때, 중개보조원도 알 수 있는 이러한 단순하고 당연한 메커니즘을 과연 저들이 몰라 우리 모두 이 지경에 이르렀다고는 난 생각하지 않는다. 더 이상의 분노는 지겹고, 비난은 지쳤다. 그래서 난, 어느 순간부터 아무런 기대도 하지 않게 된 것이다. 어찌 됐든 우리 모두는 참 불행한 시절을 지나 여기까지 왔다.

"모래허고 비율 잘 맞춘 거여?
이런 거 잘못해서
성수대교고 삼풍이고 자빠지는 거여.
××놈들이 책임감이 없어서 그랴.
아니, 어떻게 그래, 자기희생도 없이 그래,
승리를 쟁취할 수 있다고 그라는 겨 그래?
난 도저히 이해가 안 가네."

영화 <짝패>에서 필호의 대사 中

  온 국민이 적폐로 내몰려 각자 부동산 열병을 앓고 있던 사이, 이 나라 전직 청와대 대변인은 16억을 대출받아 25억 7,000만 원짜리 뉴타운 재개발 상가주택을 사는가 하면 대통령은 취임 전 거주했던 지방 어디의 사저를 26억에 팔아 17억의 차익을 거뒀다는, 그런 세상을 우리 모두는 살아 냈다. 책임감도 자기희생도 없이 그저 타인의 희생만을 강요하는 나라, 이리 생각해 보고 저리 생각해 보고 아무리 생각해 봐도 난 도저히 이해가 안 갔더랬다.

모두가 불평등해질 권리:
중산층이 내 집 한 채 살 수 없는 세상

매봉산 자락에 자리 잡은 '한남더힐'은 최고가 82억 원, 전체 거래액이 2조 1,500억 원에 이르는, 부동산으로서는 명실상부한 대한민국 원탑이다. 이 아파트 32개 동, 600세대에 사는 사람들 가운데 3명 중 1명은 80억이 넘는 집값을 대출 없이 현찰로 샀다. 그러니 나라에서 서른 번 가까운 대책을 내놓든 말든, 신박한 규제를 하든 말든 이들에겐 애초부터 아무런 영향이 없다. 그저 집값 82억을 계좌이체 할 때 몇 번에 나눠 보내야 할지, 1일 이체 한도가 차라리 실제로 체감되는 장애물일 뿐이다.

그럼, 나머지 3분의 2는 현찰 박치기가 어려운 사람들인가? 아니다. 남은 대부분은 현존하는 거의 모든 부동산 규제들로부터 자유로운 법인 거래라고 보면 된다. 이러나저러나 어쨌든 그곳에 살거나,

그곳을 가진 사람들에게 있어 정부의 부동산 대책들은 그저 찻잔 속 태풍에 지나지 않고, 앞으로도 또한 그럴 것이다.

이쯤에서 이런 논리의 확장이 가능해진다.

대기업 총수와 A급 연예인, 그리고 어쩌면 우리가 살면서 이름 한 번 들어본 적 없는 수많은 법인 소유자들이 한남더힐을 우표 모으듯 수집했다면, 그렇다면 '압구정현대'와 '아리팍'과 '래대팰'이라고 사정이 크게 다를까? 한 채에 80억, 100억 하는 한남더힐이나 저택은 좀 별개로 치더라도 30~40억 언저리 강남 아파트들을 현금으로 살 수 있는 부자의 수는 이 대한민국에서 거의 무한대에 가깝다.

누구는 2세나 3세를 통한 증여로, 또 누구는 임대차나 명의신탁으로 그 형태만 달리할 뿐, 시중에서 거래가 가능한 강남 아파트들과 강남을 능가하는 극소수의 고급 주상복합들은 리치들의 자산 증식 또는 자산 은닉용 수단으로 거의 소진됐다고 보는 게 합리적일 것이다. 결국, 우리 자신 또는 주변에서 흔히 만날 수 있는 중장년의 평범한 중산층이나 젊은 고소득 실수요자들이 실질적으로 구입할 수 있는 곳은 앞선 리치들이 소진하고 남은 강남의 일부, 그리고 뉴타운을 중심으로 한 서울 비강남 상급지들 정도일 것이다.

그런데 한 가지 따져봐야 할 게 있다. 서울 아파트 중위값이 10억을 넘기면서 이제 적어도 서울에서 10억 미만 아파트라면 평형을 불문하고 성에 차지 않는 세상이 됐는데, 2021년을 기준으로 서울에서 3분위에 해당하는 중위 소득은 월 520만 원이다.

월 520을 버는 사람이 10억짜리 아파트를 대출 없이 현찰 박치기로 사려면 월급을 한 푼도 안 쓰고 16년을 모아야 한다. 그래서 82억짜리 한남더힐을 현금으로 살 수 있을 정도의 부자가 아닌 바에야 평범한 사람이 집을 살 땐 필연적으로 대출이 필요한 것이고, 사려는 집이 비싼 집일수록, 그리고 사려는 사람의 수입이 적을수록 대출은 더 많이 필요하다.

그런데 반대로 집값이 비쌀수록, 그리고 소득이 적을수록 대출을 꼭꼭 조여 놓으니 명목상 중산층에 해당하는 월 520만 원을 버는 사람이 근로소득에만 의지해 서울에서 영끌로 살 수 있는 집의 가격은 고작 4억 6,000만 원이 최대다. 중위값이 10억을 넘긴 지금 4억 6천 수준의 아파트는 서울 아파트 전체 재고량 139만 8천 호 가운데 10% 수준인 14만 5천 호뿐이고, 물량을 떠나 지금의 서울에서 4억 6천짜리 아파트가 어떤 상태일지는 굳이 가보지 않아도 알 수 있다.

자, 여기서 한 가지 설명할 수 없는 모순이 생긴다. 월 520만 원을 버는 중산층이 영끌을 해도 서울에서 중간값 하는 아파트 하나 살 수 없다면, 그렇다면 그들은 과연 중산층이 맞는 것인가? 한 채에 80억, 100억 하는 호화 주택도 아니고, 평당 1억 언저리의 강남 아파트도 아니고, 그저 국평 15~17억 부근의 뉴타운 신축에 살고 있다면, 그렇다면 그들은 중산층인가? 아니면 부유층인가?

중소형주로 벌었으면 그다음은 우량주로 갈아타야 하는데, 돈이 많거나 돈을 번 국민 모두를 적폐라 조리돌림을 하니 그저 머리에 이고 살 뿐 오도 가도 못 하는 사회가 됐고, 그 피해는 오롯이 집 없는 이들에게 전가됐다. 계층의 사다리가 끊어지고 중산층이 무너져 하층민이 많아질수록 기본소득과 공짜는 더 절실해지기 마련이다. 지독한 마약과 같이 말이다. 도대체 누가, 왜, 무엇 때문에 이런 일들을 계속해서 조장하고, 용인하고, 방조하는 것인가?

"사회주의자들이 아무리 호도해도
그 누구도 다른 사람과 똑같을 수는 없다.
우리는 모든 사람이
불평등해질 권리를 갖는다고 믿는다."

1975년 **영국 의회 연설**에서 마가렛 대처의 발언 中

　1975년 대영제국 역사상 처음으로 보수당 대표가 되었던 마가렛 대처가 당시 의회 연설에서 했던 말이다. 대처는 1979년 총선에서 총리가 된 후 내리 3기를 연임했다. 그녀는 그즈음 끊임없이 왼쪽으로 기울며 파탄으로 치닫던 영국을 오른쪽으로 돌려세움으로써 나라를 구했다는 역사적 평가를 받고 있다. 영국 하원은 통상 당사자가 사망하고 최소 5년 뒤부터 동상을 건립한다는 관례를 깨면서까지 2002년 생존 인물로는 역사상 최초로 그녀의 동상을 윈스턴 처칠 동상과 마주 보는 자리에 세웠다.

　총리 취임 후 경제적 자유주의를 실천하고 법과 원칙을 세운 그녀의 업적 가운데 단연 백미는, 당시 영국 내에서 무소불위의 권력을 휘두르던 광산 노조를 와해시키고 인쇄공 노조를 패퇴시킨 것이었다. 무수히 많은 반대 목소리에도 불구하고 당시 엄청난 적자를 내고 있던 방만한 영국 공기업들을 끝내 민영화함으로써 경쟁을 도입했고, 해당 기업들을 흑자구조로 바꾸면서 국민들의 조세 부담을 크게 낮출 수 있었는데, 그녀는 늘 자신이 믿는 건 허황된 '이론'이 아닌 만져지는 '상식'임을 강조했다. 그런 그녀를 줄곧 지탱해준 변함없는 기조 중 하나는 바로 번영해야만 약자를 도울 수 있는 부의 축적도 가능하다는 것이었다.

> *"더 중요한 것은 용이 되어 구름 위로 날아오르지 않아도, 개천에서 붕어, 개구리, 가재로 살아도 행복한 세상을 만드는 것이다. 하늘의 구름을 쳐다보며 출혈경쟁하지 말고, 예쁘고 따뜻한 개천 만드는 데 힘을 쏟자!"*

오늘을 살고 있는 난, 아이러니하게도 반세기 전 그녀가 그토록 외쳤던 불평등할 권리야말로 평등의 핵심이라 굳게 믿고 있다. 각자의 불평등을 인정하지 못하고 평등이라는 미명 아래 그것을 인위적으로 조정하고 통제하려는 순간, 비로소 진정한 불평등이 야기되는 까닭이다. 예쁘고 따뜻한 개천에서 출혈경쟁 없이 옹기종기 모여 사는 붕어, 개구리, 가재처럼 말이다.

상생 국민지원금이다, 코로나 생활지원금이다, 지난 5년간 매번 이름만 달리했을 뿐, 수없이 많은 신종 마약들이 우리 사회에 살포됐다. 대개 1인당 25만 원 안팎이었다. 월 520만 원을 벌어도 서울 뉴타운에 아파트 하나 살 수 없게 돼버린 세상, 일 년에 한두 번 25만 원 배급받아 살림에 참 요긴하겠다.

그러니, 지나간 시간은 그냥 두자:
청약통장과 희망 고문

넘쳐나는 정치적 이슈에 밀린 탓에 좀 늘어지긴 했어도 부동산 얘기는 평범한 소시민들의 담소에서 언제나 빠질 수 없는 그 무엇이다.

5년 전, 그 대책이 세상에 나온 뒤, 그 뒤로도 서른 번에 가까운 대책이 쏟아졌던 지난한 세월, 우리 모두는 격변의 시간을 지나 여기까지 왔다. 하기야 대통령이 취임사에서 대놓고 한 번도 경험하지 못한 세상을 살게 해주겠노라 공언했던 마당에 부동산이라고 용빼는 재주가 있었겠는가 말이다.

이전 정부가 출범하기 직전인 2017년 4월, 6억 언저리였던 서울 아파트 중간값은 매년 1억씩 올라 5년 사이에 이미 10억을 넘었고, 하위 20%인 1분위 평균 가격도 6억에 다다른 마당에 인서울 매표소 앞에 내걸린 입장료를 바라보는 서민들의 마음은 그저 아득하기만 하다. 나라에서 만들어 준 분양가 상한제 덕분으로 그저 청약만 당첨되면 로또라도 당첨된 듯 한방에 그간의 실책을 만회할 수 있을 것 같긴 한데, 막상 내 점수로 눈에 드는 곳에 서류를 들이밀기엔 아무래도 손이 부끄럽고, 점수에 집을 맞추자니 성에 차지 않는다.

어쩌다 이상과 현실의 적정선을 찾아 용케 당첨이 돼도 분양가의 6할은 손에 쥐고 있어야 하니 그마저도 그림의 떡이다. 그렇게 누구는 점수를 더 쌓아 인생 '한방'을 노리기 위해, 또 누구는 분양가의 6할을 근로소득으로 모으기 위해, 또 다른 누군가는 임대차 3법이다 뭐다 해서 어쨌든 나라가 임차인 편인 듯하니 이런저런 꼴 안 보고 뱃속 편히 살겠다며 전·월세를 전전한다.

10억짜리 집이 15억이 될 때 5억짜리 집은 7~8억이 되지만, 대개 사람들은 일단 내 수중에 있는 3억으로 전세를 살며 언젠가 10억짜리 집을 사 한방에 5억을 먹겠다는 생각뿐, 당장 2억의 레버리지를 활용해 5억짜리 집을 살 생각은 좀처럼 하지 않는다. 10억짜리 집을 사기 위해 부족한 7억을 근로소득으로 모으겠단 생각 자체도 미련하거니와, 내가 차곡차곡 푼돈을 저축해 현금 7억을 다 모았을 십수 년 뒤, 지금의 10억짜리 집값은 그 시점에 얼마가 되어 있을지는 생각하지 않으니 그 편리한 사고가 가끔은 무척 부럽기도 하다.

일단 5억짜리에 올라타면 10억짜리가 15억 될 때 5억 주고 산 내 집도 한 7억은 나가줄 테니, 그사이 저축한 내 근로소득을 조금 보태 12억이 될 8억짜리 집으로 갈아탈 생각을 바란다면 내가 너무 과한 것인가? 기껏 그랬는데 생각만큼 오르지 않는다면 어떡하냐고? 그럼, 그냥 살아도 그만이다. 깔고 주저앉을 내 집은 보전되니 제아무리 후진 집인들 4년에 한 번씩 쫓기듯 이사 다녀야 하는 남의 집보단 그래도 낫지 않겠느냔 말이다.

하긴 그렇다. 당첨만 된다면야 아파트를 사는 데 있어 청약만큼 좋은 건 분명 없다. '당첨'만 된다면 말이다. 그렇지만 탐나는 아파트엔 내 가점이 어림없고, 막상 내 가점으로 건드려 볼 수 있는 아파트는 또 눈에 차지 않으니 세상만사가 얄궂은 것이다. 서울 전체와 좀 먹어주는 어지간한 경기도 85㎡ 이하 가운데 일부 특공 물량을 제외한 일반 물량은 이미 100% 가점제로 진행된 지 한참이요, 그나마 가점제와 추첨제 반반인 대형은 입지를 떠나 투자로나 실거주로나 어딘가 마뜩잖다.

이왕에 말이 나왔으니, 한번 따져 보자. 청약 가점은 84점이 만점이다. 무주택 기간은 만 30세부터 따져 1년에 2점씩 더해지는데, 만점이 32점이다. 타고난 '금사빠'라 서른 전에 결혼했다면 혼인신고일 기준부터 점수가 가산된다. 결혼을 일찍 할수록 유리한 구조다. 부양 가족 수는 35점 만점으로 가장 배점이 크다. 나를 포함해 동거가족 1인당 5점씩 계산하면 된다. 배우자와 자녀, 나와 배우자의 직계존속까지만 포함된다. 쉽게 말해 내가 부양하는 가족이 6명만 되면 만점이다. 청약통장 가입 기간은 17점 만점이다. 만 20세가 지난 후 청약통장 가입 시점부터 기간을 산정하지만, 일찍 철이 들어 미성년자일 때 청약통장에 가입했더라도 2년은 인정해 준다. 가입 기간이 6개월 미만이면 1점, 이후에는 1년에 1점씩 가산된다.

2021년 기준으로 한국인 평균 초혼 연령은 남자 33.4세, 여자 30.6세였다. 여기 올해 불혹을 맞이한 김 모 씨가 있다. 대한민국 평균인 서른넷에 결혼한 김 씨가 아이 하나를 낳고 아내와 함께 전셋집에 산 지 6년이 지났는데, 청약통장은 결혼하기 한참 전, 제대 직후 스물다섯에 만들었다고 치자. 현행 가점 체계에서 김 씨의 청약 가점은 무주택 기간에서 20점(30세부터 40세까지, 10년간 1년에 2점씩), 부양가족 수에서 15점(본인과 아내와 아이, 1명당 5점씩 3명), 청약통장 가입 기간에서 15점(25세부터 40세까지, 15년간 1년에 1점)을 받아 합계 50점이다.

2022년 4월 분양한 '한화포레나미아'나, 5월 분양한 '성남이안모란센트럴파크' 같이 좀 특수하고 극단적인 케이스 몇 개를 가져다 청약 열기가 식었네, 줍줍이나 해보세, 또 기다렸다는 듯 방정맞은 호들갑을 떠들 애초에 달라지는 건 하나 없는 것이고, 이 대목에서 생각해 볼 건 정작 이런 것들이다.

1972년 논현동 공무원 아파트를 시작으로 영동지구 시영 단독주택 10개 단지와 남서울 아파트라고 불리던 지금의 반포 주공이 지어지고, 1976년 경기고가 지금의 삼성동 터로 이전하며 전설의 강남 8학군 서막을 올린 이래 지난 40년 동안, 서울의 집값 흐름을 두고서 '폭락'이란 단어를 붙일 수 있는 유의미한 시기는 90년대 말 외환위기 때와 2000년대 후반 국제 금융위기 때, 딱 두 번뿐이다.[*] 하지만 그 두

---

* 혹자는 이 둘에 더해 90년대 초반, 1기 신도시 공급폭탄에 따른 3년간(1991~1993년)의 하락기를 포함시키기도 하지만, 그때의 현상은 직전 3년간(1988~1990년)의 과도한 상승에 따른 조정 정도라고 해석하는 편이 보다 합리적일 것이다. 해당기간 서울 집값이 1991년 –4.5%, 1992년 –4.3%, 1993년 –2.8% 하락률을 보인데 반해 직전 3년간의 상승률은 1998년 +18.5%, 1989년 18.9%, 1990년 +37.6%에 달했다.

시기조차 이벤트가 해소된 직후 전고점을 모두 회복했고, 2013년부터 다시 시작된 랠리는 직전 정권에서 정점을 찍으며 10년 가까이 이어지고 있다.

2017년까지만 해도 평균 44점이었던 서울 아파트의 평균 청약 가점은 해마다 2~3점씩 오르더니 가장 최신 통계였던 2021년도엔 62점을 기록했다. 처음으로 60점을 돌파한 역대 최고 수치다. 살면서 IMF나 서브프라임 사태와 같은 운명적 시련을 다시 만나 서울에서도 미분양이 다시금 속출하거나, 어느 날 느닷없이 하늘에서 100만 호 정도가 동시에 내려와 서울 도심에 공급 폭탄이 떨어지지 않는 한, 결국 선호도 높은 서울과 경기도 핵심지 일반 공급에 청약해 당첨을 기대하려면 앞으로도 내 점수가 60점은 넘어야 한다는 의미다.

앞에서 예로 들었던 김 씨가 그 마지노선 60점보다 부족했던 10점을 극복해 30대에 서울 신규 분양 시장에 입성하려면 자녀가 3명 이상이거나, 본인 혹은 배우자의 부모님 정도는 모시고 살아야 할 것이다. 만일 결혼 후에 부모를 모시기도 싫고, 다자녀도 싫다면, 청약통장을 입대 전인 23세에는 가입했으면서 동시에 결혼도 최소 26세 이전에는 했어야만 한다는 계산이 선다. 그리고 부양가족은 앞으로도 변함이 없다는 것을 전제로 다시 역산하면, 1년에 3점씩 자동으로 올라가는 김 씨의 청약가점이 작년도 서울 분양 시장 당첨 평균에 닿는 데는 앞으로도 최소 4년이란 시간이 더 필요하다.

얼핏 별거 아닌 듯해도, 부동산 시장에서 4년이란 시간이 결코 짧지 않다는 사실쯤은 이제 우리 모두가 알고 있다. 해마다 조금의 편차는 있을지언정, 주소지가 서울이면서 세대주가 30대인 가구는 대강 잡아

67만 7천을 넘는다. 이 가운데 그나마 청약 당첨권을 노려볼 수 있는 4인 이상인 세대만 따져봐도 당장 10만인데, 최근 몇 년 동안 서울에서 청약에 당첨된 사람은 일반 분양과 특별 공급을 모두 합쳐도 한 해 1만 명을 넘지 못한다. 그리고 이 가운데 30대 당첨자는 40대의 절반 수준이고, 숫자로는 기껏 1,500명을 헤아리는 정도다. 마치 절대 당첨되지 않을 줄 알면서도 매주 토요일 복권방에 줄 서는 사람들처럼 청약이란 마약에 중독된 주변인들에게 내가 매번 눈에 핏대 세워가며 사자후를 내지르는 까닭이다.

가점제 위주의 일반 분양을 보완하기 위해 정부가 공을 들였던 특별 공급도 한계는 뚜렷하다. 현재 기준으로 최신 자료인 2020년도 통계를 보면 1년 동안 서울에서 결혼한 신혼부부는 219,101쌍이었다. 2020년은 지금보다 코로나로 인한 거리 두기에 민감했던 때로 그나마 취소하고 연기를 한 게 이 정도였다. 이들 중 결혼 당시부터 이미 집을 가지고 있던 80,134쌍을 빼고도 14만 쌍이 남는데, 그해 2월부터 8월까지 서울에서 신혼부부 특공에 당첨된 사람은 고작 932명이 전부였다. 신혼부부 특공은 혼인신고 후 7년까지 가능하다. 한 해에 새로이 탄생하는 신혼부부 14만 쌍에 7을 곱한다면 답은 쉽게 나오는 거 아닌가 말이다.

상황이 이렇다 보니 30대의 서울 아파트 구매는 눈에 띄게 늘었다. 감정원 통계만 들여다봐도 서울 아파트 매수자 연령은 이미 30대가 40대를 앞질렀다. 패닉바잉이네, 싸가지 없는 적폐네, 철부지 투기꾼이네, 주변에서 멋대로 낙인을 찍은들 난 결국 이들이 진정한 승자라고 생각한다.

"근데 지금은 조금 달라.
앞으로 올 시간에 대한 기대가
지난 시간에 대한 후회를 앞질렀달까?!
그때 우린 그때의 시간 안에서 최선을 다한 거야.
지나간 시간은 그냥 두자. 자연스럽게."

드라마 <멜로가 체질>에서 범수의 대사 中

이미 근로소득을 모으는 속도가 집값이 오르는 속도를 따라잡을 수 없게 된 상황에서 대출은 막히고, 세금까지 오르니 아무래도 이번 생에 집 사기는 틀린, 그야말로 '이생집망' 세상이다. 하지만 다음 생이라고 딱히 뭐 달라질 게 있겠냔 말이다. 그러니 더 늦기 전에 올라타야 한다. 그래도 아직은, 그리고 여전히, 사야 할 집도, 살 수 있는 집도 분명 남아 있다.

그대, 혹여 그동안 한 땀 한 땀, 차곡히 모아 온 청약통장이 아직도 눈에 밟히고 아까워 미련이 남는가? 당신은 그때의 시간 안에서 이미 최선을 다했다. 그러니 부디 지나간 시간일랑 그냥 내버려 두시라. 자고로 군대에서 제일 무서운 놈은 멍청한데 부지런한 놈이고, 이 부동산 바닥에서 사채보다 무서운 게 점수 애매한 청약통장이니 말이다. 가능성 낮은 최선과 확실한 차선 가운데 무엇을 택할지, 언제나 결정과 책임은 본인의 몫이다.

도둑이 가난한 이유:
보편적 주거복지의 함정

"불평등엔 이자가 붙습니다. 출발부터 가난하게 자란 소년은 가난한 청년이 되고, 가난한 중년이 되고, 더 가난한 노년이 됩니다. 출발부터 집이 없던 사람은 더 작은 전셋집, 더 비좁은 월세 집으로 밀려납니다.

...

그래서 서울시가 큰 변화를 시도합니다. 2020년, 서울은 신혼부부 주거지원을 대폭 확대합니다. 부부 합산소득 1억 원 미만, 사실상 모든 신혼부부들을 지원합니다. 2년 후 서울시는 전체 가구의 약 10%에 해당하는 40만 호 가량의 공공임대주택을 보유하게 될 것입니다. 궁극적으로는 중산층을 포함한 필요한 사람 누구에게나 집이 제공되는 나라가 되어야 합니다. 헌법에 보장된 주거권이 실현되어야 합니다."

– 고(故) 박원순 당시 서울시장의 2020년 신년사 中

나라마다 거쳐 온 역사와 현재 상황, 그리고 구성원들의 정서가 다르므로 섣부르게 일반화할 수는 없을 테지만, 그럼에도 그 모두를 관통하는 단 하나의 절대 진리가 있으니 역사상 어느 시대 어느 국가도 복지와 분배를 통해 성장한 사례는 없다는 것이다.

적어도 경제용어에 있어 분배의 대척점이 성장인데, 우선 반대말인 분배를 통해 성장을 꾀한다는 것 자체가 논리에 맞지 아니하고, 열매를 수확하기 위해 농사를 짓는 것이 성장이라면 수확한 열매를 나누는 것이 분배일진대, 나누는 행위를 통해 획득을 기대한다는 것 자체가 또한 난센스인 것이다. 그리하여, 분배와 복지를 중시하는 국가는 대개 망국의 길을 피하지 못했으니 가깝게는 저 지구 반대편 그리스가 그랬고, 포르투갈이 그랬으며, 베네수엘라가 또한 그랬다. 그리고 난 무상교육, 무상보육, 무상급식, 무상의료 등 표를 구걸하는 정치권의 각종 '무상 시리즈'가 남발되는 오늘의 대한민국 또한 머지않은 미래에 저들과 크게 다르지 않을 거라고 감히 생각한다.

나라를 막론하고 자고로 포퓰리스트 정치인들은 국민의 감성을 잘 건드린다. TV 방송을 직접 진행하며 국민의 걱정을 일일이 들어주던 차베스는 세상 멋져 보였을지 몰라도 그의 베네수엘라는 국민이 쓰레기통을 뒤지고 수백만 명이 탈출하는 나라가 됐다. 시간당 실질임금을 25% 올려 준 후안 페론은 세상 인자해 보였을지 몰라도 그의 아르헨티나는 1958년 이후 구제금융만 3년에 한 번꼴인 스물두 번을 받으며 중앙정부 부채 비율이 GDP 대비 76%가 되는 나라가 됐다. 국민이 원하는 것은 다 주라는 말과 함께 취임 1년 만에 최저임금을 전년 대비 46.9% 올리고, 공무원 증원, 전 계층 무상의료, 연금 지급액 인상 등

인기영합주의 정책으로 11년간 장기 집권한 안드레아스 파판드레우는 세상 따뜻해 보였을지 몰라도 그의 그리스는 2,600억 유로라는 인류 역사상 최대 규모의 구제금융을 받으며 나라 자체가 거덜이 났다.

반면, 한동안 벌어둔 돈 쓰는 재미에 푹 빠져 지내다 망국의 길로 접어들기 직전에 늦게라도 정신 차린 많은 선진국들은 공짜의 단맛에 빠진 국민들의 원성에도 불구하고 방만했던 복지정책을 대폭 축소하거나 폐지하고 있다. 무상복지, 보편적 복지는 쉬운 말로 무차별 공짜요, 대상을 가리지 않고 국가가 정한 만큼 나눠주는 배급이며, 결국 모든 국민들에게 달콤한 마약을 주겠다는 것이다.

부동산 세금으로 공유기금을 만들고, 그 돈으로 국가가 나서 토지나 건물을 매입해 집 없는 이들에게 나눠주자는, 이른바 부동산 국민 공유제를 주장하고 나섰던 이들에게 감히 묻는다. 왜 이 나라의 신혼부부는 꼭 서울의 노른자 역세권 아파트에서 신혼살림을 시작해야 하는가? 이 나라의 청년들이 반지하나 옥탑방 월세에서 살면, 왜 그것이 크나큰 사회적 문제가 되는 것인가? 그렇다면 우리 할아버지, 아버지가 20대였던 시절, 그들 모두는 결혼과 동시에 척척 서울 사대문안 고래등 같은 기와집에서 신접살림을 차렸으면서 유독 오늘의 신혼부부들에게만 아픈 청춘을 강요하는 것인가?

다시 묻겠다. 그렇다면 오늘날 미국과 영국, 독일과 캐나다에 사는 청년들은 모두 대학 입학과 동시에 뉴욕과 런던, 베를린과 토론토 같은 대도심 한복판, 깨끗하고 번듯한 아파트에 손쉽게 살 수 있는데, 유독 대한민국의 청년들만 불편하고 고통스러운 희생을 감내하고 있는 것인가?

'아프니까 청춘'이라는 희대의 헛소리에 대한 집단 트라우마로 인해 이제 적어도 이 땅에서 젊은 세대의 인내와 근검절약을 논하면 세상 물정 모르는 꼰대 취급을 당하기 십상이지만, 젊은 날 저마다의 능력 범위 내에서 절약해 종잣돈을 모으고, 훗날 제도권에서 정당한 이자를 지불하고 빌린 돈을 지렛대 삼아 내 수준과 기호에 맞게 집을 구매하는 것은 동서고금을 막론하고 지극히 보편타당한 모습이요, 변치 않는 우리네 삶의 미덕이다. 그러니 명색이 제대로 된 나라라면 파릇파릇한 청년 세대들에게 이 시장에 마땅히 진입할 기회와 각자의 능력을 전제로 경쟁할 수 있는 생태계를 만들어 줘야 옳은 처사가 아니겠는가? 공짜 마약을 나눠주고서 취하게 만들 게 아니라 말이다.

인생은 본디 고단한 것이다. 그리고 진영과 이념을 떠나 현실을 살아가는 존재라면 그런 것들을 상호 인정하는 전제 위에서 뭐든 이야기를 풀어나가야 하는 것이지, 마치 사이비 종교처럼 고단한 인생 저편에 무언가 꿀맛 같은 천국이 있다고 선동하는 건, 책임 있는 국가가 국민에게 해서는 안 되는 저열한 행위이며, 결국 정치적 뇌물을 주겠다고 공언하는 것과 다름없다.

현재 세대가 주고받는 뇌물은 미래 세대로부터 당겨온 빚이다. 조부모가 당겨쓴 빚은 부모가, 그 부모가 당겨쓴 빚은 우리가, 다시 지금의 우리들이 당겨쓴 빚은 눈덩이처럼 불어 결국 우리의 자식 세대들이 부담해야 하는데, 명색이 양심 있고 정신머리 제대로 박힌 선배와 부모라면 후배나 자식들에게 한 줌 재산은 물려주지 못할지언정, 적어도 빚은 안 남기고 가야 하는 것 아니겠는가 말이다. 단언컨대, 모든 달콤한 공짜에는 교활한 거짓말이 감춰져 있으니, 역시 세상 거저 얻을 수 있는 건 아무것도 없다는 게 만고의 진리다.

"넌 도둑이 왜 가난한지 아니?
비싼 거 훔쳐서 싸게 팔잖아?!"

영화 <도둑들>에서 펩시의 대사 中

병을 고치려면 설탕물 대신 쓴 약을 먹어야 하는데, 세금으로 현금을 지급받는 이 나라 국민은 이미 1,200만을 넘겼고, 각종 현금 복지 종류만 2,000종에 육박한다. 버는 것 이상으로 돈 쓰는 자와 그 가족은 200% 비참한 결말을 맞게 되어 있다. 이제라도 부디 힘들게 번 국민들의 피 같은 돈으로 헛짓거리하지 말기를 바란다.

저놈 호주머니에 있는 거 빼앗아 이놈 호주머니 채워주면 당장엔 좀 뿌듯할는지는 몰라도, 결국엔 비싼 거 도둑맞은 놈은 거지, 비싼 거 훔쳐 싸게 판 놈은 도둑, 도둑놈한테 비싼 거 싸게 산 놈은 기껏 장물아비밖에 더 되느냐 이말이다. 이건 애초에 그런 그림이었다. 그리고 나라에서 굳이 나서 자꾸 뭐 안 해줘도, 나와 우리 가족들은 이런 꼴 안 보고 사는 것으로 충분히 행복하다.

다주택자, 1주택자, 무주택자:
모두를 불쾌하게 만든 그 신묘한 재주

언제부턴가 무얼 해도 어차피 안 된다는 일종의 무기력감이 들었고, 적어도 부동산 문제만큼은 내려놓고 지낸 터라 이제 무엇이든 딱히 할 말조차 없는 게 사실이다. 각자의 이해 관계와 유불리를 떠나 부동산이라는 게 기본적으로 '이코노믹 마인드'가 전제될 때 그다음 각론으로 들어가 기존 툴로써 분석을 하고 평가와 해석이라는 것도 할 수 있는 것이고, 내가 맞네, 네가 틀리네, 갑론을박 말이라도 섞을 수 있는 건데, 지난 몇 년 정권의 부동산 정책은 오로지 낡은 정치적 이념과 삐뚤어진 오기로만 가득하니 도대체가 실체라는 게 없었다.

아니, 세상에 그렇지 않은가 말이다.

공급은 이미 충분한데도 집값이 오르는 건 모두 다주택 투기꾼 ××들 때문이니 어디 한 번 당해보라며 서울 재건축과 재개발은 꽁꽁 묶어두고는 저기 경기도 3기 신도시에는 20만 채를 기획하고, 교도소와 군부대 터에 공공임대를 짓는 것으로도 모자라 호텔 룸까지 셋방으로 돌리면서도, 여전히 공급은 충분하다고 바득바득 우기는 난센스.

　부동산 투기로 돈 버는 시대를 끝내겠다며 주담대로도 모자라 신용대출까지 꽁꽁 묶어두고는 느닷없이 분상제를 걸어 현금 쌓아둔 부자들만 애먼 로또를 맞게 해주더니, 그나마 집값이 오른 탓에 상대적으로 전세가율이 떨어져 갭 투자가 시들어갈 즈음 또 한 번 생뚱맞게 임대차 3법을 만들어 단돈 1~2천으로도 집 살 수 있게 만들어 주는 난센스.

　강남이며 서울 집값 잡겠다고 스물 댓 번의 대책을 정신없이 쏟아내자 그럼 규제 안 한 곳으로 가면 그만이라며 너도나도 돈 싸 들고 김포로 파주로 부산으로, 대전과 대구로 수요가 몰리는 통에 부산 어디가 강남 귀싸대기를 후려갈기고, 대구와 대전이 마포 멱살을 잡고 흔들어대니 이대론 안 되겠다며 자존심 상한 서울 집값은 더 오르게 만드는 난센스.

　5년 가까이 이어지고 있는 이런 어처구니 없는 난센스들을 평범한 시민이 어지간한 멘탈로 당해낼 재간이 있겠느냐 말이다, 내 말은.

　나라에서 호텔을 셋방으로 개조하든 말든 그건 내 알 바 아니고, 어느새 이 바닥에서 산전수전 다 겪으며 머리가 굵어져 갭 투자할 짬도 지났으니 그것도 좀 패스하고, 서울 집값이야 원래 조선 시대, 한양 시설부터 비쌌으니 별반 새삼스러울 것도 없다지만, 정작 내게 있어 손에 닿는 문제는 예를 들면 이런 것들이다.

　호시절에 올라탄 덕에 지금의 5년, 10년 후배 녀석들보단 그래도 수월하게 내 집 마련도 했는데, 덤으로 집값도 많이 올랐다니 기분이 나쁘다면 솔직히 거짓말이다. 언젠가부터 늘 그래왔던 터라 새삼스러울 것도 없다지만, 해가 갈수록 여기저기 오가며 만나는 이들에게 부럽다 소릴 듣는 빈도도 더 높아진다. 가진 재산이라고 해봐야 내 명의로 된 집 두 채가 전부인데, 살고 있는 집값도, 전세를 준 집값도 사이좋게 올랐고, 집주인인 나 대신 나라에서 깨알같이 전셋값까지 올려줬으니, 하기야 남들 눈엔 얼핏 부러워 보일 법도 하다.

하지만 또 그렇지 않은가 말이다. 어디서든 살아야 하는 마당에 집값 좀 올랐다고 살던 집을 내일 홀랑 내다 팔 것도 아니요, 세놓은 집이라고 당장에 내 맘대로 세입자를 바꿔치기해 시세대로 보증금을 올려 받을 수 있는 것도 아니며, 설령 그깟 거 좀 올려 받은들 어차피 내 돈 아닌 세입자 보증금으로 사채놀이 할 것도 아닌 바에야 내 입장에선 이거든 저거든 그야말로 빛 좋은 개살구다. 그렇게 차 떼고 포 떼고 나니 그저 손에 쥔 거라곤 매년 잊을 만하면 날아드는, 자릿수 바뀐 재산세와 종부세 고지서뿐, 실제로 내 삶이 바뀐 건 그러고 보니 아무것도 없는 것이다.

마침 둘째 아이도 학령기에 접어드니 생각이 많아진다. 남들처럼 극성맞게 영어 유치원까진 못 보냈어도, 그 옛날 부모님이 내게 해주셨던 것처럼, 좋은 학군이라도 마련해 주고픈 마음에 그만 살던 집과 세 준 집 팔아 상급지로 붙어볼까 짬짬이 궁리도 해본다. 강남 아니고선 어지간한 서울 뉴타운 학군이야 도긴개긴이요, 그렇다고 또 중계동은 내키지 않으니, 그나마 본가가 있는 목동이 눈에 드는데, 여기서부터 좋던 기분이 나빠진다.

같은 기간에 저 집보다 내 집이 많이 오르거나, 저 집은 안 오를 때 내 집만 올라야 세금을 제하고도 비로소 좀 비집고 들어갈 틈이 생기는 법인데, 거꾸로 팔아야 할 내 집보다 사야 할 저 집이 더 많이 올랐으니 가처분 소득은 오히려 마이너스요, 그나마 차익의 대부분은 그 잘난 양도세 밑 닦는 휴지로 날아갈 형편이니 결국 오르고도 기분이 나쁜 아이러니가 생긴다. 나야 어차피 다주택 적폐로 내몰린 지 한참, 못 옮기면 안 옮기고 그냥 눌러앉아 살아도 그만이라지만, 그럼 무주택자와 1주택자들은 나 대신에 내 몫까지 행복한가 말이다.

무주택자는 그들대로 애환이 많다. 그저 청약이 진리라는 건 너나 할 거 없이 알고 있는 전 국민의 상식이라지만, 막상 내 눈에 드는 곳엔 점수가 부족하고, 점수가 되는 곳은 내 눈에 들지 않으니 그저 흐르는 건 세월이요, 오르는 건 전셋값뿐이다. 그렇다고 분양권을 알아보자니 대부분 전매제한이라 빛 좋은 개살구요, 매일같이 뉴스와 신문지에선 몇 달 새 집값이 3~4억씩 폭락했다고 호들갑인데, 막상 부동산 몇 군데 다녀보면 도대체 어디가 얼마나 떨어졌단 건지 손에 잡히거나 체감되는 건 없다. 어찌저찌 발품 팔아 맘에 드는 집을 찾아내도 그마저 대출 한도는 내가 필요한 자금의 반도 안 나오니 결국 돌고 돌아 인건비도 안 빠지는, 그저 입맛만 다시는 그림의 떡이다.

1주택자들도 그들 나름대로 고충이 많다. 다주택자야 그래도 양도세 대목에서 눈 한 번 질끈 감으면 두세 채 팔아 똑똑한 하나로 흩어진 드래곤볼을 모을 수 있다는 마지노선이라도 있다지만, 1주택자들이야말로 폭등 중에 뒷걸음질 친 가처분 소득 탓에 오르고도 기분이

제대로 나쁘다. 그렇게 팔 수도 없고, 살 수도 없는 상황에서 해마다 오르는 건 재산세와 종부세뿐이니, 거주·이전의 자유가 박탈된 김에 이제는 허리춤에 호패라도 차고 다녀야 할 판이다.

　여기, 그 깊이를 가늠할 수 없는 칠흑 같은 심연 위로 거대한 곡면이 있다. 지금, 우리 모두는 그 곡면의 한복판에 이유도 모른 채 저마다 서 있다. 지푸라기 하나 잡을 것 없는 그곳에선 더 올라갈 수도, 다시 내려갈 수도 없는데, 조금만 잘못 움직여도 끝장이니 온몸에선 당장 경련이라도 날 판이다.

ⓒ영화 커브(Curve), 디음팅회

그렇게 우리 모두를 옴짝달싹할 수 없게 만들어 둔 사이, 이 나라 대통령이란 자와 신·구임 장관이 미리 4천만 원어치 인테리어를 잔뜩 해놓은, 보증금 6천에 월 20짜리 13평 공공 사글셋방에 신발 신고 들어가 사이좋게 둘러앉아서는 4인 가족도 살 수 있겠냐고 물은 것이지, 살 수 있다고 한 건 아니었다는 말을 주고받으며 웃고 있었다는 그 사실이, 힘든 세상살이보다도 말하자면 그런 것들이 참 마주하기에 역했다는 거다.

"인분이라면 똥을 얘기하는 거냐?
그럼 네가 생각하기엔 이 새끼 왜 그런 거 같으냐?
이거 무슨 생각을 가지고 그런 거 같냐?
상식적으로? 어? 형사가 왜?
왜 신성한 단서에 똥 묻은 지문을 묻힌 거 같냐?
이거 대한민국 경찰체계에 대한
노골적인 불만인 거 같지 않냐? 어?
이거 너무한 거 아니냐고, 씨빨!
왜 단서에 똥을 묻히고 지랄이야, 지랄이!"

영화 <공공의 적>에서 국과수 과장의 대사 中

아무리 생각해 봐도, 상식적으로 생각해 봐도, 이리저리 생각해 봐도, 몇 날 며칠을 생각해 봐도, 아무리 좋은 쪽으로 생각해 봐도, 왜 나라가 앞장서서 사람이 사는 신성한 집에 쉼 없이 똥칠을 해댔던 건지, 난 5년간의 치열한 고민 끝에도 아직 이해하지 못했다. 어쨌든 내겐 참 개나리꽃 같은 나라였다.

사막의 오아시스:
질 좋은 중산층용 임대주택이란 말장난

"3기 신도시는 환매조건부, 토지임대부, 지분공유형 등 다양한 방식으로 추진할 수 있다. 민간에 택지를 분양해 주택을 건설하는 것 외에도 비축 토지를 활용해 공공자가주택 등을 확대하는 방안을 면밀히 검토해야 한다."

– 2020년 12월 21일, 변창흠 당시 국토교통부 장관 후보자의
인사청문회 서면 답변자료 中

"서민, 청년, 신혼부부 등을 위한 임대주택은 물론 질 좋은 중산층용 임대수택에 이르기까지 확실하게 공급대책을 세우고 가격 안정을 위해 최선을 다해주시기 바랍니다."

– 2021년 1월 5일, 새해 첫 국무회의 시 문재인 前 대통령 발언 中

살기가 팍팍해지니 TV조차 돌리는 채널마다 연신 시골살이 예찬이다. 어릴 적 우리 부모님은 내게 그러지 않으셨건만, 층간소음 강박으로 집에서 한창 뛰놀 아이들을 숨소리도 못 내게 감시하고 있는 스스로의 모습에 어느 순간 역겨운 환멸도 느낀다. 이참에 우리도 아파트 팔고 한적한 강원도 어디에 2층 아이들 방, 3층 가족 영화관에 개인 차고와 황토방 별채까지 갖춘 집 짓고서 현실판 '삼시 세끼'나 한번 찍으며 살아볼까 매일 밤 아내와 온갖 상상의 나래를 펼치지만, 막상 현실은 내일 아침 출근길 날씨와 옷차림을 걱정하는 월급쟁이일 뿐이니, 아무래도 '방구석 여포'는 우리 집에도 사는 모양이다.

　우리 부부의 최근 관심사는 넓고 쾌적한 집으로 옮겨 두 아이에게 지금보다 좀 더 좋은 환경을 제공해주려는 쪽에 잔뜩 쏠려 있다. 우리 모두 바짓바람이나 치맛바람에선 거리가 깨나 먼 편이니 그저 팔자 좋게 고상한 학군 타령이나 하자는 건 아니고, 집안에서도 각자의 공간을 중시하는 부부와 그 부부의 유전자를 고스란히 물려받아 벌써부터 '내 방'병에 걸린 아이들 탓에 제아무리 신축이 구조를 잘 뽑는 신공을 부리고, 세간살이 테트리스를 잘한들 지금의 평수로는 물리적 임계점에 다다른 탓이다.

　그러고 보니 코로나 때문인지 열흘에 한 번 주유비를 빼고선 일주일 내내 지갑을 한 번도 꺼내지 않고 지낸 지도 꽤 오래다. 해가 바뀌니 아내와 합산한 연봉도 대강 높아지고, 그사이 살고 있는 집값과 세놓은 집값도 나란히 꽤 올랐다는데, 매번 그렇듯 기분이 좋지는 않다. 명색이 한 번 하는 이사, 뒷걸음질 칠 수는 없는 노릇이니 강남은 못 가더라도 누가 보더라도 납득이 되는 수준에서 최소한 지금과 엇비슷한 동네로는 바싹 붙어야겠는데, 대출 한 푼 안 되는 상황에서 다주택자에게 중과된 양도세에 오를 대로 오른 취득세까지 따지니 연봉이나 집값이 오른 게 무슨 소용이며, 일주일 내내 용돈 한 푼 안 쓰며 이렇게 사는 게 대체 다 무슨 의미인가 싶다. 그래서 기분이 되게 나쁘다.

지금 30~40억 하는 압구정이 재건축 후엔 못해도 50~60억은 갈 것이요, '잠5'와 '올선'과 '은마'도, 목동과 여의도도 언젠간 재건축이 돼 지금의 가격을 추억할 것이다. 이제 시작하는 3기 신도시조차 어디든 당첨만 되면 몇억쯤 파먹을 부스러기야 언제든 우습게 생길 것이요, 그때쯤이면 또 마포도, 신길도, 청량리와 마곡도 앞자리가 바뀌어 있을 것이다. 하지만 저마다의 이유로 어디서든 어디로든 움직일 수 없게 된 모두에게 그 모든 건 머리로는 알되 어차피 부질없는 '부루마불'의 종이돈이요, 그래서 멈춰버린 풍경에 다름 아닌 것이다.

자본주의 사회에서 그나마 내 삶과 가족을 지탱하는 유일한 버팀목은 결국 자본이다. 돈이 있어야 내 가족이 살 집도 사고, 돈이 있어야 내 가족이 타고 다닐 차도 사며, 돈이 있어야 내 가족이 먹을 쌀도 산다. 돈이 있어야 내 새끼도 남들만큼 가르치고, 돈이 있어야 그래도 어디 가서 나이 들어 추해지지 않고 사람 구실 한다는 소리도 좀 들으며 살 수 있다.

집값이 올랐으니 돈 없으면 집도 새로 못 사고, 보유세가 올랐으니 당장 그거 낼 돈 없으면 살던 집도 팔아야 하고, 거래세가 올랐으니 돈 없으면 새집으로 이사도 못 간다. 그리고 이런 유치하리만큼 단순하되 지독하리만큼 처절한 사실을 부정하는 순간, 얘기하는 쪽이나 얘기 듣는 쪽이나 피차 피곤해지고 대화의 진전 없이 매번 감정만 상하는 것이다.

E-클래스, 5시리즈, A6는 못 타도 그랜저나 쏘렌토 정도 굴리며 합산 연봉도 얼추 1억이 넘어가는 창창한 맞벌이 부부가 구태여 아파트도 아니면서 애써 아파트처럼 보이도록 노력한 빌라 임대주택에 들어갈 필요는 대체 무엇이며, 중산층 대열에 올라 이 사회의 허리로 나름의 역할을 해줘야 할 이들이 임대 아파트에 들어가 산들, 그것이 본인과 국가 모두에게 있어 또 무에 그리 대단한 정의이고 아름다운 선인가 말이다.

내 돈 주고 내가 산 내 집에 살며 보유세도 매년 꼬박꼬박 내는데, 몇 년 후 되팔 때 오른 차익을 나라에 도로 반납해야 하는 집이라면, 그 집은 대체 누구의 집이며, 그렇다면 샀던 가격보다 집값이 떨어졌을 때 되팔면 그 손실은 거꾸로 나라에서 보전해주는 것인가? 아니, 집을 사는데 공중에 붕 떠 있는 콘크리트 덩어리만 내 것이고 깔고 앉은 땅은 나라 것이라며 매월 토지 사용료를 따박따박 갖다 바치라니, 그럼 그때부터는 내 돈 주고 산 이 집이 대체 월세와 다른 게 무엇이며, 꼴에 그것도 유주택자라고 더 이상 청약도 안 되고 보유세에 거래세까지 내야 하니, 그 신박함에 달나라 옥토끼도 절구를 내던질 일이다.

극성맞게 나랏일에 자꾸 딴지를 걸고픈 마음은 일절 없다. 하지만 그럼에도 나라에서 싸게 사서 미리 쟁여 놓은 땅에다 언젠가 집을 지어 누군가에게 분양할 때 그 이익을 누가 가져가느냐의 문제는 여전히 남기에 하는 말이다. 땅을 미리 싸게 사놓은 덕에 분양 시점에서 민간의 분양 시세보다 싸게 분양한다면, 그건 다수의 세금으로 분양을 받는 극소수 국민에게만 특혜를 주겠단 뜻이자, 세금으로 매입한

토지를 시세에 못 미치게 넘겨 국고에 손실을 입히는 일종의 배임이
되는 것이다. 그렇다고 나라에서 시세대로 받을 거 다 받고 분양한다
면, 그동안 그렇게 개인에게는 못 하게 닦달했던 투기를 나라에선 당
당히 대놓고 하겠다는 꼴이 아닌가 말이다.

———

"아니, 왜 자꾸 사막에서 오아시스를 찾아?
근본적으로 사막을 벗어날 궁리를 해야지!"

영화 <신과 함께-인과 연>에서 해원맥의 대사 中

사람은 눈을 가리면 아무리 똑바로 걸으려 노력해도 결국 커다란
원을 그리며 걷게 된다고 한다. 일명 윤형방황(輪形彷徨)이다. 문자 그
대로 바퀴처럼 원형으로 방황한다는 말인데, 그래서 사막이나 눈길
같이 방향을 가늠할 수 없는 공간에서 길을 잃게 되면 아무리 걸어도
벗어날 수 없게 되는 것이다.

우리 인생도 크게 다르지 않아, 살다 보면 무엇이든 열심히 애쓰고
노력해도 제자리걸음인 거 같을 때가 있다. 열심히 운동했는데 체중
은 좀처럼 줄지 않고, 남들은 쉽게 하는 그 흔한 것들조차 참아가며
그저 소처럼 일만 하며 살았는데도, 정작 내 삶은 단 한 발짝도 앞으

로 나아가지 않는 것처럼 말이다.

스스로 원했든, 그렇지 않았든, 어쨌든 우리 모두는 지금 사막의 한가운데 있다. 이곳에 순응하며 오아시스를 찾을지, 아예 이곳을 벗어날지, 저마다 어떤 궁리를 할지는 언제나처럼 각자의 몫이다. 그럼에도 그 궁리의 결과는 가족 모두에게 미칠지니, 난 당장에 시원한 오아시스보단 좀 고돼도 사막을 벗어나 내 가족들에게 돈 주고 생수를 사 먹이는 편을 택할 것이다.

격변의 시절을 지나다:
집값은 떨어질 수 있을까?

어느 마을에 자신이 최고라고 자부하는 이발사가 있었다. 어느 날, 경쟁 상대가 누구냐는 누군가의 물음에 그는 "제 경쟁 상대는 없습니다. 이 마을에서는 스스로 수염을 깎는 사람 외에는 모두 내가 수염을 깎아주니까요."라고 답했다. 그런데 이 대목에서 문득 궁금한 게 하나 생긴다.

그럼, 이발사는 과연 자신의 수염을 스스로 깎을까?

먼저 이발사 스스로 수염을 깎는다고 생각하면, 자신의 수염을 스스로 깎는 사람에 대해서는 이발사가 수염을 깎지 않는다고 했으므로, 자신의 수염을 이발사인 자신이 스스로 깎을 수 없게 된다. 반대로 이발사 스스로 수염을 깎지 않는다고 생각하면, 이발사는 스스로 수염을 깎지 않는 사람에 대해서는 모두 이발사인 자신이 수염을 깎아준다고 했으므로, 결국엔 자신 스스로 수염을 깎는 셈이다.

결국, 이발사는 자신이 한 말로 인해 자신의 수염을 스스로 깎을 수도, 깎지 않을 수도 없는 처지가 되고 말았다. 얼핏 짜증 나는 말장난 같아도 무려 초등학교 교과서에 나온 예시다. 이처럼 참이라고도, 그렇다고 거짓이라고도 말할 수 없는 모순된 문장이나 관계를 일컬어 우리는 패러독스(Paradox) 또는 역설이라고 한다. 사전에 나온 말이다.

> *"집값은 거품이다. 갈수록 인구도 줄어드는데,*
> *당연히 집값은 점점 떨어지게 돼있다.*
> *지금 집값에 반 토막은 나야 한다. 미쳤냐? 집을 사게?!*
> *집 가진 투기꾼들 지금부터 곡소리 들린다. 다 죽어라!!"*

마치 뫼비우스의 띠처럼 잊을만 하면 매번 무한히 반복되는 이 지긋지긋한 주장들을 관통하는 핵심은 결국 갈수록 집값은 하락할 것이고, 그러니 집을 사면 안 된다는 것이다. 그래 말이다. 나 혼자 사고 팔기도 바쁜 집, 굳이 생판 모르는 남한테까지 사라 마라 강요하고픈 맘은 나도 없는데, 그럼에도 그런 주장을 무한히 반복하는 이들에게 문득 궁금한 게 하나 있다.

그들의 생각대로 집값은 갈수록 떨어질 것이니, 그들은 정녕 평생 내 집 없이 살 수 있을까?

집값이 갈수록 떨어진다는 것이 불변의 명제라면 어디에 있는 어떤 집이든 사는 순간부터 손해일 테니 집을 사는 사람은 없을 텐데, 어디든 살 집 하나는 있어야 하는 노릇이니 집 살 돈을 보증금 삼아 살

만큼 살고 언제든 나올 때 온전히 살아있는 보증금을 찾을 수 있는 전세로만 수요가 몰릴 것이다.

그렇게 아무도 집을 사지 않으니 기존에 집 가진 사람이 집을 팔 수 있는 길도, 집이 팔리지 않으니 건설사가 새집을 지을 수 있는 길도 없어지는데, 그 틈에 오로지 전세로만 수요가 몰리니 전셋값이 천정부지로 치솟아 매매가를 추월할 것이다. 아마도 정상적인 시장이었다면 전세가가 매매가를 추월하려는 분기점 어딘가에서 전세수요가 매매수요로 전환되겠지만, 사면 필히 떨어지는 집값이니 매매가를 추월한 뒤로도 전셋값은 계속해서 오른다.

사실 어지간한 고등교육 수준의 경제 관념이라도 있다면 이쯤에서 자연스레 이상한 점을 발견할 것이다. 무조건 지금의 집값은 거품이요. 그래서 반 토막, 반의반 토막이 나야 정상이라는 그 막무가내와 논거의 희박함은 일단 접어두고서라도, 전세라는 건 당연히 집 빌리는 임차인 수만큼 집 빌려주는 임대인이 있어야 한다. 임대인이란 결국 집 가진 사람인데, 사면 떨어지는 집값이라 누구도 집을 사지도 짓지도 않아 시장에 전세수요는 넘쳐나도 그 전세를 공급해 줄 사람은 아무도 없으니, 이미 시장은 왜곡을 넘어 상식과 이론으로 설명될 수 없는 영역에 이르는 것이다.

하지만, 애초부터 그들의 주장 앞에서는 하등의 경제 논리와 합리적 반박은 무의미하니 결국 그들의 주장대로 시간이 갈수록 '당연히', 그리고 '무조건' 떨어져야만 하는 게 집값의 숙명이라면 말이다. 감가상각을 고려해 대치동 은마아파트는 지어진 지 43년이 지났으니 8천, 압구정 현대아파트는 지어진 지 46년 됐으니 그래 옛다, 뭐 3천 정도라면 만족하겠는가? 아니다. 어차피 재건축도 언제 될지 모르는 마당에 이왕지사 40년 넘게 기다린 거 여기서 한 4~5년 더 참으면 감가가 더 진행될 테니 그땐 정말 대치동 은마와 압구정 현대를 드디어 1~2천에 도 매입 가능한 날이 올는지도 모를 일이다.

여기 초등학교 교과서에도 나오지 않는 지독한 패러독스와 역설이 있다.

택시비와 목욕비, 쌀값과 담뱃값이 세월 지나 두 세배 오르는 건 당연한데, 유독 집값만큼은 세월이 지나면 반 토막이 나야 정상이다. 집값이 오를 때는 비싸서 못 사고, 반대로 집값이 떨어질 때는 지금 사면 손해라며 사지 않으면서도, 항상 억울한 이 땅의 무주택자들은 매번 자신들이 집을 못 가진 탓을 정부와 다주택자들을 향해 돌린다. 한 채에 30억, 40억 가는 강남 아파트들은 나와 상관없는 남의 집이 니 한 방에 5억, 10억씩은 떨어져 줘야 정의지만, 서울 변두리나 지방 에 있는 내 집은 평생 모은 소중한 전 재산이니, 절대로 떨어지지 않 아야 그것이 정의다. 기업인과 소상공인은 장사가 잘되든 안 되든 돈 많은 사장님들이시니 고통 분담을 위해 얼마든지 손해를 봐도 뭔 상 관이겠냐마는, 나는 불쌍하고 힘없는 노동자이니 내 임금은 작년에 도, 올해도, 그리고 내년에도 계속해서 쭉쭉 오르는 게 맞다.

원래가 내가 하면 고상한 로맨스요, 네가 하면 천박한 불륜인 것이 세상의 인심이라지만, 아무것도 안 하고 성실히 살아가는 사람의 눈에 는 로맨스든 불륜이든 그저 외도일 뿐이니 사람 먹고사는 문제 앞에서 재미도 감동도 없는 말장난은 이제는 그만 접어두기 바란다.

"어제는 멀고, 오늘은 낯설며,
내일은 두려운 격변의 시간이었다.
우리 모두는 그렇게 각자의 방법으로
격변하는 조선을 지나는 중이었다."

드라마 <미스터 션샤인>에서 애신의 독백 中

자, 이제 어떡할 것인가?

오를 때도 못 샀는데, 떨어질 때 살 용기는 있는가?

그럼 다시 묻는다!

떨어질 때도 안 샀는데, 다시 오를 때 살 배짱은 있는가?

어제는 멀고, 오늘은 낯설며, 내일은 두려운, 우리 모두는 그렇게 각자의 방법으로 격변의 시절을 지나고 있는 중이다.

파괴적 혁신:
집 한 채가 삶에 전하는 그 존엄한 무게에 대하여

장인어른이 타고 다니실 적당한 중고차 하나를 알아보는 중이다. 장인어른의 차는 20년도 더 된 2000년식 중형 세단이다. 한 대기업의 임원으로 재직하실 당시 회사로부터 제공된 업무용 차량이었다고 한다. 이후 퇴직하시면서 관례에 따라 차량 소유권을 넘겨받으셨고, 무던하면서도 검소한 성품 탓에 어쩌다 보니 매번 다음에, 다음에 하던게 20년이 넘은 것이다. 이미 칠순을 훌쩍 넘기신 데다, 최근 건강에 적신호가 켜져 두어 번 응급실 신세까지 지셨던 터라 사회적 지위와 체면 같은 고상한 것들을 따지기에 앞서 장모님이나 아내 입장에선 안전이 절실했다. 그런 가족들의 거듭된 강권으로 그나마 타협을 본게 운전면허증 반납 전, 향후 3년 정도 잔고장 없이 타고 다닐 수 있는 '적당한' 중고차였다.

이미 근검절약이 신념화되신 분이니 아무리 중고라도 외제차는 처음부터 말을 붙여 볼 엄두가 나지 않았고, 20년 넘는 세월이 지나면서 그 당시 중형차 값으로는 지금의 경차도 빠듯하다는 사실을 일일이 납득시켜드리는 것도 쉽지 않았다. 남들 보기엔 별거 아닌 문제인 듯해도 우리 식구들에겐 나름 은근히 까다로운 난제였다.

그러던 중 적당한 국산 모델 하나를 발견했다. 국산 완성차 업체 가운데서는 소위 비주류 브랜드였지만, 오히려 그래서 주류 메이커의 동급 차량들에 비해 여러모로 경쟁력이 있는 건지도 몰랐다. 비슷한 연식 기준으로 가격은 주류업체의 두 등급 정도 낮은 모델 수준인 반면, 차량의 크기는 오히려 두 등급 위의 그것과 유사한 수준이었으니, 소위 가성비로는 단연 으뜸이었다.

아무리 가성비가 좋기로서니 세상 비싸고 안 좋은 물건은 있어도 싸고 좋은 물건은 없다는 걸 일생의 진리로 여기며 사는 내게, 많은 단점들이 보이지 않을 리 없었다. 하지만 지금 우리의 니즈에는 그것이 정확히 부합했고, 단점들은 얻게 되는 장점들로 충분히 덮을 수 있는, 말하자면 우리 식구에게 있어 그 차는 일종의 '파괴적 혁신'* 같은 상품이었다.

---

* 미국의 경영학자 클레이튼 크리스텐슨 아버느내 경영대학원 교수가 1997년 저서 『혁신 기업의 딜레마(The Innovator's Dilemma)』에서 처음 소개한 개념이다. 크리스텐슨에 따르면 혁신에는 '존속적 혁신(sustaining innovation)'과 '파괴적 혁신(disruptive innovation)'이 있다. 존속적 혁신은 기존 제품과 서비스를 점진적으로 개선해 더 나은 성능을 원하는 고객을 대상으로 높은 가격에 제공하는 전략이다. 반면 파괴적 혁신은 단순하고 저렴한 제품 또는 서비스로 시장 밑바닥을 공략해 기존 시장을 파괴하고 시장을 장악하는 전략이다. (출처: 네이버 지식백과)

넘치도록 풍요롭지만 냉혹하게 경쟁적인 현대사회를 살아가며 우리는 일상에서 사용자의 필요를 너무도 지나치게 앞선 '오버스펙'들을 자주 접하곤 한다. 새 차를 출고한 후 1년이 넘도록 한 번도 사용하지 않아 이제는 있는지조차 잊어버린 옵션들, 짧은 구간을 이동하는 국내선 비행기 안에서 굳이 필요 없는 과잉 서비스와 함께 제공되는 과일 주스처럼 말이다.

근로소득을 통한 수입 가운데 매월 생활을 위한 고정 지출을 제한 나머지 잉여자금을 가지고 우린 저마다 각자의 방식으로 자산을 불리고, 축적한다. 언제부턴가 그 옛날 집집마다 있던 장롱 속 빨간 돼지 저금통은 사라졌어도, 은행의 정기적금부터 시작해 누구는 갭투를 하고, 누구는 주식을 하고, 또 누구는 코인도 하며, 그러고 보면 다들 각양각색 참 열심히도 살아간다. 내 수입만큼이나 내가 굴릴 수 있는 잉여자본은 지극히 한정적인 반면, 누가 뭘 어떻게 해서 돈 좀 벌었다는 투자 무용담은 도처에 끊이질 않으니, 또 매번 조급해지는 건 마음이다. 그러니 조합이 거의 무한대에 가까운 그 많은 재테크 기법 가운데, 기회비용 면에서 도대체 어떤 것이 최선인지를 두고 여기저기 날 선 갑론을박이 끊이질 않는 것이리라.

그런데 말이다. 세상에 돈을 굴릴 수 있는 방법이 무한대에 가까워 막상 구멍가게에서 쭈쭈바 하나도 사 먹을 수 없는 가상화폐 동전 한 닢을 몇천만 원씩 주고 사고파는 세상이 됐고, 어느 회사 주식이 떡상해 누구 인생이 바뀌었네 하는 따위의 얘기들이 들린들, 에어드랍과 스윙이 뭐고 PER과 ROE가 어떤 개념인지조차 모르고 살아가는 현실 속 대부분의 사람들에게 있어 도대체 이런 것들이 다 무슨 의미인가 말이다.

2016~2021 부자의 부동산 자산 및 금융 자산 비중 변화

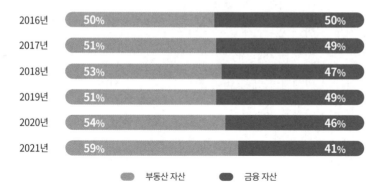

10% 이상 고수익을 거둔 부자, 가장 긍정적인 영향을 준 자산

대한민국 가계 자산의 특징 중 하나는 바로 금융 자산에 대비 부동
산 자산이 차지하는 비중이 월등히 높다는 점이다. 2020년 통계청 조
사 기준으로 금융 자산 1~10억의 평범한 대중 부유층의 실물 자산

비중은 76.4%이었던 반면 금융 자산은 23.6%였다. 금융 자산의 대략 3배를 넘는 수치로, 쉽게 말해 대한민국에서 흔히 볼 수 있는 사람들 대부분은 자기 전 재산의 4분의 3을 부동산에 묻어뒀단 얘기다. 대중 부유층에 비해 상대적으로 좀 덜하지만 금융 자산 10억 이상의 부자 역시 크게 다르지 않았으며, 그런 그들 또한 자신들의 수익에 가장 큰 기여를 한 자산으로는 단연 부동산을 꼽았다.

근데 범인 잡아다 증거 들이밀듯 이런 숫자놀음을 따박따박 굳이 하지 않더라도 말이다. 원래 이 땅에서 '집 한 채'란 예나 지금이나 중산층이 자신들의 지위를 지탱하는 기반이자 서민층이 중산층으로 올라설 수 있는 징검다리요, 계층의 사다리였다. 결혼 후 맞벌이로 서너 해 허리띠 졸라맨 평범한 30대 부부가 전세 살며 그때까지 모아둔 종잣돈 1억에다 대출을 통한 레버리지를 더해 3~4억 언저리 집을 매입하고, 그 빚 얼른 갚는 게 곧 저축이란 생각으로 그렇게 몇 해 또 구르다 보면 3~4억에 매입했던 내 집은 어느새 5~6억이 되어 오른 집값과 줄어든 대출만큼 자산이 늘어난다. 그래서 부부는 늘어난 자산을 기반으로 다시 같은 방식을 통해 다음번에는 7~8억 언저리 집에 올라탈 수 있었던 것이다.

그런 지난한 과정들 속에서 때론 예상 못 했던 역경도 만났을 테지만, 그래도 사력을 다해 가꿔온 내 집 한두 채를 통해 이 부부는 풍진세상으로부터 가정을 방어하며 그사이 태어났을 아이들 공부시키고, 부모님 용돈도 드리면서 그래도 때 되면 외식도 하고 살았던 것이다. 그러다 황혼에 이르러서는 집을 통해 구축된 자산을 기반으로 다 큰 아들딸 시집 장가도 보내고 스스로의 노후도 대비하며, 수십 년 전

자신들의 모습처럼 이제 막 팍팍한 세상살이를 시작하는 자식들에게
뭐 보태주진 못할망정 그나마 손 벌리지 않으면서 여생을 마무리하는
것, 늘그막에 그래도 손주 녀석들 세뱃돈이며 과자값도 좀 쥐어 주
고, 증여든 상속이든 자식들한테 집 한 칸 정도는 물려 줘 작으나마
비빌 언덕 정도는 남겨주고 가는 것, 이런 것들이 바로 우리의 할아
버지, 할머니, 그리고 부모님 세대부터 이어져 온 이 땅의 평범한 서
민들의 일대기이자 삶의 모습들이었다.

　얼핏 너무도 평범한 듯 보이지만, 한없이 존엄하고 무게감 있는 이
러한 삶의 모습들이 '내 집' 한 칸의 도움 없이, 그저 은행에 고이 넣
어둔 비과세 정기적금과 그 알량한 국민연금으로 과연 가능한 것인가
말이다. 공모한 주식이 따상 아니라 따상상을 치고 아무리 코인 스캘
핑에 도가 텄어도, 일평생 눈알 시뻘겋게 차트만 들여다보는 것으로
내 자식들 키우고 연세 드신 부모님 용돈 드리며 살 수는 없지 않겠
느냔 말이다.

"딜라질 줄 일 있었요… 근네 똑같너라고요.
남다르고 싶었어요… 시시해지기 싫었거든요."

드라마 <머니게임>에서 혜준의 대사 中

산다는 것에 있어 애초에 정답이 있을까? 아니, 아마도 없을 것이다. 그럼에도 말이다. 이 길고 험한 여정에서 나와 내 가족을 지켜줄, 그 중차대한 수단을 택하고 결정함에 있어 굳이 남다르게 튈 필요는 또 뭐란 말이냐. 좀 시시하면 어떠랴, 어차피 너나없이 크게 다르지 않은 게 인생인데 말이다. 그러니 우리네 삶에도 이제는 파괴적 혁신이 좀 필요하지 않을까?

Part 02

진실을
마주하다

당신들이 어쩔 수 없다고 말한다면,
우리가 당신들에게 총을 겨누는 것도 마찬가지야!
한 번쯤 같이 살 방법을 찾자고,
당신들 목숨값이랑 개같이 버텨온 우리 목숨값이 같다고
한 번만이라도 생각해 줬다면!!

어떻게 똑같아? 너희 같은 범죄자 출신들이랑 어떻게 같아?
이름도 없는 새끼들이랑 우리가!!

영화 <실미도>에서 인찬과 박 중사의 대사 中

독재정권과 맞서 싸우면서 잉태된 586세대의 삐뚤어진 도덕적 우월감과 일종의 선민의식은 30여 년이란 세월을 건너며 그들 스스로를 초월적 존재로 절대화시키는 독선과 오만을 낳았다. 도덕적으로 천한 너희는 똑바로 살아야 하지만, 도덕적으로 귀한 우리는 좀 어기고 해 먹어도 된다는 역겨운 논리, 부자들을 못살게 하기 위해서라면 가난한 것들쯤이야 더 가난해져도 상관없다는 폭거 앞에서 이 땅의 무고한 소시민들은 도대체 얼마나 너 험한 꼴을 봐야 하고, 열마큼 너 쏴설해야 하는 것신가?

●

피자 한 판이 쏘아올린 작은 공:
문재인 정부 부동산 실패의 세 가지 원인

"부동산 가격 잡아 주면 제가 피자 한 판씩 쏘겠습니다."

취임 직후였던 2017년 7월 27일, 문재인 대통령이 호프 미팅을 하겠다며 대기업 총수들을 잔뜩 청와대 상춘재에 불러 모아놓은 자리에서 김동연 당시 경제부총리 겸 기획재정부 장관에게 건넸던 말이다. 한여름 무더위가 한창이었던 그날, 노타이차림으로 섰던 모두의 손엔 수제 생맥주가 한 잔씩 들려 있었다. 아마 아무도 짐작하지 못했을 것이다. 말을 주고받았던 대통령과 장관, 두 당사자를 포함해 그날 그 자리에 함께 있던 누구도 말이다. 현장에 있던 한 대기업 부회장이 평소 직원들에게 피자를 자주 돌려 '피자 CEO'란 별명이 생겼단 말을 듣고서 호기롭게 즉석에서 날렸던, 이 간단한 농담 한마디가 이후 5년간 이 땅에 얼마나 많은 혼란과 불행을 불러일으키게 될지 말이다.

그해 6월 첫 대책이 발표된 이래 60개월의 임기 동안 스물여덟 번의 대책이 나왔으니 대강 잡아 두 달에 한 번꼴이었다. 그렇게 마치 무언가에 홀린 듯 5년간 전 국민이 격월 간격으로 쉼 없이 발표되는 대책들을 지켜보면서 이번 대책은 몇 번째인 건지, 저번 대책에서 어떤 부분이 어떻게 바뀐 것인지 헷갈리기 시작했고, 그조차 임계점을 넘겨버린 어느 시점부터는 체념이라도 한 듯 차라리 모두가 조용하고 무심한 세월을 보냈더랬다.

지난 대책이 발표되고 그에 담긴 디테일들이 현장에 채 안착하기도 전에 그다음 대책이 득달같이 쏟아져 덧씌워지는 일이 계속 반복되다 보니, 누군가에겐 전 재산이 오갔을 현장은 걷잡을 수 없는 격랑으로 빠져들었다. 저마다의 이해 관계가 촘촘히 얽히고설킨 그 많은 경우의 수 앞에서 실무를 담당하는 중개업자는 동료며 선배 중개업자에게, 세무사는 지자체와 국세청에, 은행 대출창구 직원은 본사와 금감원에 전화를 걸어 어느 규정과 지침이 맞는지를 건건이 확인해야 했다. 하지만 통화를 마친 후에도 설명을 하는 이와 설명을 들은 이, 또 그 광경을 지켜보는 평범한 이해 당사자 모두 석연치 않은 건 매한가지였고, 정작 그 모든 혼선을 말끔히 정리해줘야 할 국토부 직원들조차 명쾌한 답을 내놓지 못하는 일이 속출했다. 그렇게 우린 쉽지 않은 지난 5년을 지나 기어이 여기까지 왔다.

임기를 한 달도 안 남긴 시점에서 열렸던 전 정부의 마지막 부동산 관계 장관 회의에서 회의를 주관했던 경제부총리는 사과 한마디와 함께 구태여 안 해도 그만이었을 법한 사족을 끝끝내 달았다. 스물여덟 번의 부동산 대책을 가리켜 종합 대책의 수는 그 절반이고 나머지는 후속대책의 성격이었다는, 신박한 궤변 말이다. 스물여덟이든 열여덟이든 지금 이 마당에 그깟 숫자가 뭐 그리 중한 것이며, 정녕 그것이 지금 이 모든 문제를 관통하는 본질이었는가 말이다.

이제 와 지난 5년간의 부동산 대책을 하나하나 복기해가며 28이 맞네, 14가 맞네, 산수를 가지고 입씨름할 마음도 없거니와, 그렇다고 그 지긋지긋한 대책들의 각론으로 다시금 들어가 이 공간에 화려한 도표를 그려가며 1.2%, 3.6% 같은 소수점 이하 숫자까지 요약해주고픈 친절도 내겐 일절 남아 있지 않다.

단언컨대, 문재인 정부의 부동산 정책은 처절하게 실패했다. 그것도 평가의 주체에 따라 그나마 해석을 달리할 수 있는 여지가 있는 상대적 개념이 아닌, 계층과 위치, 세대와 성별을 초월해 누구에게나 마찬가지인 절대적 개념에서 말이다. 지난 정부의 호언대로 정녕 공급은 수요를 상회할 정도로 충분했고, 이 모든 불행이 그깟 아파트로 장난질하는 다주택 투기꾼들 때문이었다면, 그래서 5년간 무려 스물여덟 번의 대책을 쏟아낸 것이었다면, 적어도 집 없는 사람들만은 행복했어야 했다. 하지만 우리 모두가 똑똑히 목도해 왔던 바와 같이 지난 세월 집이 있든 없든, 팔려는 쪽이든 사려는 쪽이든, 새로 지으려는 쪽이든 허물려는 쪽이든, 세를 주는 쪽이든 얻는 쪽이든, 우리 모두는 공평하게 불행했다.

국가의 정책은 의도가 아니라 결과로 말한다. 의도가 제아무리 선했더라도 과정이 거칠고 결과가 악했다면 국민은 언제나 고달프기 마련이다. 하물며 전 정권의 부동산 정책은 그 의도조차 결코 선했다고 보기 어려우니, 집으로 돈을 벌 수 없도록 하겠다고 공언해온 문재인 정부의 주택정책이 최악의 결과를 낳은 이유를 나는 다음 세 가지 정도로 본다.

1. 현실오판

> "서울과 수도권의 최근 주택 공급 물량은 최근 10년 평균 실적이나, 전문 연구기관이 산정한 주택 수요량을 크게 상회하는 수준입니다."
>
> – 2017년 8월 2일, 8.2 부동산 종합 대책 발표 시 김현미 당시 국토부 장관 발언 中

올해 2022년 전국의 주택 보급률은 103%를 넘었고, 김현미 전 장관이 스스로 공급이 충분하다고 말했던 5년 전에도 96% 언저리였던 서울을 제하고는 인천, 경기가 이미 100% 전후의 수치를 보였으니 적어도 수치상으로는 그녀의 말이 틀린 게 아닐지도 모르겠다. 문재인 정부가 들어서던 2017년 그해 주택산업연구원 발표에 따르면 서울 전체 주택 공급량은 분명 수요를 웃돌았다. 그건 8.2 대책을 발표하며 국토부가 추산했던, 서울의 신규주택 수요는 연평균 5만 5,000가구인데, 2005년부터 2017년까지 13년간 연평균 6만 4,000가구씩 준공됐다는 발표와도 대략 일치한다.

그러나 애초부터 전체 주택 수를 일반 가구 수로 나눈 주택 보급률 따위로는 자가 보유율이나 주거의 질적 수준을 파악할 수 없었고, 특히나 그중에서도 수급의 핵심은 주택의 형태였다. 국토부가 인용한

주택산업연구원의 발표에는 2017년부터 직전 6년간(2012~2017년) 서울의 아파트 공급은 매년 수요보다 9,000가구씩 부족했다는 연구 결과도 포함되어 있었다. 통계를 보면 서울 아파트 수요는 전체 주택 수요의 약 74%를 차지한다. 말하자면, 서울 시민 4명 중 3명은 다양한 주거 형태 가운데 아파트에 살기를 희망한다는 뜻이다. 이를 수치에 대입하면 서울에서는 매년 새로운 아파트가 4만 가구씩 필요하다는 계산이 선다. 그런데 이전 6년간(2012~2017년) 서울에서 준공된 아파트는 연평균 3만 1,000가구뿐이었다. 매년 수요보다 9,000가구씩, 누적으로는 총 5만 4,000가구의 아파트가 부족했던 셈이다.

반면에 같은 기간 다세대 등 아파트가 아닌 형태의 주택은 크게 늘었다. 7년간(2005~2011년) 연평균 1만 6,000가구씩 지어지던 아파트 외 주택은 그즈음 직전 6년간(2012~2017년)에는 4만 4,000가구로 오히려 대폭 증가했다. 말하자면 아파트 부족분을 다세대, 다가구 등 아파트가 아닌 주택의 증가분이 상쇄하면서 전체 주택량은 늘어난 통계의 왜곡을 부른 것이다. 그러니 살 수 있는 집은 늘었지만, 살고 싶은 집은 줄었다는 게 더 정확한 표현이리라.

이후로 5년간 문재인 정부는 공급은 충분하고, 집으로 돈 버는 시대를 끝내겠다며 서울에서 300곳 넘는 크고 작은 정비구역들을 해제시켰다. 뉴타운 같은 정비사업이 무산되면서 그 자리엔 아파트를 대신해 신축 빌라가 우후죽순 들어섰고, 그마저도 아닌 곳은 도시를 재생시키겠다며 벽화를 그리기 시작했다. 다 부수고 새로 지을 게 아닌 바에야 녹물이 나오면 수도관을 바꾸고, 웃풍이 세면 창호와 보일러라도 바꿔야 하는데, 예술가들 불러다 벽에 몇 년째 꽃 그림이나 그렸으니, 세상이라고 꼿같이 되지 않을 재간이 있었겠느냔 말이다. 살 집이 아니라 살고 싶은 집이 없다는데 집은 많다며 서울에는 새로 짓지도 못하게 하더니, 그럼 그렇게 집이 차고 넘치도록 많다면서 왜 경기도에는 3기 신도시를 만들어 새롭게 30만 채를 더 짓겠다고 했던 건지, 5년 내내 도무지 난 그 이유를 알 수 없었다.

2. 과소평가

"국민들하고 정부가 경쟁하는 상황은 이젠 끝났으면 좋겠습니다. 다시 또 시장 교란이 생기면 그때는 정말로 더 강한 조치를 취하지 않을 수 없다는 걸 다시 한번 말씀드립니다. 더 이상 우리 사회에서 아파트나 주택을 갖고 불로소득을 왕창 벌겠다는 생각을 이제는 그만했으면 좋겠습니다."
– 2018년 9월 14일, 9.13 대책 관련 이해찬 당시 더불어민주당 대표의 후속 발언 中

팍팍한 세상, 하루하루 그저 각자의 위치에서 최선을 다해 살아가는 국민은 애초부터 정부와 경쟁하고픈 마음도 그럴만한 심적 여력도 없었건만, 혼자 일방적으로 시작한 국민들과의 경쟁에서 무엇 때문인지 매번 짜증이 난 정부는 공연히 불특정 국민들을 상대로 말을 듣지 않으면 더 강한 조치를 취하겠다는 협박을 5년 내내 일삼았다. 공급이 충분하다고 판단했던 정부는 그러니 부동산 가격이 비정상적인 건 오롯이 집을 불로소득의 수단으로 일삼는 다주택 투기꾼들의 초과수요 때문이라 진단했고, 그들을 솎아내기 위해 정권 초반부터 전방위적 압박을 가했다. 대출을 옥죄어 세 안고 집사는 갭 투자를 막고, 보유세며 거래세까지 감당할 수 없을 정도로 세금을 매기면 알아서 팔 테니, 그러면 어느 시점에선가는 집값이 잡히리라 생각했을 것이다.

그러나 시장은 정부의 생각대로 호락호락하지 않았다. 2000년대 후반부터 5년 넘게 이어진 하락기를 빠져나와 가뜩이나 상승 분위기를 타고 있던 서울과 수도권 주택 시장은 그즈음 해마다 넘쳐나는 유동성이 양질의 주거환경을 갈망하는 사람들의 욕구와 결합돼 묘한 화학작용을 일으키고 있었는데, 강경한 규제 일변도의 정책들은 오히려 시장 참여자들 모두에게 잘못된 시그널을 전해 준 부작용을 낳았다.

돈이 뒤튼 시장은 욕망과 두려움을 증폭했다. 자고 나니 1억이 올랐다는 식의 얘기가 몇 년째 만연했으니 돈이 돈 같아 보이지 않았고, 집이 있는 사람이든 없는 사람이든 웬만해선 제정신을 갖고 살기 힘들었다. 고속열차에 올라타려는 욕망과 전·월세 가격 폭등에 대한 두려움은 점차 극한으로 치달았고, 좀 더 좋은 집에 살고 싶다는 평범한 욕구와 뒤섞인 이런 심리를 정부는 제대로 가늠하지 못했다.

'가격은 수요와 공급으로 결정된다.' 경제학 원론 첫머리에 나오는 구절이다. 그리고 이 이론은 어디까지나 시장 참여자의 합리적 사고가 전제될 때 성립된다. 보유세를 올리면 너도나도 내다 파는 통에 공급이 늘어 가격이 빠질 줄 알았는데, 1년에 그깟 종부세 수천만 원 올라도 같은 기간에 뛰는 매매가는 수억이 넘으니 집 가진 입장에선 내다 팔 이유가 없었고, 그러니 정부가 규제할수록 집값은 더 오른다는, 웃기고도 슬픈 공식이 생겨났다. 사람이란 늘 간사한 것이어서 집을 정리하려다가도 당장에 자고 일어나면 수천만 원씩 뛰어 있는 현실 앞에선 누구라도 눈이 뒤집힐 수밖에 없는 노릇이었다.

그렇게 어제의 호가는 오늘의 실거래가로 등극하고, 오늘의 상한가는 내일의 하한가로 내걸리고 있는데, 집도 보지 않고 계약금부터 쏘겠다는 매수 대기자들은 차고 넘치는 반면, 매물은 씨가 마르고 있으니 하루 만에 수천만 원이 뛰고 있는 현실을 목도한 집주인들은 매수자로부터 받은 계약금을 배액 보상하는 손실을 기꺼이 감수하면서까지 매물을 보류시키거나 거둬들였다. 시장에 참여한 개인도, 이를 조정해야 할 정부도 합리적 사고가 마비됐으니 그야말로 시장은 욕망이라는 이름의 폭주 기관차나 다름없었고, 가격은 더 이상 수요와 공급으로 결정되지 않았다. 이후로 아무리 강력한 대책을 쏟아낸들 이미 항암제에 내성이 생길 대로 생겨 더 이상 투여할 약도 없는 말기 암 환자의 너덜너덜한 몸뚱이 마냥 5년 내내 만신창이가 된 부동산 시장의 말년에는 그저 인공호흡기에 의존한 가쁜 숨소리만이 가득했다.

경제는 마치 요동치는 생물과 같아서 각각의 주체는 좀처럼 한곳에 머무르는 법이 없다. 어제 주식을 했던 이가 오늘은 부동산으로 넘어오기도 하고, 다시 내일이나 모레쯤에는 가상화폐나 금 시장으로 갈 수도 있는 것이다. 부동산에서 돈 번 사람이 외부로 나가기도 하고, 외부에서 돈 번 사람이 부동산으로 들어오기도 하며 그렇게 각각의 주체들은 살아 움직이고 있는데, 정부의 사고는 오로지 다주택자와 고가 주택 소유자, 그리고 강남과 재건축이라는 정적인 틀에 갇혀 책상머리에 앉아 정지된 모습만 보고 있었으니 매번 그에 대한 대책도 헛발질이었던 것이다.

3. 내로남불

"앞으로는 마음 놓고 대출 끼고 집 사는 게 제한돼 지금처럼 자유롭게 할 수 없을 겁니다. 내년 4월까지 시간을 드렸으니 자기가 사는 집이 아닌 집들은 좀 파셨으면 합니다."

― 2017년 8월 5일, 8.2 부동산 대책 관련
김현미 당시 국토부 장관의 인터뷰 발언 中

5년 전 그녀의 말대로 우리 모두는 자유를 잃었다. 적어도 부동산 문제에 있어서만큼은 말이다. 거래세 올려 사고팔지 못하게 해놓고선, 보유한 사람들은 보유세로 맘껏 때리니 뭐 어쩌란 건지, 그저 이러지도 못하고 저러지도 못하는 방황의 세월이었다. 나라가 먼저 나서서 혜택 줄 테니 집 팔지 말고 임대사업 등록하라더니 뒤늦게 뒤통수 치고, 빚내서 집 사면 못 쓴다고 돈 없으면 그냥 전·월세 살라고 하더니 그마저도 돈 잘 버는 사람은 전세도 과분하다며 전세 대출 안 해줘 월세나 살라고 하고, 내 돈 들여 나 살던 헌 집 알아서 새집 짓겠다는 사람들한테도 새집 지으려면 허가받고, 남긴 돈은 다 걷어 가겠다고 한 게 정부였다.

그로부터 2년 뒤인 2019년 11월, 당시 문재인 대통령은 TV로 생중계된 국민과의 대화에 나와 "부동산 문제는 우리 정부에서 자신 있다고 장담한다."라고 말했다. 한껏 고무된 그는 이어 "(취임 후) 대부분의 기간 부동산 가격을 잡아 왔고, 전국적으로는 집값이 하락할 정도로 안정화되고 있다. 과거에는 미친 전·월세라고 했는데, 우리 정부에선 전·월세 가격도 안정돼 있다."라고 까지 말했다. 당시는 이미 서울 아파트의 중간값이 9억 원에 육박하던 시점이었다.

그해 강남 3구에 아파트를 보유한 문재인 정부의 주요 인사는 조국(방배삼익), 노영민(한신서래), 장하성(아시아선수촌), 이낙연(잠원동아), 김상조(청담한신오페라하우스2차)를 포함해 21명이었고, 이들의 집값은 그 당시를 기준으로 정부가 시작된 2017년 대비 2년 만에 평균 40%가 올라 있었다. 강남은 아니었지만 '부동산은 끝났다'던 김수현 전 정책실장의 과천시 별양동 주공아파트는 2017년 1월 9억 원에서 2019년 11월 19억 4,000만 원으로 116% 상승했다. 문재인 정부 인사들을 통틀어 단연 가장 높은 상승률이었다. 그가 소유했던 과천 주공6단지는 그 뒤로 재건축돼 꼭 2년 뒤인 2021년 11월 입주를 마쳤다. 바로 단일 2,099세대 '과천자이'다.

부동산 문제만큼은 자신 있던 전직 대통령은 5년 전 취임식에서 기회는 평등, 과정은 공정, 결과는 정의로울 것이라고 힘주어 말했다. 그래, 사람은 모든 것이 똑같이 주어진 경우에도 자질이나 노력에 차이가 있을 수밖에 없어 결과는 다를 수 있다. 그리고 그런 결과는 겸허히 받아들여야 하는 것이다. 비리와 범죄에 연루된 것이 아닌 바에야 자본주의 국가에서 고위공직자가 돈 많은 부자란 사실에 잘못된 건 없다. 나 같이 평범한 맞벌이 직장인도 허리끈 졸라매고 근면성실 열심히 살다 보면 서울에 아파트 한 채쯤은 장만하기 마련인데, 하물며 일평생 엘리트 코스를 밟으며 소득도 일반인들보다 많았을 청와대 참모나 장·차관, 국회의원, 이런 인사들이 강남에 아파트 몇 채 가지고 있다는 사실쯤은, 오히려 인정하고 남음이 있는 것이다. 적어도 내

기준으론 그렇다.

근데 말이다. 이쪽이든 저쪽이든 모든 잣대는 최소한 일관돼야 한다는 거다. 내가 그랬으면 남이 그런 것도 뭐라 하면 안 되는 것이고, 남이 그런 걸 탓하려거든 그 전에 나 역시 그러지 않았어야 하는 것, 말하자면 그런 거 말이다. 그게 깨지는 순간, 똥 묻은 개가 겨 묻은 개를 보며 짖는 꼴이 되는 것이다.

문재인 정부 첫 정책실장이었던 장하성 전 주중대사는 정책실장 재임 시절 한 라디오 프로그램에 나와 자신의 강남 생활을 언급하며 "모든 국민이 강남에 가서 살려고 하는 것이 아니다. 살아야 할 이유도 없고, 거기에 삶의 터전이 있지도 않다. 저도 거기에 살고 있기 때문에 말씀드리는 것이다."라고 말했다. 좀 뜬금없지만 그런 그들이 이상향으로 삼는, 빈부격차가 없고 사회 모든 분야에서 무상혜택이 전 세계에서 가장 잘 구축된 국가는 북한이다. 하지만 얄궂게도 그런 그들은 대개 강남에 거주하며, 그런 그들의 자식들 또한 대개는 북한이 아닌 그 대척점에 있는 미국과 유럽의 선진국에서 공부 중이다. 내가 서울대에 다녀봐서 아는데 모두가 서울대에 들어갈 이유도 없고 그럴 필요도 없단 식의 입찬 말장난, 도대체 그런 말장난이 서울대를 나온 사람이나, 서울대에 다니는 사람이나, 서울대에 가고 싶어 하는 사람이나, 서울대에 못 간 사람이나, 서울대와는 평생 아무 상관도 없는 사람이나, 그 모두에게 무슨 감흥이 있냐는 말이다.

"홍길동이 왜 홍길동 됐는지 아세요?
아버지를 아버지라 부르지 못하고,
형을 형이라 부르지 못하니까
억울해서 도둑이 된 겁니다.
법이 뭔데요? 법?! 그거 최소한입니다!
사람들끼리 살면서 정말 지켜야 될 최소한인데,
그것도 안 지키는 진짜 나쁜 놈을 나쁜 놈이라고도 못 하면서
법 같은 거 없어도 착하게 사는 사람들 억울하게 만들면요?"

영화 <공공의 적2>에서 철중의 대사 中

　　인간이 살면서 좀 인간 같진 않아도 최소한 짐승은 되지 말라고, 사
람들끼리 살면서 정말이지 적어도 이건 꼭 지켜야 한다고 정해 둔 게
법일 게다. 하지만 지난 몇 년의 세월 동안 그 법은 늘 선택적으로 적
용됐고, 그러니 법 없이도 착하게 사는 국민들한테는 시간 줄 테니
살던 집 팔아라, 시키는 대로 안 하면 더 힘들게 하겠노라 온갖 으름
장을 놓고선, 정작 자신들은 그 누구보다 악착같이 이익을 좇는 위선
적이고 이중적인 불나방 같은 삶을 살았던 것이리라. 그래서 우리 모
두는 그 세월 동안 화병이라도 날듯이 억울했다.
　　긴 세월 참 많이도 발표됐던 그것들 가운데 어느 해의 어떤 대책에
깊은 감명을 받았는지 골라내긴 어렵다. 그 시점에서 처했던 상황과

위치에 따라 저마다 이견이 존재할 테고, 어느 것 하나 주옥같지 않았던 게 있겠냐마는, 지극히 개인적인 기억에 기대어 지난 5년 가운데 난 연도별로 2017년의 8.2, 2018년의 9.13, 2019년의 12.16, 2020년의 7.31, 그리고 2021년의 2.4 정도를 꼽는다.

　내키진 않았지만, 이왕에 내친걸음이니 조금 더 가보자.

불행의 서막:
2017년 8월 2일

① 8.2 대책 - 실수요 보호와 단기 투기수요 억제를 통한
주택 시장 안정화 방안

2017년 8월 2일 발표된 이 대책은 우리가 겪어왔고, 겪고 있는 이 모든 불행의 단초이자, 지난 5년간 쏟아진 대책들 모두를 통틀어 그 부작용과 폐악으로는 단연 으뜸이었다. 이 대책을 통해 대한민국은 투기지역, 투기과열지구, 조정대상지역, 비규제지역으로 정확히 4등분 됐는데, 이는 결국 국가가 나서 급지의 서열을 말끔히 정리해 준 것이자, 눈치 빠른 일부로 하여금 이제부터 어디에 집을 사둬야 할지 대놓고 알려준 족집게 과외나 다름없었다.

처음부터 정부의 기조는 분명하고 단호했다. 서민들은 평생 벌어도 내 집 마련은커녕 전·월세 가격 인상률도 따라잡지 못하는데, 한편에 서는 살 것도 아니면서 아파트 사재기를 하고 있다. 그러니 이제부터 실거주가 아닌 투기는 절대로 용납하지 않겠노라 말하는 김현미 당시 국토부 장관의 표정은 마치 중범죄자와의 전쟁이라도 선포하듯 결연 하고 위풍당당했다. 투기꾼들 다 때려잡아 서민들 내 집 마련하게 해 주겠다는데, 말인즉 하나 틀린 곳이 없었으니 정치적 강성 지지층과 서민의 여론을 등에 업은 정부는 국정 동력이 가장 강한 집권 1년 차 에 회심의 드라이브를 걸었던 것이다.

이 단 하나의 대책으로 이전까지 집값의 60%, 많게는 70%까지 가 능했던 주택담보대출은 40%로 쪼그라들었고, 그마저 투기지역 안에 이미 집이 있으면 아예 대출이 불가능해졌다. 서울에서 새로 짓는 아 파트의 국민 평수 청약은 100% 가점제로 바뀌었고, 이제 1주택자가 양도세를 내지 않으려면 2년 보유만으론 부족해 2년 실거주까지 해 야 했으며, 내 집을 재건축을 해 발생한 초과 이익은 모두 국가에 토 해내야 하는 세상이 돼버린 것이다.

안방 금고에 현금 수억씩 쌓아두고 사는 부자가 아닌 바에야 집은 원래 미래의 내 소득을 현재의 대출로 치환시킨 레버리지로 매입하는 것이 동서고금을 막론한 보편타당한 모습이다. 그런 주담대 20% 줄 어든 게 얼핏 별거 아닌 듯해도 강남을 뺀 어지간한 서울 역세권 신축 30평대가 7억 대였던 그 시점에서 하루아침에 대출 가능 액수가 1억 5천 남짓 차이 난다는 건 내 집 마련이 꿈은 가졌던 평범한 실수요자 들에겐 실상 엄청난 타격이었으며, 이는 단순히 동네와 평수를 조정하는 수준을 넘어 일부에겐 아예 집 사는 걸 포기해야 할 정도의 체감으로 다가왔다.

특히 대책에 담긴 각종 독소 조항들이 발표 이전에 계약된 물건에까지 소급 적용되는 바람에 시장의 혼란은 더 가중됐다. 기존 1주택을 소유한 사람 가운데 대책 발표 이전 투기지역에 추가로 분양받은 아파트가 있었을 경우 중도금 대출 중 일부가 이미 실행된 상태에서 이후 중도금과 잔금에 필요한 주택담보대출을 한 푼도 추가로 받을 수 없게 되었다. 이미 주택을 한 채 보유하고 있었지만, 부모와의 동거나 결혼 후 분가를 위한 실거주용 주택을 규제지역에 추가로 마련하려는 경우에도 다주택자란 이유로 대출이 불가능해졌다. 정해진 법 테두리 안에서 정상적으로 분양을 받았거나 받을 예정이었을 뿐인데, 하루아침에 집을 날리고 계약금까지 떼일 판이 되자 분노한 이들은 그렇게 청와대 앞으로, 국토부 앞으로 속속 몰려들었다.

그래도 이전엔 서울에서 분양했던 아파트 가운데 30평대 이하에서는 분양 물량의 25%, 그러니까 4채 중 1채 정도는 추첨으로 당첨자를 가렸던 덕분에 사회 초년생이든 1인 가구든 설령 알량한 청약점수가 좀 미천했어도 그나마 비벼볼 구석이 남았더랬다. 하지만 8.2 대책 이후에는 청약점수가 일정 수준 아래인 이들이 서울에서 새 아파트에 청약해 당첨 받기란 물리적으로 아예 불가능해졌다.

대책 이후 서울 안에서 처음으로 분양된다는 이유로 주목받았던 공덕SK리더스뷰는 중도금 대출 한도가 40%로 축소됐음에도 당시 1순위 평균 경쟁률이 34.6대 1에 달했고, 84A 타입은 95가구 분양에 4,989명이 청약통장을 던져 52.5대 1의 최고 경쟁률을 기록했다. 이어 분양한 반포센트럴자이는 평균 경쟁률 168대 1에 단 5가구를 모집하는 59B 타입에는 2,550명이 몰려 무려 510대 1의 최고 경쟁률을 기록했고, 개포 시영을 재건축한 개포래미안포레스트도 '로또'라 불리기에 일절 손색이 없었다. 국가 주도의 대규모 택지개발이 없었던 세월, 그간 재개발이나 재건축을 통해 근근이 이뤄지던 서울 신축 아파트의 자생적 공급이 막혀버린 상황 속에서 서슬 퍼런 대책에 아랑곳없는 사람들의 열망과 갈증을 눈으로 직접 확인시켜준 삶의 현장이었다.

8.2 대책의 여러 조항들 가운데서도 특히 대부분의 수요가 몰리는 85㎡ 이하의 청약을 100% 가점제로 돌린 부분은 정부에게 있어 뼈아픈 패착이었다. 더 이상 당첨될 가능성이 없어진 사람들은 무의미해진 청약통장을 찢어 던지고서 더욱 결연해진 모습으로 시장에 뛰어들었고, 정작 그때까지 내 집 마련에 대해 별반 생각이 없던 사람들조차 이들을 지켜보며 불안한 마음에 덩달아 시장으로 뛰쳐나왔다. 어차피 청약은 글렀고 대출도 안 되는 상황에서 이들이 택한 자구책은 세입자가 제공해 준 일종의 무이자 대출인 보증금을 지렛대 삼아 어디든 등기를 치는 것이었다. 실거주는 전세나 월세로 주저앉아 몸으로 때우더라도 뭐라도 일단 하나 잡지 않으면 영영 낙오자가 될 것만 같은, 무엇에라도 홀린 듯 참으로 모두가 조급하고 급박했던 때였다.

그 이름도 찬란한 갭 투자의 서막이 드디어 오른 것인데, 솔직히 그 '갭'에 해당하는 일말의 돈조차 쥐고 있지 못한 서민들에겐 그 역시도 빛 좋은 개살구요, 사치일 뿐이었다. 어쨌든 그렇게 망둥이와 꼴뚜기가 일으킨 절묘한 화학작용은 가뜩이나 대책 발표 이전부터 뜨거웠던 시장에 화기를 더했고, 이미 고점자들끼리의 독점적 경쟁으로 재편된 청약시장은 당첨 가능권을 감히 가늠할 수 없을 정도로 점수 인플레가 커져만 갔는데, 결국엔 전설의 뚝방길 17대 1 카더라 통신처럼 어느 단지 청약에는 만점자도 떨어졌다는 자조 섞인 무용담까지 나돌기에 이르렀다.

"잘 들어! 바다수영이란 게 말여,
민물수영하곤 확연히 틀려!
음~ 파~ 음~ 파~
이것만 기억하면 되는 겨.
등신마냥 파~ 음~ 하면 뒤지는 겨."

영화 <해적: 바다로 간 산적>에서 철봉의 대사 中

한 나라의 경제라는 게 말이다. 더구나 5,100만 인구에 GDP가 1조 6,000억 달러가 넘는 나라의 경제라는 게 그저 마음에 안 든다고 해서 그 옛날 군부독재 때려잡겠다며 머리에 붉은 띠 두르고 쇠파이프 휘두르듯 어설피 윽박지른다고 되지 않는다. 그러니까 숨을 참을 땐 참고, 숨 쉴 땐 쉬어야 살지, 등신처럼 세상 물정 모르고서 물속에서 숨 쉬고, 물 밖에서 숨 참고 그러다가는 꼼짝없이 죽는 수밖에 달리 용_用빼는 재주가 있겠느냐 말이다.

지나고 나서 돌이켜 보건대 한 번도 경험해보지 못한 나라를 만들 겠단 새 대통령의 약속과 달리 모두가 참 힘들고 퍽퍽했던 해였다. 아니, 어쩌면 첫해부터 그 약속을 너무나 충실히 지킨 것일는지도 모를 일이다. 집이 있는 사람이든 집이 없는 사람이든, 누구나 일찍이 한 번도 경험해보지 못한 나라가 된 건 분명했으니까 말이다. 그렇게 2017년은 하릴없이 흘렀더랬다.

똘똘한 한 채의 시대가 열리다:
2018년 9월 13일

② 9.13 대책 - 주택 시장 안정대책

취임 원년이었던 2017년에만 8.2 대책을 포함해 다섯 번의 대책을 쏟아냈던 정부는, 그럼에도 오히려 과열 양상을 보이는 부동산 시장에 점점 조급함을 느끼기 시작했다. 그리고 그 모든 현상은 여전히 풍부한 유동성을 등에 업고 아파트로 한몫 챙기려는 투기수요라고 진단했다. 집을 그렇게 죽어라 계속 지어대도 집이 부족한 건 탐욕스런 다주택자들이 필요도 없는 여러 채의 집을 거느린 탓이고, 이런 투기는 서민 주택 시장의 불안을 야기해 건전한 근로 의욕과 경제활동 의지를 박약하게 한다는, 정부의 진단은 말하자면 그런 거였다.

5월에 취임한 정부가 6월부터 시작해 반년간 다섯 번의 대책을 내놓았으니 첫해는 실상 거의 매달 대책이 나왔던 셈인데, 그래도 '약발'이 먹히지 않자 이듬해인 2018년에는 총 여섯 번의 대책이 발표됐다. 2018년에 발표된 여섯 번의 대책 중 가장 강력했던 건 단연 9.13 대책이었다. 맞춤형 대책을 통해 투기수요를 근절하고, 실수요자를 보호하겠노라 관계부처 합동으로 발표된 이 대책은 공식 보고서가 별지와 참고자료까지 더해 19페이지에 이를 정도로 내용과 분량 면에서 촘촘하고 방대했다. 그 시점에서 정부가 할 수 있는 모든 걸 투입하기라도 한 듯, 마치 국민을 상대로 누가 이기나 갈 데까지 한번 가보자는, 말 그대로 쌍끌이 저인망식 대책이었다.

9.13 대책의 여러 규제들 가운데 직관적으로 체감되는 건 역시나 대출과 세금이었다. 이제 대한민국 어디든 주택을 한 채라도 보유한 사람은 규제지역에서 새로운 주택을 구입할 때 주택담보대출을 받지 못하게 됐다. 실수요자 보호 방안이라며 갖가지 예외조항을 열거해 두었지만 예외는 말 그대로 예외일 뿐, 막상 대다수의 사람들은 정부가 예시해 놓은 그 부득이한 사정에 해당될 일이 애초부터 드물었다. 세금은 더 가혹했다. 아니, 막말로 대출이야 안 해준다면 안 받고 안 사면 그만이라지만, 이미 살고 있거나 세놓고 있는 집에 때리는 종부세는 싫다고 피해갈 도리가 없었다. 1주택자야 그래도 대부분의 종부세 대상자가 포함되는 3억(시가 18억), 6억(23.6억) 과표를 기준으로 백만 원이 채 안 되는 수준이니 어느 정도 감내할 수 있었지만, 집이 많아서 과표가 올라갈수록 추가로 부담해야 할 세금은 당장에 천 단위로 뛰었다. 제아무리 고소득자라도 부담이 되는 액수였다.

1년 전 8.2 대책과는 사뭇 다르게 그해 9월의 그것은 발표 직후부터 시장에 제법 여파를 미치기 시작했다. 어쨌든 무주택자가 아니고서야 물리적으로 대출이 아예 안 되는 상황이니 가격에 선행해 거래량부터 줄어들기 시작했고, 그런 기조는 해가 바뀌어 2019년 여름까지 이어졌다. 아파트 거래량으로는 2006년 이후 13년 만에 최저 수준이었다. 가격도 동조하기 시작했다. 매수자가 줄어드니 자연스레 매수자 우위의 시장이 형성된 까닭인데, 동네와 단지마다 조금씩 편차는 있었을지언정 이즈음 서울과 경기도 어지간한 단지에서 1~2억씩 빠지는 건 예삿일이었고, 기다렸다는 듯 여기저기 부동산 관련 커뮤니티에선 여지없이 폭락이 시작됐네, 그게 아니네, 부질없는 갑론을박으로 한참이나 시끄러웠다.

아마 정부는 쾌재를 불렀을 것이다. 안 될 거라 했던 서울 집값이 억 단위로 빠지기 시작했으니 역시나 정부 스스로의 판단과 처방이 옳았다고 자부했을는지도 모를 일이다. 하지만 이듬해까지 이어진 하락 기조는 2019년 4월에 대략 저점을 찍고 5월부터 서서히 반등하며 랠리를 타기 시작했다. 그즈음 국토부 장관이 민간 주택 분양가 상한제를 시행하겠다고 말한 뒤에도 충분히 쉬었던 서울 아파트값은 멈출 기세가 없어 보였다. 같은 시기, 지방은 모두 가격이 빠지고 있었던 것과는 달리 서울과 수도권은 전혀 다른 세상과도 같았는데, 부동산 양극화가 본격화된 분기점이자, 이름하여 '똘똘한 한 채'의 열풍이 마침내 불기 시작한 것이다.

그야말로 한층 치밀하고 정교해진 규제 앞에서 사람들은 저마다의 위치와 상황을 기준으로 어떡하든 자구책을 찾을 수밖에 없었는데,

집이 있는 상태에선 추가로 집을 살 수도 없고 여기저기 그깟 시답잖은 거 두세 채 들고 있어봤자 잔뜩 성난 종부세만 계속해 두들겨 맞을 판이니 결국 길은 하나뿐이었다. 처음부터 뭘 도모해야 할 것 자체가 없었다면 몰라도, 당장 종부세를 가만히 앉아 당하고 있을 수 없던 이들은 일단 과세표준을 낮추거나 탈출하기 위해 주택 수를 줄이기 시작했고, 그 대상은 양도세 중과를 생각해서라도 당연히 본인이 소유한 주택 가운데 가장 안 좋은 물건부터였다.

정부는 9.13 대책 직후 이런 작업들이 한창이었을 때 시장에 나온 매물들을 보고서, 보유세를 올리니 공급이 늘었고 그래서 가격이 조정된 거라 자위했다. 누구는 가진 집들 중에 제일 좋은 거 하나만 남겼고, 또 누구는 아예 싹 다 팔고서 그 돈 합쳐 어디에 더 좋은 거 하나를 샀다. 그렇게 시작된 똘똘한 한 채 열풍은 그해 가을부터 2019년 상반기까지 반년 이상 조용히 지속됐다.

똘똘한 한 채가 불러온 작은 소용돌이가 한두 바퀴 얼추 마무리되자, 서울과 경기도 핵심지를 중심으로 거래량은 적지만 도리어 가격은 신고가를 경신하는 기이한 현상이 나타나기 시작했다. 이미 똘똘한 녀석으로 갈아타기를 마쳤거나, 그냥 버티기로 들어간 다주택자 입장에선 이제 물러설 곳도, 그렇다고 보유세를 물지언정 굳이 가격을 낮춰 팔아야 할 이유도 없었다. 매수인도 그랬다. 나름 한창 분위기 좋았던 시절에도 고민했던 매수를 하필 그때처럼 어수선한 시절에 강행할 이유도 배짱도 없었던 것이다.

그런 까닭에 어쩌다 용기가 넘치거나 혹은 어쩔 수 없는 사정으로 중개업소 문을 열고 들어간들 그마저도 막상 출발하는 물건은 없었고, 어쩌다 반신반의한 마음으로 대차게 부른 매도인의 호가와 더 이상은 기다릴 수 없겠다는 매수인의 불안감이 만나 일으킨 화학작용은 단박에 어제의 호가를 오늘의 실거래가로 등재하며 다시 더 용감한 호가를 양산하는 악순환을 불렀다. 지역을 불문하고 거래량 자체가 적으니 올라오는 실거래가는 더디기만 하고, 객관적인 시세를 가늠할 척도인 실거래가가 더디니 사려는 쪽도 팔려는 쪽도 이 집이 그래서 도대체 얼마인지 헷갈렸다. 그렇게 양쪽 모두가 헷갈리기 시작하니 중간에 낀 중개업자도 헷갈리고, 중심을 잡아 줄 중개업자도 헷갈리니 다시 사려는 쪽은 너무 비싸게 사는 게 아닌지, 팔려는 쪽은 너무 싸게 파는 게 아닌지 불신과 불안만 가중되는 악순환이 이어졌다.

"열심히 사는 게 아니라,
할 수 있는 게 이것밖에 없으니까."

드라마 <지금, 헤어지는 중입니다>에서 영을의 대사 中

논리적이고 온순한 상승이 아닌, 과격한 상승과 단발성 신고가는 때때로 레벨 차이가 있는 지역 간의 시세 차를 좁히거나 일시적으로나마 역전시키기도 했는데, 역전을 당한 지역에서는 "걔네가? 그럼 우리는?"이라는 쌤통의 심리가 발동했다. 그런 배 아픔은 호가를 밀고 당기며 점차 상하, 수평 간 상호작용을 통해 결국 서울과 수도권 전체로 시세분출을 견인했는데, 이후 한동안의 호가는 실제 매도를 위함이라기보다는 일종의 지역 간 자존심 대결에 가깝기도 했다.

정부가 깔아준 멍석 위에서 그때 우리 모두는 그깟 집 하나에 저마다 간절했고, 절박했으며, 뭐든 참 열심이었다. 누구나 그러려고 그랬던 건 아니었다. 다만, 그땐 그저 할 수 있었던 게 그것밖엔 없었으니까, 그랬으니까 말이다.

능력되면 닥치고 '줍줍' 하자:
2019년 12월 16일

③ 12.16 대책 - 주택 시장 안정화 방안

서울 아파트 중간값이 9억을 향해 가고 있던 2019년 세밑에 또 하나의 대책이 세상에 나왔다. 누구는 이것을 가리켜 2017년 6.19와 8.2, 2018년 9.13을 잇는 네 번째 종합 대책이라 말했고, 또 누구는 그냥 열여덟 번째 대책이라고도 했다. 어쨌든 그날도 깜빡이조차 안 켠 대책 하나가 그렇게 불쑥 세상에 태어났다.

앞선 열일곱 차례와 같이 처음 사나흘 동안은 무슨 큰일이라도 난 양, 온 매스컴과 부동산 관련 인터넷 커뮤니티들이 갑론을박으로 북새통이었지만, 또 언제나처럼 침묵하는 다수가 존재하는 시장은 빠르게 제자리를 찾아갔던 것으로 기억한다. 하기야 매번 시끄러운 건 그저 개념 없는 정부와 한 줌도 되지 않는 잔망스러운 호사가들일 뿐, 시장은 항시 냉정하며 한 치의 과불급도 없는 그 무엇이었다. 그 시점을 기준으로 31개월간 18번의 대책이 쏟아졌으니 여전히 평균 두 달도 못 되는 간격을 두고 대책이 이어지고 있던 셈인데, 난 그즈음 내 블로그 어딘가에 '월간 윤종신'에 빗대 '격월간 김현미'란 이름을 지어줬더랬다.

가뜩이나 형편이 어려운데 공중에 붕 뜬 콘크리트 덩어리 한 점 사느라 몸 고생, 마음고생 하지 말라는 나라의 깊은 배려 덕택에 이제 적어도 서울과 이름 좀 들어본 경기도에서 15억이 넘는 아파트를 살 때는 단돈 1원도 빌릴 수 없는 세상에 살게 되었다. 그쯤 되니 이젠 이 나라가 미친 건지, 이 나라의 집값이 미친 건지 나조차 분간할 수 없는 지경이었다. 보유세 중과로 드디어 능력 없으면 살고 있던 집에서도 나가야 할 판이니, 이미 집을 사고팔 자유도 허물고 새로 지을 자유도 박탈당한 터에 이제 더 뭐가 남았을까, 직전까지 방심했던 스스로의 안일함을 깊이 반성했던 기억도 있다.

마치 무엇에 홀리기라도 한 듯 거의 매달 부동산 대책을 쏟아내던 그 당시 정부 역시 스스로 만들어 낸 그 굴레에 갇혀 마냥 즐겁지만은 않았을 것이다. 거북이와 토끼가 경주를 하는데 거북이보다 뒤에서 출발한 토끼는 영원히 거북이를 따라잡을 수 없다는 수열의 극한처럼 어쩌면 정부가 자처해 시장과 벌이기 시작한 그 아찔하고도 고된 달리기 시합은 애초부터 답이 없는 패러독스요, 지독한 역설이었는지도 모르겠다.

안일한 것보다 과도한 것이 낫다는 스탠스는 코로나 같은 전염병을 잡을 때는 효율적일지 몰라도, 경제나 사회 문제에 있어서 자칫 생각지도 못한 부작용을 유발할 수 있는데, 그 예상하지 못한 부작용을 식별하고 대처할 때는 이미 또 한 번 실기를 한 후이니 내성이 생긴 몸에 더욱 강한 항생제가 필요하듯 계속해서 강한 규제가 필요한 악순환의 고리에 빠지게 되는 법이다.

"주택을 통한 불로소득은 어떠한 경우에도 절대 허용하지 않겠습니다. 대책 발표 이후에도 시장 상황을 엄중히 모니터링하며, 필요한 경우 내년 상반기 중 주택 수요·공급 양 측면에 걸쳐 추가적인 종합 대책을 마련하도록 하겠습니다."

– 2019년 12월 16일, 12.16 부동산 대책 발표 당시
경제부총리 겸 기재부장관 발언 中

정부의 반복되는 대국민 협박이야 어느 정도 적응될 무렵이었으니 그건 대충 그렇다 치고, 그보단 그날 그의 말마따나 만일 이번 대책으로도 정부가 원하는 수준으로 시장이 움직여주지 않는다면, 그때는 정녕 다주택자와 고가 주택 매수 희망자 모두를 구속해 징역이라도 살릴 기세였다. 적어도 난 그리 느꼈었다.

그즈음 아등바등 고생 끝에 서울 어디에 집을 마련했지만 몇 년째 입주하지 못하는 일들이 속출했다. 대출이 막혀 잔금을 치르지 못해 울며 겨자 먹기로 새로 산 집을 전세로 줘야 했기 때문이다. 내가 산 내 집을 남에게 전세를 준 사이 정작 집주인 본인은 남의 집에 월세

살면서 새집으로 들어가는 데 필요한 돈을 모아야 했다.

집값을 잡겠다고 대출을 수차례 규제했지만, 오히려 집값은 천정부지로 올랐다. 그리고 그로 인해 가장 큰 타격을 받은 건 정부가 겨냥했던 다주택자가 아니라 아이러니하게도 무주택자와 1주택자였다. 무주택자는 내 집 마련을 위한 사다리를 빼앗겼고, 1주택자는 생애주기에 맞춰 원하는 시기에 원하는 곳으로 이사할 수 있는 기회를 빼앗겼다. 모두가 그렇게 제자리에서 멈춰버린 시간을 보내고 있던 사이, 시가 15억을 넘는 서울, 경기도 핵심지의 집은 현금 부자들만 독점할 수 있는 전유물이 되었고, '줍줍'이란 신조어가 생겨났다.

딴은 그렇다.

정부가 2년째 주택담보대출을 옥죄며 줄곧 강조했던 명분은 결국 가계대출의 부실화를 막고, 그것을 통해 집값을 잡겠다는 것이었다. 5년 내내 집값이 달나라로 간 건 모두가 아는 사실이니 우선 좀 그렇다 치더라도, 가계대출 부실화 역시 과연 그런가 말이다.

본래 집을 매개로 하는 모기지론(Mortgage Loan)은 빌려주는 쪽과 빌리는 쪽 모두에게 있어 유리한 것이다. 돈을 빌려주는 은행(대주) 입장에서는 신용 대출에 비해 금리는 낮지만 담보능력이 우월하기 때문이며, 돈을 빌리는 개인(차주) 입장에서는 다른 종류의 대출에 비해 대출이 상대적으로 용이하면서 금리가 낮은 까닭이다. 무엇보다 주택담보대출은 대출을 받는 사람의 미래 수입에 대한 신뢰를 바탕으로 그 사람의 미래 수입을 현재의 대출로 당겨줌으로써 은행이 한 사람의 연령대별 수입 편차의 시간 간극을 메워준다는 사회적 순기능이 있다.

하지만 LTV, DTI, DSR과 같은 복잡한 개념을 들이대며 개개인의 미래 확장성은 배제한 채, 오로지 대출받는 사람의 소득을 대출이 실행되는 현시점으로 한정시켜 산정하니 수입 편차의 시간 간극을 메워 줬던 민간의 순기능을 정부가 앞장서 차단한 꼴밖에는 안 됐던 것이다. 사회 초년생으로서 비록 지금의 연봉은 비루하지만 집이라는 현존 담보와 더불어 자신의 미래 가능성을 당겨온 주택담보대출을 통해 구매한 집에 살면서 원리금을 갚아 나가며 자산을 축적하고 리스크를 방어하게 해주는 것과, 시간의 흐름을 배제한 1차원적 판단을 기준으로 당장의 수입이 적으니 대출도 못 해준다는 것 가운데, 개인과 사회 모두에게 있어 어느 쪽이 과연 더 합리적인 것일까?

혹여, 어떠한 변수로 대출 실행 당시보다 오히려 수입이 적어지거나 상환 능력을 아예 잃게 될 경우에는, 그때는 그저 법대로 담보로 잡힌 집을 은행에서 압류한 뒤에 경매에 부쳐 대출금을 회수하면 그뿐인 거다. 하지만 확률적으로 어느 경우가 더 일반적인 것인가? 1~2명 파산자에 대한 우려로 대출의 부실을 막는답시고 나머지 98~99명에 대한 대출을 규제한다는 것은 그야말로 어불성설과 다름없다.

그렇게 집을 사려는 사람들은 줄을 섰는데, 집을 살 때 필요한 돈 빌리기는 힘들게 만들어 놓으니 집 사려던 사람들이 집 사는 것을 포기한 것이 아니라 내 집을 담보로 낮은 금리에 빌릴 수 있던 돈을 개인 신용 대출이나, 제2금융권을 통한 우회 대출로 조달하기에 이르렀다. 가만히 놔뒀다면 싼 이자로 빌릴 수 있는 걸 나라 탓에 군이 더 높은 이자를 물어가며 빌려야 할 판이니 오히려 가계부채의 건전성만 악화시킨 셈이다. 이것이 정부가 그토록 바라던 가계부채의 올바른 모습인가 말이다.

"아니 근데 진심으로 이게 재밌어요? 예?
걍 존나 힘든데 그만들 좀 하면 안돼요?"

영화 <가장 보통의 연애>에서 선영의 대사 中

　　대출은 원래가 뭘 살 때 돈이 부족한 사람이 받는 건데, 돈이 없고
소득이 적어 대출이 필요한 사람들에게는 대출을 조이고, 정작 돈도
많고 소득도 충분해 굳이 필요 없는 사람들에게는 넉넉하게 대출을
해준다니 말이다. 기어이 나라가 나서 부자는 집으로 더 부자가 되고,
빈자는 집으로 더 가난해지는 세상을 만들어 내고야 만 것이다. 돈 많
아서 대출 없이도 주워 담는 쪽과 그걸 앉아서 지켜보는 쪽은 그저 재
밌었는지 몰라도, 우린 정말 힘들었다. 그래서 그만하고 싶었다.

갑이 붙인 을과 병과 정의 싸움:
2020년 7월 31일

④ 7.31 대책 – 임대차 3법 개정

"(새 정부가) 임대차 3법을 뭐 폐지한다, 이런 얘기가 나오는데요, 그것은 대단히 교각살우의 우를 범할 우려가 있습니다.

지금 임대차 3법 시행 이후에 계약 갱신율이 70%에 이르고 있고요, 서울의 100대 아파트 같은 경우엔 78%까지 갱신율이 올라가고 있습니다.

그다음 이제 세입자들의 평균 거주기간도 지난 2년 동안 임대차 3법이 시행되면서 3.5년에서 5년으로 늘어났거든요. 그만큼 세입자들의, 무주택자의 주거가 안정돼 가고 있다는 걸 보여주고 있습니다. (중략)

조금 아까 제가 이중가격이 형성되고 있다고 말씀드리지 않았습니까?! 그러니까 같은 물건을 어떤 사람은 100원 샀다면 어떤 사람은 150원에 사는 거죠?! 그러니까 이런 불이익이 없도록 조정을 할 수 있는 그런 제도를 마련하는 것입니다.

그게 가능합니까? 지금 그 말씀은 예를 들어서 같은 단지 아파트에서 전세가 몇 동 몇 호는 얼마였는데, 여기는 얼마였는지, 비교를 해보겠단 말씀이신 거잖아요?

예, 그러니까 집주인에 따라서 어떤 집주인을 만났느냐, 어떤 시기에 만났느냐에 따라서 이를테면 세입자가 임대료 결정 권한이 없기 때문에 상대적으로 이게 불평등 계약이 맺어지는 거거든요. 그러니까 이것을 이제 평등한 계약으로 만들어 주자…"

– 2022년 3월 31일, MBC 라디오 '김종배의 시선집중'에 출연한
윤호중 민주당 공동비대위원장의 인터뷰 발언 中

새 정부가 출범 후 임대차 3법을 손볼 것이란 사실을 두고 당시 여당 공동 비대위원장이 한 라디오 프로그램에 나와 했던 말들이다. 그가 서두에서 언급했던 '교각살우'란 한자는 쇠뿔을 바로잡으려다 소를 죽인다는 뜻으로, 말인즉 잘못된 일부분을 고치려다 전체를 망칠 수 있단 의미다.

그래, 세상만사란 게 말이다. 일방적으로 좋거나 안 좋거나, 오로지 장점만 있거나 단점만 있을 순 분명 없을 게다. 그러니 하물며 일개 정책이야 말해 무엇 할 거며, 그가 식전 댓바람부터 라디오에 나와 자신 있게 들이댄 통계처럼 계약 갱신율이 70%를 넘어 80%에 육박하고, 세입자들의 평균 거주기간도 좀 늘었을지도 모를 일이다.

하기야 또 그렇다. 원래 임대차 3법이란 거 자체가 세입자가 원하면 2년 더 살 수 있게 계약갱신요구권을 보장하고, 재계약할 때 5% 이상은 못 올려 받도록 강제한 것인데, 아니 그렇게 따지면 당연히 이 법이 시행된 뒤로 계약 갱신율이 올라가고 임대료 상승률이 낮아진 건 당연한 귀결일진대, 그걸 가져다 무슨 대단한 정책적 효과인 양, 선으로 포장하는 거 자체가 좀 그렇다는 것이다, 내 말은.

내 돈 주고 내가 사, 나도 못 살아본 귀한 내 새집, 포장지도 안 뜯고 그 전세 보증금 몇 푼에 남 살게 하는 것도 솔직히 눈꼴사나운 게 보통 사람의 마음인데, 계약 기간이 끝났는데도 내 맘대로 내 집에 세 들어 있는 세입자를 바꿀 수 있길 하나, 계약을 갱신하는데도 내 맘대로 내 집 임대료를 올릴 수 있길 하나, 이제는 내다 팔려고 해도 들어앉은 세입자가 손에 쥔 계약갱신청구권 때문에 시세보다 좀 낮춰 받아야 하는 일까지 빚어진다. 이런 상황에서 세입자는 힘없는 약자고 집주인은 돈 있는 강자이니, 세입자가 좋으면 집주인은 피해를 좀 봐도 괜찮다는, 해맑은 논리의 비약 정도는 적어도 좀 손봐야 하지 않냐는 지극히 평범한 문제를 제기하고 싶다.

굳이 특수 목적물인 주택이나 토지는 우선 한 수 접어두더라도, 하다못해 오가다 어디 똑같은 쭈쭈바 하나를 사 먹어도 대형 마트와 편의점 가격이 다른 게 시장경제에서는 다반사다. 한날한시에 똑같은 공장에서 출고된 제품이라도 유통경로가 다르고, 도·소매점의 마진율이 다 제각각인 탓이다. 똑같은 물건을 누구는 100원에 사는데 누구는 150원에 사는 게 말이 되는 일이냐고, 그건 정의롭지 못한 일이니 이제부턴 다 같이 100원에 살 수 있도록 강제해야 한다는 발상, 바로 공산주의나 마찬가지다. 누구는 100원에 살 수 있는 걸 굳이 50원 더 지불하면서도 멀리 안 가고 내 집 가까운 편의점에서 편하게 구매할 수 있는 것이고, 누구는 그게 싫어 어디고 멀리까지 가는 품을 팔아 그 돈을 아끼기도 하는 것, 그게 바로 공급과 수요에 자율성이 부여된 시장경제다.

2020년 7월 31일, 말도 많고 탈도 많던 주택임대차보호법(주임법)이 끝내 개정됐다. 개정된 3법 가운데 임대인이 관할 지자체에 해야 하는 전·월세 신고제야 그렇다 치고, 결국 핵심은 임차인에게 1회의 계약갱신요구권을 부여하고(주임법 제6조의 3), 중간에 계약을 갱신할 때 전·월세 상한 범위를 5%로 제한(주임법 제7조 제2항)한다는 것이었다.

당시는 서울 아파트 전셋값이 2019년 7월 이후부터 무려 50주 넘도록 꺾이지 않고 우상향을 유지하던 때였다. 그러니 정부 입장에서는 기존 2년에다 2년을 더 살 수 있도록 해주고, 기왕 인심 쓴 마당에 갱신하면서 임대료도 집주인 맘대로 못 올리게 대못까지 박아두면, 이 나라 서민들이 집은 못 사더라도 당장 전·월세 정도는 그래도 안심하고 살 수 있게 되리라 생각했을 것이다. 하지만, 정부의 바람과 달리 2019년 3분기부터 시작된 전셋값 상승은 이후로도 무려 100주 넘게 지속이 됐고, 상승률을 분기별로 끊어 보더라도 특히 임대차 3법이 개정된 직후인 그해 3분기가 6.28%로 가장 높았다.

딴은 그렇다. 임대차 3법이란 것도 공급과 수요 가운데 결국엔 수요를 관리하겠다는 것에 방점이 찍힌 정책인 것이고, 이전의 매매시장에서도 보았듯이 수요보다 공급이 적은 상황에서는 오히려 역효과가 나타날 수 있는 것이다. 100주 연속 전셋값 상승이 말해주듯 안 그래도 임대인 우위로 형성됐던 임대차 시장은 임대차 3법으로 공급이 줄어들며 더욱 왜곡되어 갔다. 공급이 줄어든 원인은 다양했지만, 대략 다음과 같았다.

① 결혼이나 분가, 취업 등의 이유로 일정 수준 이상의 신규 임차인은 시장에 계속 존재하는데, 기존 임차인들 대부분이 계약갱신청구권을 행사해 2년을 더 거주하려고 하니 기존 물량이 시장에 출하되기 어렵게 됐다.

② 8.2 대책으로 1주택자가 2017년 8월 3일 이후 취득한 조정지역 주택의 양도세 비과세 혜택을 받으려면 2년 실거주를 해야 한다. 이후 잇따라 나온 대책들로 대출 길이 막힌 탓에 누구는 갭 투자로, 또 누구는 잔금을 구하지 못해 전세를 준 상태였는데, 어차피 임대인에게 일방적으로 불리한 상황이 조성된 마당에 전체 주택 소유자의 80% 이상을 차지하는 1주택자의 상당수는 차라리 이참에 비과세 요건을 채우겠다며 계약갱신청구를 거부하고 실거주를 택했다. 그만큼 임대차 시장엔 공급이 줄어든 것이다.

③ 2019년 6.17 대책으로 투기과열지구 재건축 아파트도 2년 실거주를 해야 입주권을 얻을 수 있게 됐고, 여기에 해당하는 단지들 가운데 아직 실거주 요건을 채우지 못한 집주인이 계약 갱신을 거부하고 직접 거주하거나, 심지어 자금 여유가 좀 있는 사람들은 빈집으로 두고서 전입신고만 해두는 편법까지 속출했다. 어차피 재건축을 앞둔 '썩다리'의 경우엔 사용가치가 현저히 떨어져 전세가율이 상대적으로 낮았으니 그리 무리

도 아니었다. 재건축 조합원 2년 실거주 의무는 이듬해 국회에서 백지화됐지만, 어쨌거나 이 역시도 그즈음 임대차 시장에는 공급 악재로 작용했다.

④ 기존에는 공공택지에 공급되는 공공 분양 주택에만 최대 5년의 거주의무가 있었지만, 2021년 2월 19일 이후에는 수도권 투기과열지구에서 분양가 상한제로 공급되는 민간 분양 아파트에도 최대 3년까지의 거주의무가 부여됐다. 이제 분상제가 적용된 아파트에 당첨된 사람은 좋든싫든 그 집에 들어가서 살아야 하는 의무가 생겨 과거와 같이 신규 입주단지에 대규모 물량이 전·월세로 공급될 수 없게 되었다.

"왜 정의로워야 돼요?
정의로우려니까 서로 죽이기 밖에 더해요?
난 그냥 나한테 부끄럽지 않은 옳은 일 하려고요."

드라마 <왓쳐>에서 도치광 반장의 대사 中

집주인을 사이에 두고서 2년 주기로 전세 시장에 진입하는 쪽과 이탈하는 쪽이 벌인 온순한 화학작용을 통해 합리적으로 굴러가던 한국의 전세 시장은 일단 그렇게 잠시 멈춰 섰다. 일부 염치없는 세입자들 사이에선 방 빼주는 대가로 집주인에게 수천만 원의 이사비를 받아내거나, 실거주한다며 계약 갱신을 거절한 집주인의 실제 거주 여부를 확인해 아니면 합의금을 요구하는 노하우까지 공유됐다.

애먼 집주인들은 기세등등해진 세입자 등쌀에 내 집에 들어가려면 사전에 세입자님의 의견을 여쭙고 부탁을 드려야 했으며, 똑같은 단지 안에서 똑같이 생긴 집을 세주면서도 경우에 따라서는 시세보다 몇억씩 낮은 값만 받아야 했다. 살 때는 제값 다 주고 샀는데도 말이다.

모두가 그러는 사이, 집주인은 세입자를, 세입자는 집주인을, 그리고 새로운 세입자는 이전의 세입자를 증오하게 됐다. 세상은 반드시 정의로워져야 한다고 나라가 돈 한 푼 보태준 적 없는 남의 일에 사사건건 갑질하는 통에 이하 을, 병, 정만 서로 죽이는 꼴이 됐으니, 이럴 땐 어디에다 누구를 고소해야 하는 건지 도무지 모를 일이다.

새 집 줄게 네 땅 다오:
2021년 2월 4일

⑤ 2.4 대책 – 공공주도 3080+ 대도시권 주택 공급 획기적 확대 방안

  2020년 12월 28일, 국토부 장관 자리에 앉아 스물네 번의 대책을
내놓았던 김현미 전 장관이 떠났다. 그동안 물이 나빠졌다 타박했던
일산으로 말이다. 재임 1,285일 만이었다. 그녀는 이임사를 통해 더
없이 길고 촘촘했던 시간, 코로나 때문에 이별 절차가 요란치 않아
차라리 다행이라고 말했다. 그건 우리에게도 그러했다. 그녀와 함께
했던 3년 반의 시간은 우리 모두에게도 더없이 길고 촘촘했으니 말이
다. 그리고 무엇보다 그녀와의 마지막 이별이 요란치 않아 너무도 다
행이었다. 몇 안 되는 코로나의 고마운 순기능이었다. 그렇게 장관이
바뀌었다. SH에서 잔뼈가 굵은 변창흠이었다.

해가 바뀌고 2021년이 되었다. 그리고 그해 2월 4일, 숨 고를 틈 없이 또 하나의 부동산 대책이 발표됐다. 설 연휴를 불과 일주일 남겨둔 시점이었다. 순서로 치자면 스물다섯 번째, 장관이 바뀐 뒤로는 첫 번째 대책이었다. 그날 발표된 2.4 대책은 분명 앞선 대책들과는 조금 결을 달리했다. 어찌 됐든 규제 일변도였던 기존의 강경 기조에서 탈피해 그래도 정비사업을 통한 공급 쪽으로 눈을 돌렸으니 말이다. 그렇게 새로운 장관은 공공 재개발이란 작은 공을 서울의 하늘 위로 쏘아 올렸다. 그리고 그때까지 근 3년 반째 전 정부의 부동산 정책을 쉼 없이 비판했던 입장에서 그 수많은 부작용과 실효성에 대한 여기저기의 힐난에도 불구하고, 난 일단 당시 그의 행보에 더 없는 박수를 보냈었다.

물론 그 모든 현상이 다주택 투기꾼들 때문이 아닌, 공급 부족 때문임을 끝내는 인정했으면서도 굳이 일반 재개발과 재건축은 안 된다는 유치한 몽니, 우선 선정한 8개 구역에 새로이 지어지는 4,700여 가구에서 기존 1,700여 가구를 빼고 남는 고작 3,000호의 순증이 시장에 던질 실효성에 대한 의문은 여전히 남았지만 말이다.

하지만 말이다. 시장의 반응은 정부의 기대와 달리 처음부터 냉랭했다. 3년 반째 정부에 대한 불신이 켜켜이 쌓인 탓도 물론 있었겠지만, 공공 재개발이며 현물선납이라는, 일찍이 듣도 보도 못했던 생경한 단어와 개념들 앞에서 집주인들은 너나 할 것 없이 고개를 가로저었다. 애초에 공공의 손길이 필요한 영역은 수익성이 낮아 민간으로부터 외면받는 지역이지 제발 나라에서 뭐 안 해줘도 되니까 가만히 내버려만 달라는 강남, 서울 같은 곳이 아니었다. 아무리 인센티브를

줘서 높게 짓는다고 해도 주거 쾌적성이나 고급화가 이뤄지지 않는다면 남 좋은 일만 시킬 뿐 정작 조합원들에겐 아무런 매력이 없었고, 여태 수십 년을 기다려 왔는데 이제 와 그럴 바에야 차라리 1년 반 더 참았다가 다음 정부에서 제대로 하겠다는 의견이 태반이었다.

목차를 빼고도 50페이지에 육박하는 대책 가운데 내 눈에 띈 건 단연 현물선납이란 단어였다. 말하자면, 기존의 도정법(도시및주거환경정비법) 하에서 지킬 절차 다 지켜가며 재개발, 재건축을 하면 한세월이니, 이 틈에 '공공'이 개입해 정비사업의 속도를 획기적으로 높이고 인센티브를 확대하는 대신 그 이익을 공유하자는 게 골자였으며, 이를 위해서 정비사업에 공공이 현물선납 방식으로 조합원들의 토지를 수용하겠단 것이었다.

현물선납은 땅과 집의 소유자가 자신의 소유권을 공공기관에 넘기고, 그 반대급부로써 우선 공급권을 부여받아 사후 정산을 통해 새집을 분양받는 개념이다. 우리가 알고 있는 전통적 방식의 재개발, 재건축 사업이 관리처분 이후 입주 시까지 분담금 변동 같은 사업 리스크 전부를 조합원이 오롯이 직접 부담한 것이었다면, 현물선납 방식은 이런 리스크를 사업을 주도하는 공공기관이 모두 지기 때문에 조합의 입장에서 본다면 비용이나 시간을 절약할 수 있다는 장점이 분명 존재한다. 여기에 용적률 상향을 통해 소유자들의 추가 수익을 10%에서 최대 30% 보장해주고, 재건축의 경우엔 2년 거주의무와 초과 이익환수금도 면제시켜 준다니, 제법 그럴듯해 보이기도 하다.

하지만, 적어도 부동산에 대한 소유와 권리를 중시하는 대한민국에서 이런 급진적 개념은 처음부터 한계와 반발이 불 보듯 뻔했다. 아무리 나라에서 대신 뭘 자꾸 해준다고 해도, 결정적으로 땅문서가 내 손에 없고, 내 명의로 안 돼 있는 거라면 이후의 얘기는 더 이상 의미가 없는 것이기 때문이다. 현물선납에 동의한 뒤 절차대로 나라에 소유권을 이전하는 순간, 조합은 해체되고 조합원 각자의 소유권은 박탈된다. 그 후로 조합원들은 더 이상 사업에 일절 관여할 수 없다. 그때부터 입주하기 전까지는 그야말로 내 집이지만 내 집이 아닌 셈이다. 아파트 펫네임과 문주 디자인부터 하다못해 창호 브랜드까지 직접 고르는 한국 조합원들의 극성을 감안할 때, 처음부터 이런 것들이 도대체 가능한 얘기냔 말이다.

그리고 그때, 그런 생각들의 어느 지점에선가 문득 내게 이런 생각이 엄습했더랬다.

3년 반, 그 짧지 않은 세월 동안 개인적 공간인 블로그 구석구석 행간마다 박힌 정부에 대한 날 선 독설들이 대변해주듯 지난 수년간 시장과 맞서려는 정권을 그렇게도 같잖게 비판했던 나조차도 어쩌면 지금의 시장을 모르고 있었던 건 아니었을까 하는 막연한 두려움, 어쩌면 지금의 시장은 단순한 수요와 공급만으로는 온전히 설명될 수 없을지도 모른다는 심연의 공포감 말이다.

변창흠표 공공 재개발이 발표되자 미아동과 양평동 빌라의 호가는 평당 1억을 넘었고, 서너 평짜리 대지 지분도 기본 6~7억은 부르고 시작해야 출발이 됐다. 그 당시 서울 아파트 중위값은 진즉에 9억을 넘어 10억을 향해 가고 있었는데, 아리팍 평당 1억 썰을 두고서 거짓이네, 아니네, 따지던 시절이 도대체 언제 있기는 했었는지 무색하게도 평당 1억 아파트는 당시 실거래로 공인된 곳만 68개 단지에 이르렸고, 그 틈에 아리팍은 평당 1억 4천을 넘겼다.

그 대목에서 난 또다시 이런 의문이 들었다.

변창흠의 공공 재개발을 두고서 세간의 전문가들이 훈수 두듯 민간의 재개발과 재건축을 무한정 자유롭게 열어준다면, 그렇다면 과연 지금의 집값은 잡힐 수 있을까 하는 궁금증. 용적률을 높여서든 그린벨트를 풀어서든 서울 한복판에 새 아파트를 한 100만 채쯤 짓는다면, 그리고 어딘가 분당과 판교급 입지에 200만 호 규모의 올뉴 1기 신도시를 두어 개쯤 조성한다면, 그렇다면 지금 30억 하는 강남은 10억으로, 20억 하는 마포는 5~6억쯤으로 떨어질 수 있을까 하는 근원적 물음 말이다.

만일에 그런다면 아마도 내 생각엔 말이다. 강남은 30억에서 50억으로, 마포는 20억에서 30억으로, 그리고 재건축을 마친 분당의 집값은 다시 판교를 넘어설 것이다. 개발을 막으면 공급이 부족하다고 오르고, 개발을 열어주면 호재라는 기대감에 더 오르니 결국 지금의 시장은 어쩌면 정책과는 무관하게 그저 처음부터 제 갈 길을 가고 있었는지도 모를 일이고, 그게 맞다면 정부의 정책 따위는 애초부터 이 함수에서 변수가 아닌 상수였는지도 모르겠단 섬뜩함이 일순간 덮쳐왔다.

결국, 이 바닥은 갈 데까지 간 후에야 멈출 것이고, 쉴 만큼 쉰 후 언젠가 때가 되면 다시 갈 길을 갈 것이다. 하지만 그 달림과 멈춤의 총성이 될 트리거가 무엇인지는 아무도 알지 못한다. 아무도 알지 못하니 그 틈바구니에서 웃는 이도, 우는 이도 생기는 것이요, 또 그게 세상의 이치가 아니겠는가 말이다.

"말 잘했다. 일이어야지!
그게 인생이 되면 안 되지!!
포기할 수 있을 때 포기해.
들고 있으면 그게 네 전부가 될 수도 있어."

드라마 <아무도 모른다>에서 수정 엄마의 대사 中

부동산 문제에 관한 한 주변 사람들의 어지간한 질문엔 곧잘 막힘이 없었는데, 스물다섯 번의 대책이 이어지는 어느 시점부터 즉답을 피하는 경우가 많아졌다. 내가 이해하고 있는 무언가도 막상 남에게 설명하고 설득하기란 여간 어렵지 않은 게 세상 이치인데, 하물며 나도 헷갈리는 상태로 필시 전 재산을 걸었을 그들의 질문에 어쭙잖은 훈수질을 하기엔 아직 내가 악인이 덜 된 까닭이었다.

그렇지 않아도 봐야 할 뉴스가 많은 세상, 그즈음 출처만 다를 뿐 포털에 매일같이 쏟아지는 엇비슷한 부동산 기사들로 그저 피로감만 가중됐고, 모두가 공급 충격에 휩싸이게 될 거라던 정부의 안일한 예상과는 다르게 며칠이 지나도록 좀처럼 손에 잡히거나 눈에 보이는 건 없었다. 하기야 무슨 치약 이름도 아니고 '3080플러스'다 뭐다 나라에서 갖은 호들갑을 떨어도 결국엔 또 번지르르한 말 잔치일 뿐인 거고, 다닥다닥 붙은 빌라촌에서 코딱지네 물딱지네 여기저기 아귀다툼만 무성했지, 정책 하나에 20억 하는 마포구 아파트가 3~4억으로 폭락할 일은 애초부터 요원한 것이었다.

20년 넘게 온 가족이 무주택으로 '존버'하다 이제 겨우 청약점수 70점 언저리 채워 뭐라도 하나 넣어볼까 했건만 느닷없이 들이닥친 공공 분양에 왜 청약예금은 안 되고, 종합저축은 되는 것인지, 청약저축과 청약부금은 또 어떻게 다른 것인지조차 모르고서 다시 한번 잉여 인간이 될 준비를 하고 있을 대다수에게 애당초 30만 채, 80만 채의 숫자놀음이 과연 무슨 의미일까를 생각하니, 정말이지 현기증이 나고 속이 메슥거릴 정도로 아뜩하기만 했다. 그저 삶의 일부여야 했을 그깟 부동산이 인생의 전부가 되어버린 세상. 그렇다고 무작정 포기할 수도 없는 노릇이니 싫어도 어쩔 수 없이 붙들고, 언저리 어딘가에서 어떻게서든 기웃거려야만 했던 시절이었다.

믿기 시작하는 순간, 속기 시작하다:
3기 신도시

2018년 12월 19일, 석 달 전에 발표됐던 9.13 대책을 보완하는 후속대책이 하나 나왔다. 직전인 9월 21일, 이미 미니 신도시 등 수도권 주택 공급 확대 방안이 발표된 상태에서 9.13 대책에 포함되지 않았던 3기 신도시를 확정한 일종의 별책부록이었다. 이때 선정된 곳이 남양주 왕숙, 하남 교산, 인천 계양, 그리고 과천이었다. 그로부터 반년 뒤인 2019년 5월 7일, 2차 발표에서 부천 대장과 고양 창릉이 추가됐고, 그로써 문재인 정부의 야심 찬 3기 신도시 계획도 모두 완성됐다. 발표 시기와 지역이 제각각이라 중구난방 좀 복잡하지만, 이것저것 다 합치면 결국 100만 평 이상 신도시 5개를 포함해 수도권 86곳에 총 30만 가구를 공급하겠다는 복안이었다.

중립된 견지에서 분명 환영할 만한 일이었다. 임기 첫해부터 시작해 그때까지 2년 가까이 이어지고 있던 규제 일변도의 기조 속에서 그래도 처음으로 이게 단순히 다주택 투기꾼이니 갭 투자니 이런 신기루 같은 것들 때문이 아니라, 정말 공급이 부족해서 벌어지고 있는 일이란 걸 간접적이나마 정부에서도 인정한 듯 보였기 때문이다.

입지도 그 자체로는 어느 정도 수긍되는 구석이 있었다. 과천이야 그 자체로 이미 존재감이 있던 곳이었고, 동북의 남양주 왕숙과 동남의 하남 교산은 이미 앞서가던 다산·별내·진접·갈매·미사·감일 등과 어우러져 제법 좋은 시너지를 낼 수 있을 듯 보였다. 서북의 고양 창릉은 이미 주변을 압도하고 있는 원흥·삼송·지축 라인의 연장선에서, 그리고 서남의 인천 계양 역시 이미 들어선 검단이나 김포와 접점을 찾아 무언가를 도모할 수 있을는지도 모를 일이었다.

하지만 말이다. 난 이 대목에서 그 당시 조금 다른 생각을 가졌더랬다. 사실 이 모든 문제의 원인이 공급이란 건 그때나 지금이나 너나 없이 모두 아는 부분이니 이제 좀 제쳐놓고 말이다. 그때라도 정부에서 정말 주목했어야 했던 건 바로 그 공급의 양이 아닌 질이었단 것, 그래서 우리의 불행과 아귀다툼은 진정 '살 수 있는 집'이 부족했기 때문이 아니라, '살고 싶은 집'이 부족한 데서 비롯됐다는, 그 명징한 사실 말이다.

살고 싶은 집이 부족한 건 서울이고, 경기도와 인천에는 이미 살 수 있는 집이 남아도는 상태에서 서울의 재개발과 재건축은 꽁꽁 묶어두고서 경기도에 30만 채를 때려 박는 이런 정책을, 그저 규제만 한 건 아니었고 공급도 함께 늘렸다며 마냥 좋아할 수 있었겠느냔 말이다.

하남 교산의 3만 2천 가구와 고양 창릉의 3만 8천 가구가 기존의 감일이며 원흥·삼송·지축 등과 시너지를 낼 수 있다는 말의 대척점에는 남양주 왕숙의 6만 6천 가구나 인천 계양의 1만 7천 가구가 다산·별내와 김포·검단의 호흡기를 떼어버릴 수 있다는 의미도 함께 자리하고 있다.

정부는 3기 신도시 정책의 핵심 키워드를 '서울 도심까지 30분 이내 출퇴근'으로 정했다. 30분 내로 오갈 수 있다는 도심의 기준점이야 저마다 상황에 따라 유연할 수 있다는 것은 인정하더라도 말이다. 서울을 중심으로 동서로는 인천부터 남양주와 하남, 남북으로는 의정부에서 시흥, 의왕까지 이르는 스펙트럼을 가진 3기 신도시들의 입지를 보고 있노라면 또 생각이 많아지는 것이다. 단일 3,885세대 마래푸에서도 동에 따라서는 5호선 애오개역까지 걸어서 10분 가까이 걸리는 마당에 땅 밑 50m 아래서 시속 200㎞로 내달리는 GTX를 기준으로 정부가 제시한 '30분'이라는 숫자는 3기 신도시에 들어갈 사람과 지켜보는 사람 모두에게 있어 도대체 무슨 의미요, 어떤 의미인가?

A노선이야 어쨌든 첫 삽은 떴고 한창 공사 중이니 좀 그렇다 치더라도, 3기 신도시에 한창 입주가 이루어질 4~5년 뒤에도 B와 C노선은 다니기 어렵다는 뜻인데, 아이러니하게도 3기 신도시들이 들어서는 곳들과 A노선은 정작 연관이 없다. 그러니 남양주에 8호선을 끌어다 GTX B노선과 연결하고, 인천 계양은 기존의 공항철도를 이용하게 하고, 좀 작위적으로 보이지만 뭐 이런 것들을 BRT를 통해 해결하겠다는 건데 말이다. 그것도 말처럼 그리 쉬운 문제가 아닐 것이다.

세종 BRT 바로타

BRT란 기존의 버스 전용 차로에서 조금 더 진일보하여 교차로에서
도 전용신호를 받아 통과시킴으로써 말하자면 지하철과 같은 정시성
을 갖도록 하는 개념의 버스다. 이렇게 하자면 BRT가 다니는 길에는
그 흔한 횡단보도조차 하나 없어야 하는 것이고, 또 그러자면 모든
횡단보도와 교차로를 지나는 버스 전용 차로 구간은 오버브리지 형태
로 만든다든지, 아니면 지하화해야 한다는 뜻이다.

BRT가 가장 활성화된 세종시야 도시 설계 당시부터 이러한 운용
개념을 어느 정도 염두에 두고 도로를 건설했다지만, 3기 신도시들
은 좀 상황이 다르다. 신도시 내부에서야 그렇다 치더라도 외곽의 목
적지까지 가기 위해 거미줄 같은 기존의 도로들을 사용하면서 어떻게
신호에 상관없이 교차로를 통과시킬지, 또 기존의 버스 전용 차로는
그럼 어떻게 할 것인지, 내 부족한 머리로는 도무지 계산이 서지도,

그림이 그려지지도 않았다.

그러니 시기와 지역을 불문하고 적어도 이 대한민국 땅에서 신도시의 성공을 담보하기 위해서는 매번 지하철을 떼놓을 수 없는 것이다. 30년 전 조성된 1기 신도시가 이후 후속 신도시들에 비해 비교적 성공적으로 자리 잡을 수 있었던 이유도 따지고 보면 태생적으로 이미 지하철 노선이 있거나 완공이 임박했던 지역에 만들어졌기 때문이다.

일산과 산본·평촌은 탄생과 동시에 각기 1985년 개통된 3호선과 4호선의 이용이 가능했다. 분당과 중동도 1992년 입주 완료와 함께 비교적 크지 않은 시차를 두고서 분당선과 7호선이 개통됐다. 반면 2기 신도시들은 판교와 광교 정도를 제외하면 아직도 변변한 교통망이 부재하고, 그러니 해당 주민들의 인정 여부와 무관하게 사실상 실패했단 평가를 받는 것이다. 건물과 기반시설이 아무리 드라마 세트장처럼 깔끔해도, 아무리 아파트 분양가가 저렴해도, 결국 들고 나기 불편한 곳에는 가지 않는다는 불변의 진리는 대다수의 2기 신도시들과 이 시각에도 입주자를 애타게 찾는 현수막을 내건 경기도의 수많은 미분양 단지들에 의해 이미 충분히 입증됐다.

3호선·7호선·8호선·9호선을 서쪽으로 동쪽으로 북쪽으로 더, 더 연장해 늘려나가는 것, 그래서 공공의 인프라인 도심 철도를 보다 많은 사람들이 이용할 수 있다는 것은 분명 박수칠 일이요, 누구든 수면 위에선 하등 반대할 이유가 없는 일이다. 하지만 이런 것들이 과연 그리 녹록하냐는 문제는 여전히 남는다. 위례와 동탄에 어디 유럽여행 가서나 볼 법한 트램을 놓아 주겠다, 수인분당선을 당겨와 용인 민속촌을 거쳐 어디까지 연장해 주겠다, 인터넷에 온갖 출처 불명의 지하철 노선도가 유령처럼 떠돈다. 하지만 막상 7호선이 깔리는 대가로 분양가에 포함된 교통 분담금 수천억을 부담했던 청라 주민들조차 10년 넘은 지금까지도 버스를 타야만 지하철을 이용할 수 있는 게 현실이다.

철길 몇 km를 연장해 역사 하나 만드는 데도 수천억이 드는 지하철 같은 SOC 사업이 기껏 4~5년에 한 번씩 치러지는 대한민국의 선거 메커니즘 속에서, 또 내가 일등석을 타는 것만으론 부족하고 내가 일등석을 탈 때 남은 이등석을 타야 직성이 풀리는 인간의 본성과 지역이기주의 아래서, 과연 배겨날 재주가 있겠느냐 말이다.

갈 길 먼 3기 신도시는 대장동 트라우마로 감정평가와 토지보상부터 난맥상이다. 꼬우면 너네도 이직하라던 LH 따위에는 더 이상 그 어떤 신뢰도 남아 있지 않을뿐더러, 그런 곳에서 공급한 아파트에 내 돈 내고서 내 발로 들어가고 싶은 마음은 더더욱 없는 것이다.

"우리가 이거를 약간 도둑질 컨셉에서
사기 쪽 컨셉으로 바꾸면 돼요.
믿기 시작하는 순간, 속기 시작하는 거거든."

영화 <시체가 돌아왔다>에서 진오의 대사 中

원래 청약 자체가 집 지을 땅 파기 전에 집주인부터 구하는 건데, 그걸 다시 본 청약과 사전 청약으로 쪼개는 신공을 발휘해 이제는 5년 후에 지어질지, 8년 후에 지어질지 모르는 집에다 한 가족을 오도 가도 못 하게 꽁꽁 붙들어 매 두는가 하면, 본 청약은 그래서 도대체 언제란 건지, 분양가 차액은 얼마가 되는 것인지, 그저 모든 게 깜깜이다. 그러니 눈앞도 캄캄한 거고, 가슴도 시커멓게 타들어 가는 거다.

숨이 턱턱 막혔다. 현기증이 났다. 속이 메스꺼웠다. 그저 지켜보는 것만으로도 말이다. 하지만 달리 용빼는 재주가 있었겠느냔 말이다. 아껴둔 청약통장까지 다 들이밀었으니 이제는 좋든 싫든 그저 눈 뜨고 당하는 수밖에.

지옥(地獄):
지하의 감옥, 혹은 GTX

서울과 수도권 부동산을 논하며 언젠가부터 빠지지 않고 등장하는 단골 메뉴가 있으니 바로 수도권광역급행철도, GTX다. 아직 실시협약도 체결 안 된 C노선과 예비타당성 조사에서 아예 사업성이 없는 것으로 나온 이후 총사업비도 산정하지 못한 B노선에 비한다면, 그나마 A노선은 어디서 땅이라도 파고 있다는 것에 위안을 삼아야 할 판이다.

2018년 12월 27일, 일산 킨텍스에서 A노선 착공기념 세리머니가 열렸다. 어린이들을 들러리로 세우고 레이저 쇼까지 곁들여진 이날 행사에는 국토부장관뿐만 아니라 유은혜 사회부총리 겸 교육부 장관, 이재명 경기도지사도 참석했었다. 그날 행사에서 김현미 장관은 곧 죽어도 A노선을 당초 계획대로 2023년까지 개통하겠노라 공언했다.

하지만 착공식으로부터 3년 반이 지난 2022년 4월 기준으로 A노선의 공정률은 26.85%다. 김현미 장관이 공언했던 2023년까지는 이제 반년이 남은 시점이다. 그나마 2021년 말까지만 해도 기준 목표치는 32.15%였는데, 정부는 올해 들어 별다른 설명 없이 갑자기 목표치를 6% 낮은 26%로 바꿨다. 목표치에 공정률을 맞출 수 없으니 공정률에 맞춰 목표치를 낮추는 신박한 신공을 발휘한 덕분에 2022년 4월 공정 달성률은 목표치 대비 99% 수준이다. 회사의 실적을 좋게 보이기 위해 회사의 장부를 조작하는 것, 우리는 이런 걸 두고 좀 유식하게 분식회계라 부른다.

GTX가 정부 공언대로 순탄하지 않으리란 건 처음부터 어렵지 않게 예상할 수 있었다. 일반 지하철보다 두 배 이상 깊은 지하 40~50m의 깊이에서 평균시속 110㎞, 최고시속 200㎞ 고속주행을 해야 하는 까닭에 공법과 공사기한을 정하는 실시설계조차 쉽지 않았다. 깊이에 따라 천심도, 중심도, 대심도로 나뉘는 지하 공간 가운데 국내에서 처음으로 시도되는 대심도 철도라는 특수성으로 인해 공사 간에 맞닥뜨릴 각종 기술적 리스크는 내 분야가 아니니 일단 접어두고서라도 말이다. 첫 삽도 뜨기 전부터 자기 집 아래로 기차가 지난다는 소식에 누구는 소음과 진동으로 어떻게 사느냐며, 누구는 내 집 무너진다며, 또 누구는 땅 밑 40m도 어쨌든 내 땅이니 보상을 해달라며, 그렇게 가슴 속에 저마다의 사연을 품고서 거리로 몰려나온 집주인들로 한동안 시끄럽기만 했다.

특히나 우리 법에는 지하 공간의 경우 어디까지 땅 주인의 소유권을 인정하고, 얼마나 보상을 할 것인가에 대한 구체적인 내용이 부재한데, 그나마 민법에서 지하 소유권을 '정당한 이익이 있는 범위 내'라고 추상적으로 정하고 있고, 그동안 한계 깊이를 40m로 정한 서울시 조례에 따라 관행적으로 보상이 이루어져 왔을 뿐이다. 그러나 사안에 따라서는 법원이 지하 90m가 넘는 땅에 대해서도 소유권을 인정한 경우도 있었으니, 법적 분쟁으로 비화돼 자칫 땅 주인들이 공사 진행 금지 가처분 신청이라도 낸다면 도대체 목표치며 정부가 공언한 개통 시점 따위가 처음부터 다 무슨 소용인 건지 그저 아뜩하기만 하다.

그렇다면 김현미 장관이 4년 전 호언장담한 2023년 개통은 땅속 50m 깊이에서 시속 200㎞로 내달리는 기차에 몸을 실을 2,300만 서울, 경기도민의 생명을 담보로 부실 공사를 대놓고 공언했던 것인가?

3년 넘게 고작 분식회계나 일삼는 수준이니, 요금 같은 디테일은 더더구나 확정된 바 없다. 다만, 사업자인 신한은행 컨소시엄의 사업 초기 제안서에 나온 요금을 기준으로 보자면 기본요금은 10㎞ 이내에서 2,419원이고, 이후 추가 요금은 5㎞당 216원이다. 5년 이상의 물가 변동과 공사 원자재비 상승 같은 변수는 일단 무시하고서 말이다.

이를 기반으로 대략 계산해보면, 경기도권에서 서울 도심으로 진입하는 데 필요한 1회 운임은 3천 원대 중반에서 4천 원대 초반까지로 스펙트럼이 형성되는데, 경기 서북부 운정에서 서울역까지는 3천 원대 중반, 삼성역까지는 3천 원대 후반이고, 경기 동남부 동탄에서 삼성역까지는 3천 원대 중후반, 서울역까지는 4천 원대 초반으로 운정보다 비싸다.

이 대목에서 생각해 볼 건 예를 들면 이런 것이다.

동탄 신도시에 사는 한 신혼부부가 사이좋게 GTX A를 타고 주 5일 동탄역에서 직장이 있는 서울역까지 출퇴근을 한다고 가정할 때, 두 사람의 1일 왕복요금은 1만 6,600원이고, 한 달이면 33만 2,000원인데, 1년이면 400만 원에 육박하는 금액이다. 그리고 이 비용은 두 사람이 동탄 신도시에 거주하며 서울로 출퇴근하는 동안 계속해서 발생되는 비용이다. 도시 지하철 노선이 닿는 서울 언저리에만 살았더라도 연간 140만 원이면 해결되었을 교통비다. 이 둘의 연간 요금의 차액인 260만 원을 현재 시중은행 1년 정기적금 금리인 2.6%에 적용하면 1억 원으로, 결국 이 부부는 동탄에 살며 내는 GTX 요금으로 경기도 광명시나 서울 노원구에 사는 사람에 비해 1억의 채무를 가지고 있는 셈이다.

사람들은 그러한 레버리지 개념은 간과한 채 GTX에 현혹되지만, 하릴없이 지하에 뿌리는 GTX 요금 400만 원을 지렛대 삼아 신도시 아파트를 분양받을 돈에 무형의 채무 1억을 더해 GTX를 굳이 안 타도 될 지역으로 옮겨 갈 역발상은 좀처럼 하지 않는다.

특히 GTX 사업은 재정사업이 아닌 BTO 방식으로 결국 사업에 투입된 천문학적 비용을 이용자의 요금으로 회수하는 구조인데, 이후로도 수년이 더 소요될 개통 시점과 그간의 물가상승을 고려한다면 실제 운임은 오히려 지금의 예측을 상회할 수밖에 없는 구조다.

끝인가? 천만에. GTX A노선의 총연장은 약 81km로, 예정된 역사는 운정부터 동탄까지 총 10개다. 말인즉, A노선의 경우 역 간 간격은 8km라는 뜻으로 이는 서울 도시철도의 평균 역 간격 1km의 8배에 달한다. 집이 GTX 역사 근처인 사람이라면 역 간격이 큰 의미가 없겠지만, 역까지 다른 교통수단을 이용해야 하는 입장에서는 그만큼 접근성과 환승 편의성이 떨어진다. 그렇게 힘들게 당도한 역이건만, 기다리고 있는 것은 지하 40m까지 내려가는 끝도 없는 에스컬레이터와 불러도 대답 없는 엘리베이터다.

현재도 지하 40m 깊이에 설치된 6호선 버티고개역의 경우, 지상에서 플랫폼으로 접근하는데 에스컬레이터로 4분 30초가 넘게 걸리고, 엘리베이터로는 무려 7분이 넘게 걸린다.

배차 간격은 또 어떤가?

출퇴근 시간대 서울 도시철도의 배차 간격은 대략 3분인데 반해, GTX의 알려진 배차 간격은 서울 도시철도의 2배인 6분 이상이다.

전 정부에서 매번 읊어댄 광역교통 인프라와 3기 신도시에서 서울 도심까지 25분이 걸리네, 30분이 걸리네 하는 것들이 얼마나 공허한 말 잔치인가 알 수 있는 대목이다. 하긴 일반 아파트 엘리베이터보다 여섯 배 빠른, 분당 600m의 속도로 움직이는 잠실 롯데월드타워의 엘리베이터를 타고도 1층으로부터 555m 높이인 123층 전망대까지 1분이 걸리는 마당이니 말이다.

노무현 정부 마지막 해인 2007년 처음 논의가 시작된 GTX가 이어진 두 번의 정권에서는 10년 가까이 아무런 진척이 없다가 유독 집값을 잡겠다고 나선 전 정권에서 느닷없이 다시 꺼내지고, 그 노선도 위에 점 찍힌 거점들의 집값을 들쑤셔 놓은 것까지도 그렇다 치자. 지난 5년 그보다 더 어이없는 모습도 수없이 봐 온 터이니 말이다.

그리고 얼마가 들든, 몇 년이 걸리든 일단 만들어지면 어찌 됐든 이동 시간은 단축될 테니 타는 사람도 많고, 좋다고 박수를 치는 사람도 꽤 있으리란 것쯤은 쉽게 예측할 수 있는 그림이다. 그럼에도 내가 유감스럽게 생각하는 지점은 가령 이런 것이다.

아인슈타인의 상대성 이론과 보어의 양자역학까지 내려가진 않더라도 물리적 한계는 늘 존재하는 법인데, 기술의 진보와 과학의 발전으로 나날이 그 한계를 조금씩 극복해가며 살고 있다지만, 그것은 어디까지나 돈을 발라 물리적 한계를 한 꺼풀 가려둔 것일 뿐, 경제성의 문제가 개입되면 생각이 많아지는 지점이 분명 존재한다.

파주 운정과 화성 동탄, 인천 송도와 남양주 마석에서 서울 도심까지의 일상적 출퇴근은 분명 녹록하지 않다. 아니, 무척 멀다. 그리고 이것은 아무리 해당 지역민이 소매 걷어붙이고 나서 생각보단 다닐만하다며 정신승리를 외쳐도 거스를 수 없는 물리적 한계이자 팩트의 영역이다.

근데 서울에 새집 지을 숱한 땅과 재개발, 재건축 단지들은 그대로 놔두고서 직장이 서울이라 서울에 살아야 할 사람들을 경기도 외곽으로 쫓아내듯 밀어내고선 땅 밑 50m에서 시속 200㎞로 내달리는 기차를 놓아줄 테니 타고 다니라는 정부나, 또 그 정책에 순응해 이제 서울까지 30분이면 되겠다며 좋다고 물개박수를 치는가 하면 곧 빠른 기차가 놓일 테니 이제 굳이 서울에 살 필요가 없다는 사람들이나, 내 머리로 이해 못 할 건 매일반이라 이 말이다.

아니, 그렇지 않은가. 지리적 한계를 땅 밑 50m, 시속 200㎞ 기차로써 극복하겠다는 그런 막무가내 논리라면 충북 오송에서 이미 놓여 있는 KTX로는 안 되는 것이고, 전라도와 경상도에서 비행기 출퇴근은 안 되는 것인가 말이다. GTX라는 지하철 같은 기차 말고, 경전철이라는 지하철 같은 놀이기구 말고, 차라리 그 돈으로 지금도 열심히 돌아다니고 있는 서울 지하철 노선 연장이나 철로 보강을 통한 증차와 급행 추가가 차라리 더 손에 잡히는 실질적 처방이요, 그것이 보다 많은 사람들에게 보편적 교통 혜택을 줄 수 있는 방법이다. 그런데도 일반 도시 철도보다 역 간격은 8배, 배차 간격은 2배에 달하고, 그 요금이 얼만 줄도 모르는 GTX에 열광하는 세태를 보고 있노라면 그저 자조 섞인 웃음만 배어날 뿐이다.

———

"그만 둘 수 없어요.
나한테 여기는, 한계선 같은 거예요."

드라마 <청춘시대>에서 진명의 대사 中

나 죽기 전에 도대체 타볼 수 있는 건지도 모를 그깟 지하철 닮은 기차를 선거 때마다 팔아 그동안 얻어간 표가 얼마인데, 경기도 구석에서 그나마 그거라도 하나 없으면 그간 뽐뿌질 해놓은 집값을 앞으로 어떻게 감당할 수 있을까. 해주겠노라 공언한 쪽이나, 반대편에 서서 해줄 때까지 기다리는 쪽이나 이제는 모두 그만둘 수 없는 지경에 이르렀다. 저마다 되돌릴 수 있는 한계선을 넘었기 때문이다. 그저, 각자의 판단과 선택 속에서 불행하지 않았으면 하는 바람뿐이다.

지독한 패러독스:
재초환

옛날 크레타섬 출신의 예언자 '에피메니데스'라는 사람이 어느 날 "크레타섬 사람들이 하는 말은 모두 거짓말이다."라는 말을 했다고 한다. 그럼 에피메니데스의 이 말은 참일까, 거짓일까? 얼핏 들어서는 질문 자체를 이해하기도 여간 어렵지 않은데, 실제로 우리 첫째 아이가 부교재로 봤던 초등학교 수학 개념사전에 실린 예시다. 중학교만 됐더라도 그냥 넘겼을 테지만 초등학교라는데, 자존심도 있고 하니 다시 한번 들여다보자.

그가 말한 대로 크레타섬 사람들이 하는 말이 모두 거짓말이라면, 에피메니데스 자신 역시 크레타섬 출신이므로 그가 한 말 역시 거짓말이 된다. 따라서 크레타섬 사람들이 하는 말은 모두 거짓말이 아닌 게 되는 것이다, 그럼 반대로 에피메니데스가 거짓말을 한 것이라면?

크레타섬 사람들이 하는 말이 모두 거짓말이 아니어야 하므로, 크레타섬 출신의 에피메니데스가 거짓말을 했다고 할 수가 없게 되는 것이다. 결국, 에피메니데스가 한 말은 옳다고 할 수도, 틀렸다고 할 수도 없게 된다.

세상을 살다 보면 이렇게 틀린 것처럼 생각되어도 실제로는 옳고, 옳은 것처럼 생각되어도 실제로는 틀린 경우가 왕왕 있다. 이처럼 모두 이치에 맞지 않아서 참 또는 거짓이라고 말할 수 없는 모순된 문장이나 관계를 패러독스라고 한다. 우리말로는 역설이다. 요즘은 초등학교에서도 가르쳐 주지만, 이 심오한 걸 혹시 기성세대는 모르고 살까 걱정이 컸던 정부 덕분에 지난 5년간 우리는 스스로 모르는 사이 충분히 학습할 수 있었다.

8.2 대책이 나온 뒤 한두 달이 흘렀을 때 즈음인 2017년 가을, 강남 재건축 단지들을 중심으로 한 대한민국 부동산 시장의 최대 이슈는 다름 아닌 '재건축 초과 이익 환수에 관한 법률', 이른바 '재초환'이었다. 도시개발을 통한 이익이 사유화되는 걸 미연에 막고, 부동산 투기를 억제해보겠다며 참여정부 시절이던 2006년 제정된 법이다. 재건축을 통해 얻은 조합의 1인당 평균이익이 3,000만 원을 초과할 경우 그 이상에 대해서는 개발이익의 최고 50%를 추가로 납부시키겠다는 게 골자다. 이명박, 박근혜 정부 시절 두 번에 걸친 법률 개정으로 2017년까지는 시행이 유예됐었는데, 문재인 정부에 이르러 비로소 부활하게 된 것이다.

이걸 피하려면 부활 시점인 2018년 1월 1일 이전에 시공사를 선정하고, 관리처분인가 신청을 해야 했다. 그 덕분으로 강남 재건축 조합원들과 대형 건설사들 간의 밀당 소식이 당시 각종 부동산 뉴스 1면을 장식했다. 그 수선스러운 난리 속에는 단군 이래 최대 재건축 사업으로 일명 '반포대전'이라 불리며 세간을 떠들썩하게 달궜던 반포 주공 1단지 시공사 선정 이슈도 있었다. 당시 GS건설을 물리치고 시공권을 거머쥔 현대건설은 이를 통해 공사비 2조 6,000억을 포함해 총사업비 10조 4,000억 규모의 대형 프로젝트를 수주하는 성과를 거뒀고, 한강과 맞닿은 알짜배기 입지에 단일 5,300가구가 넘는 매머드급 대단지 아파트를 짓게 됨으로써 단번에 회사 브랜드 가치를 높이는 일대 전환점을 맞게 됐다.

조금 다른 얘기지만, 돌이켜보면 반포 주공 1단지는 1973년 현재 LH의 전신이었던 대한주택공사가 건설한 대한민국 최초의 대단지 아파트였다. 당시로는 파격적인 복층 설계와 지역난방을 선보였고, 무엇보다 아파트라는 피조물이 국내에서 보편적인 주거 형태로 자리잡는 데 일조했다는 평가를 받았던 곳이다. 머지않아 이곳이 5,335가구로 재건축된다면 인근 한강변 스카이라인 자체가 바뀌는 건 물론, 반포동 전체가 하나의 신도시처럼 변모하면서 조망 깡패, 교통 깡패인 이곳을 등에 업은 서초구가 강남구를 상대로 재평가받는 일대 변곡점이 될 것이다.

다시 본론으로 돌아와 서울에서 정비구역으로 지정된 후 아직 사업시행 인가를 받지 못한 재건축 추진 아파트는 그해 9월을 기준으로 61개 단지, 총 3만 3,254가구였다. 그 당시 서울의 재건축 대상 아파트가 125개 단지, 7만 9,215가구였으니, 말하자면 전체 재건축 아파트의 약 절반이 초과 이익 환수제를 피하지 못할 상황이었다. 지자체로 보자면 잠실주공 5단지가 낀 송파구가 단연 1위였고, 서초구와 강남구가 뒤를 이었다.

직전 2~3년 새 아파트값이 특히 많이 뛴 탓에 강남권 재건축 단지의 경우 재초환 적용을 받는다면 당시 시세를 기준으로 조합원 1인당 수억 원대의 부담금을 내야 할 것으로 추산됐다. 정부야 군침을 흘렸을지 몰라도 막상 당사자들은 몇 개월 차이로 어지간한 지방 소형 아파트 한 채 값이 왔다 갔다 하니 어떡해서든 피해 보고자 애가 탔다. 어쩔 수 없는 인지상정이었다.

딴은 그렇다.

얼핏 생각하면 내가 매입했던 가격과 현재 시세의 차이, 말하자면 장부상 차익의 절반을 세금으로 내는 것이라니 양도세처럼 속은 쓰려도, 뭐 나라에서 불우한 이웃들을 위해 좋은 곳에 쓰겠다는데 일견 그럴듯해 보이기도 한다. 하지만 과연 그런가 말이다.

우선 재초환의 정확한 개념부터 보자면 이런 거다. 예를 들어 내가 재건축 대상 아파트를 5억 원에 매입해 재건축이 종료되는 시점에 8억 원이 됐다고 치자. 이때 재건축 개발로 인한 차익은 총 3억이지만, 그동안 추가 부담금으로 1억을 납부했고, 그 사이 인근 시세도 1억 정도 같이 올랐다고 하면 실질적인 개발이익은 1억으로 낮아진다. 이때 이 1억을 초과 이익이라고 부르고, 여기서 3,000만 원을 초과하는 7,000만 원에 대해서만 산정 방식에 따라 부과되는 것이 재초환의 기본 개념이다. 그저 5억에 샀는데 8억이 됐으니 단순 차익 3억의 절반인 1억 5,000을 나라에서 환수한다는 건 아니라는 뜻이다.

이명박, 박근혜 정부 당시 두 차례의 유예기간이 있었지만, 초과 이익 환수에 관한 법률이 처음 제정된 후 다시 시행되기까지 10년이 넘는 기간 동안, 실제로 개발 부담금이 부과된 사례는 단 5건뿐이었고, 이마저도 2건은 정부 처분에 불복하는 헌법재판소 소송이 진행 중이었다. 바꾸어 말하면 그만큼 적용하기가 만만치 않고, 당사자의 반발도 크다는 뜻이다. 왜 그럴까? 아니, 나라에서 좋은 일에 좀 쓰겠다고 이익 조금 나누자는데, 뭐 그리 야박하게 위헌 소송까지 하느냐 말이다. 추측건대 그건 말하자면 아마 이런 것일 게다.

우선 정부가 환수하겠다고 달라붙는 '초과 이익' 자체가 아직 실현되지 않은 미실현 소득에 대한 과세라는 점이다. 설사 초과 이익이 발생했더라도 이는 어디까지나 장부상의 이론적 이익일 뿐, 아직 처분해 손에 쥔 이익이 아니기 때문에 엄밀히 말해 실제 이익이 발생한 것이 아니다. 혹자는 그게 그거지 무슨 말장난이냐며 따질지 모르겠지만, 만약 장부상 초과 이익이 발생했다고 해서 기껏 부담금을 납부했는데, 나중에 실제로 처분했을 때 이보다 집값이 떨어졌다면? 그럼 그때 가서 정부가 오해해서 미안했다며 부담금을 돌려주느냐 말이다. 결국, 실제 수익이 발생하지 않았는데도 세금만 내는 결과가 되는 셈이다. 모순이다.

더 있다. 기본적으로 정부가 환수하려는 부담금의 납부의무자는 부과 종료 시점인 준공인가일 당시 조합원이다. 근데 이 대목에서 문제가 하나 발생한다. 정작 이익을 거둔 사람과 세금을 내는 사람이 일치하지 않을 수도 있다는 문제 말이다. 초과 이익 환수 부담금은 최종적으로 재건축이 완료된 아파트를 소유한 사람에게만 부과되는데,

예를 들어 전체 재건축 기간 10년 중에 추진위원회 설립 후 9년 동안 실컷 보유하다가 직전에 매도해 막대한 이익을 낸 사람과, 마지막 단계에서 그 집에 실입주하기 위해 매수해 1년을 보유했지만 이익은 없었던 사람을 가정해보자. 이때에도 초과 이익 환수 부담금은 마지막에 매입해 1년을 보유했던 사람에게만 부과된다. 뒤늦게 매입한 사람은 시세 차익이 전혀 없지만, 앞서 손 털고 나간 사람의 이익에 대한 부담금까지 대신 납부해야 하는 구조인 것이다.

그럼 말이다. 실제로 이익을 본 사람에게 부담금을 소급해 부과하면 안 될까? 안 된다. 근거가 없기 때문이다. 그 사람은 지난 9년간 보유하며 거둔 이익에 대한 양도세를 이미 매도 시점에 다 납부했다. 그런 상태에서 몇 년 후 갑자기 본인이 과거에 한때 소유했다는 이유만으로 자신이 현재 소유하고 있지도 않은 아파트의 '초과 이익'을 환수한다고 한다면, 그건 상식적이지 않은 일인 것이다.

문제는 또 남는다. 초과 이익 환수는 기본적으로 인근 주택의 시세 상승률보다 많이 상승할 때 부과되는 구조다. 예를 들어 인근의 신축 아파트가 10% 상승할 때 내가 보유한 재건축 아파트가 20% 상승하면 부과된다는 뜻이다. 근데 반대로 인근의 신축 아파트가 20% 상승하고, 내가 보유한 재건축 아파트는 10%밖에 상승 안 했다면, 이번엔 내가 가진 재건축 아파트 대신 옆에 있는 20% 상승한 그 신축 아파트 입주민들에게 뜬금없이 대신 초과 이익을 환수하겠다고 할 수 있을까? 못 한다. 아니, 왜 내가 남보다 많이 벌 때는 거둬가면서, 남이 나보다 많이 벌 때는 안 거둬가는 것인가 말이다. 지독한 패러독스다.

부동산에는 재건축만 있는 게 아니다. 프리미엄을 주고 일반 분양권을 사든, 경매로 낙찰을 받든, 이도 저도 아니면 재개발이나 리모델링 물건에 투자해 수익을 낼 수도 있다. 근데 다른 것으로는 아무리 수익을 거둬도 초과 이익 환수제는 적용되지 않는다. 오직 재건축 사업에서 초과 이익이 발생할 때만 부과된다. 왜 내가 투자하는 건 거둬 가면서, 남이 투자하는 건 안 거둬 가는가 말이다. 지독한 역설이다.

그러니 이쯤 되면 크레타섬 '에피메니데스' 대신 문재인 정부의 '초과 이익 환수제'와 '강남 재건축 아파트'를 초등학교 수학 개념사전에 패러독스의 예시로 담는 것도 검토해볼 만하다. 일찌감치 우리 아이들 부동산 관념도 길러줄 겸 말이다.

"뭐 하나만 물어보자.
3년 전에 의정부에서 네가 그랬잖아?!
니들이 왜 지는 지 아냐?
싸우는 이유를 모르기 때문이다!
싸우는 이유가… 뭔데?"

"내래 확실히 알고 있었어.
근데… 너무 오래돼서… 잊어버렸어."

영화 <고지전>에서 은표와 정윤의 대화 中

그즈음 뉴스에는 청와대와 총리실을 비롯한 중앙부처 1급 이상 고위 공직자 10명 가운데 4명은 주택을 2채 이상 보유한 다주택자이고, 직전 8.2 대책에서 투기지역으로 지정된 강남3구에 집을 가진 공직자도 30%에 육박한다는 소식이 전해졌다. 어쩌면 이것이야말로 재초환보다 더 지독한 모순은 아닐는지, 난 그때 그리 생각했더랬다. 정권이 교체된 지금, 그들은 아직 기억하고 있을지 모르겠다. 지난 5년, 우리들과 악착같이 싸웠던 이유를 말이다.

이루어질 수 없는 꿈:
분상제

　문재인 정부 집권 2년 차였던 2018년 6월, 지방선거를 앞두고 한창 밥상 물가가 치솟았다. 기록이 습관이 된 난, 한 줄이라도 매일 일기 비슷한 걸 적어 두는데, 그 무렵 집 앞 마트에서 평소 4만 원대 초반에 판매하던 20kg 쌀 한 포대의 앞자리가 6만 원대로 바뀌어 있더라는 말씀을 어머니로부터 들었다는 끼적임이 남아 있다.

　그 시점의 내 기록들을 토대로 좀 더 얘기를 이어가 보자면 말이다. 한국농수산식품유통공사의 통계를 기준으로 어머니가 늘 사드신다는 20kg 쌀 한 포대의 소매 평균 가격이 1년 전이었던 2017년보다 무려 35.9% 올랐는데, 직전 5년간의 평균 가격보다도 2018년의 쌀값은 11% 높은 수준이었으니, 지금 다시 생각해 봐도 그 당시 어머니의 푸념이 영 근거가 없는 건 아니었다. 밀가루 가격이 널뛰면 원재룟값 상승을 명분으로 빵값이 뒤따라 오르듯이 쌀값이 오르니 김밥값도 오르고, 마트 매대에 진열된 즉석밥이며, 밥을 소재로 한 각종 인스턴트 식품에 식당 밥값까지 전년보다 많게는 5% 가까이 올랐었다.

쌀값 급등을 두고서 당시 정부는 최근 몇 해 동안 이어진 풍년으로 쌀값이 유례없이 낮았던 터라 상대적으로 지금의 쌀값이 높게 느껴지는 일종의 착시라고 설명했다. 말인즉 여태까지가 지나치게 쌌던 것이고, 지금은 비싼 게 아니라 비로소 정상 가격이란 뜻인데, 부동산이 밥상으로, 아파트가 쌀로만 바뀌었을 뿐, 책상머리에 앉아 현상에 대한 올바른 진단과 상황인식이 부재하니 그에 대한 해석과 대책도 헛발질인 건 '격월간 김현미'와 다를 바 없었다.

전년도인 2017년의 쌀 생산량은 392만 2,000t으로, 그 전년도인 2016년 419만 7,000t 대비 27만 5,000t이 줄었다. 무려 7% 가까이 감소한 수치인데, 1990년 이후 무려 27년 만에 가장 적은 생산량이었다. 그런데 문재인 정부는 이를 고려하지 않고, 쌀값을 안정시킨답시고 공공비축미 35만t에 더해 도리어 37만t의 쌀을 추가로 매입했다. 생산량이 27년 만에 가장 적어 공급이 부족한 상황에서 공급을 평년보다 대폭 늘려도 시원치 않을 판국에 공공비축미 비중을 높여 오히려 시중의 공급을 더 줄여놓았으니, 그나마 35% 오른 것에 감사해야 할 판이었다.

"무엇보다 쌀값 회복을 최우선 과제로 모든 수단을 강구하겠습니다."

문재인 정부의 첫 농림부 장관이었던 김영록 당시 장관의 취임 일성이었다.

"서울과 수도권의 최근 주택 공급 물량은 최근 10년 평균 실적이나, 전문 연구기관이 산정한 주택 수요량을 크게 상회하는 수준입니다."

이미 앞에서도 언급했던 2017년 8.2 대책 발표 당시 김현미 장관의 워딩이었다.

분야도 전혀 달랐고 말한 사람 또한 달랐지만, 얼핏 다른 듯 보이는 두 발언에서 난 묘한 공통점을 보았더랬다. 농림부 장관은 수요를 초과하는 수준 이상의 물량을 시장에서 조기에 격리하고, 강력한 생산조정을 통해 생산과잉을 원천적으로 차단함으로써 쌀값 회복을 넘어 시장에서 일정 수준 이상의 쌀값을 유지하겠노라 말했다. 쌀값 상승이 물가 인상의 주범으로 주목받자 농민단체들은 2017년까지의 쌀값은 20년 전 가격 수준을 면치 못해 농민들이 그간 늘어난 빚 부담과 생계유지에 고초를 겪어왔고, 따라서 지금의 쌀값 인상은 쌀값의 '회복'이지 '상승'이 아니라며 반발했다.

농업의 과학화와 재배 기술의 발전으로 단위 면적당 생산량은 지속적으로 증대되는 반면, 단위 면적당 생산비용은 과거보다 오히려 줄어든 사실관계는 차치하고서라도, 20년 전인 1990년대 후반의 쌀값을 2018년의 쌀값과 비교하며 '회복'이지 '상승'이 아니라 바득바득 우기는 농림부나 일부 농민단체들의 논리가 마트 진열대의 가격표를 본 소비자들에게 과연 얼마큼 진정성 있게 다가올지 의문이었는데, 그들이 적어도 내 어머니는 이해시키지 못한 것만은 분명했다.

쌀을 대하는 2018년의 농림부를 곱씹으며, 아파트를 대하는 2017년의 국토부를 본다.

2018년 5월 31일 청약을 진행했던 미사역 파라곤은 809가구 모집에 8만 4천 개가 넘는 청약통장을 불러 모으며 평균 경쟁률 104.91대 1을 기록했는데, 이 수치는 19년 전인 2003년 분양했던 도곡렉슬에 9만 7천여 명이 몰린 이후 역대 두 번째로 많은 청약자가 몰린 것으로 당시 청약 플랫폼이었던 APT2U가 한때 마비되는 진풍경을 빚기도 했다. 새로 분양해 그 시점으로부터 3~4년 뒤에 입주하게 될 새 아파트가 비슷한 입지에 들어선 주변의 헌 아파트들보다 가격이 저렴하다면 말이다. 아무리 보수적으로 잡아도 분양받은 새 아파트가 입주할 무렵 최소한 주변의 구축만큼의 가격은 나가 줄 것이라는 것쯤은 누구든 어렵지 않게 예상할 수 있다. 그리고 그 차액은 보통 수억이 기본이었으니 그저 당첨만 되면 로또라는 말이 나오게 된 것이다. 그러니 너나 할 것 없이 로또 아파트를 꿈꾸며 위장전입 정도는 예삿일이 되었고, 부모 형제에 사돈의 팔촌 통장까지 동원하는 것도 모자라 청약통장 불법 매매까지 공공연히 성행했었다.

물론 1차적인 책임이야 탐욕과 욕망에 눈이 멀어 이러한 불법적인 행위까지 서슴지 않던 당사자에게 있었겠지만, 아이러니하게도 로또 아파트를 둘러싼 청약 광풍의 주범은 다름 아닌 정부였다. 민간 분양에 대한 본격적인 분양가 상한제가 시행되기 이전부터 사실상 HUG가 분양가를 독점하고 있는 구조 속에서, 당시의 분양 시장은 실수요자들과 무주택자들이 한데 엉켜 수백 대 일의 경쟁률을 두고 그저 한탕을 꿈꾸는 투기판으로 변모된 지 오래였고, 딱히 어느 단지가 로또 아파트라 특정하는 것조차 의미가 없을 지경이었다. 정말이지 그땐 매주 토요일 밤 아파트 청약 당첨결과를 복권처럼 TV로 생중계라도 해야 할 판이었다.

27년 만의 최소 수확량임에도 불구하고 비축량을 늘려 공급을 줄임으로써 마트 진열 칸의 쌀에 붙은 가격표를 한 달 사이 35%가 오르게 만든 것은 쌀값 회복을 위한 정의고, 2008년의 전고점을 이제 막 돌파했거나 지역에 따라서는 아직 그조차도 회복하지 못한 부동산 시장에서는 1%도 아닌 소수점 대의 집값 상승률을 가지고도 싸가지 없는 투기이자 사회악으로 규정됐다. 단 1년 만에 공시지가를 2.5%도 아닌 25% 올려붙이는 그 대범함은 도대체 어디서 나오는 것인지, 그야말로 후안무치이자 나에게는 너그럽고 남에게는 엄격한 전형적인 내로남불에 다름 아니었다.

거듭 말하거니와, 한 국가의 정부 정책이라면 성패를 떠나 최소한 노선과 잣대는 동일해야 한다. 그래야 소속된 모두가 예측이 가능한 계획을 세우고, 스스로를 방어할 수 있는 대책을 세울 수 있기 때문이다. 한 포대에 기껏해야 몇만 원 나가는 쌀은 싸니까 한 번에 종전 가격보다 35% 이상 올라도 괜찮은 것이고, 한 채에 수억 원씩 하는 집은 비싸니까 0.1% 오르는 것도 용납할 수 없다는 논리라면 더 이상의 말을 섞을 자신이 없어진다. 땡볕 아래 농민들의 피땀으로 생산된 쌀은 고결한 것이니 종전 가격보다 35% 이상 올라도 정당한 것이고, 불로소득으로 그저 편히 앉아 몇천에서 몇억씩 시세 차익을 본 까닭에 그들이 평생 소득을 모아 구매했을 유주택자들의 집은 오히려 하락해야 맞다는 논리라면, 이 또한 더 이상의 대화는 의미가 없을 듯하다. 쌀은 사람이 먹고사는 식량에 관한 문제이니 풍년이 들어도 시장가격 방어를 위해 인위적으로 공급량을 조절해도 괜찮은 것이고, 사람이 사는 집은 투기에 관한 문제이니 공급이 부족해도 나라가 나서 가격의 상한을 정하는 것쯤은 괜찮다는 이중적 논리, 이젠 더는 놀랍지도 않지만 말이다. 그래도 참 그렇다는 것이다.

———

어느 깊은 가을밤,
잠에서 깨어난 제자가 울고 있었다.
그 모습을 본 스승이 기이하게 여겨
제자에게 물었다.

"무서운 꿈을 꾸었느냐?"
"아닙니다."
"슬픈 꿈을 꾸었느냐?"
"아닙니다. 달콤한 꿈을 꾸었습니다."
"그런데 왜 그리 슬피 우느냐?"
제자는 흐르는 눈물을 닦아내며 나지막이 말했다.
"그 꿈은 이루어질 수 없기 때문입니다."

영화 <달콤한 인생>에서 선우의 마지막 독백 中

정부의 가격 통제 정책으로 수요자들은 원래 시장 가격에 비해 낮은 수준으로 상품 구매

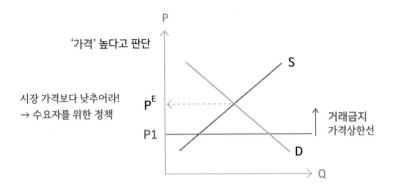

수요·공급 그래프 안에서 시장 참여자들의 온순한 상호작용에 의해 공급(S)과 수요(D)가 만난 접점에서 결정되는 시장가격을 정부의 개입을 통해 일정 수준 이상 받지 못하도록 하는 것을 경제학 용어로는 '최고가격제'라고 한다. 말하자면 현재의 가격이 너무 지나친 수준이라고 판단한 정부가 수요자를 보호하기 위해 가격의 상한을 정해두고 그 이상은 받지 못하도록 하는 것이다. 이런 경우 사려고 하는 사람이 아무리 많아도 시장에 공급된 수량을 넘어서는 거래는 물리적으로 일어날 수 없으니 자연히 초과수요가 발생하게 되고, 이는 수요자 간의 무한한 경쟁으로 이어진다.

문재인 정부는 이미 완전경쟁시장으로 접어든 부동산 시장에 끝내 분상제(분양가 상한제)까지 부활시켰다. 아마 가격 상한선을 정해주었으니 그 이상으론 절대 올라가지 않으리란 순진한 생각을 했을는지

도 모를 일이다. 주택은 일반 재화와 달리 매매의 행위가 시차를 두고 수없이 반복된다. 계란과 빵은 구매자가 판매처에서 한 번 사 먹으면 그걸로 끝이고, 설사 구매 직후 중고로 되판다 해도 특수한 경우가 아니고서는 최초 구매가격보다 비싸게 팔 수가 없다. 하지만 주택, 특히 신규 아파트는 수분양자와 건설사 간에 최초 매매가 이루어진 이후에도 아파트의 수명이 다하는 수십 년의 세월 동안 수없이 많은 매매가 이루어지고, 가격도 최초 분양가를 기준으로 몇 배씩 등락이 가능하다.

정부가 분상제를 통해 상한을 정해준 가격은 어디까지나 최초 분양자와 건설사 간에 행해지는 분양가격일 뿐, 이후의 매매가격까지 통제할 순 없는 노릇이었다. 그러니 건설사나 조합원이 가져가야 할 이익을 청약 당첨자들에게 몰아준 부의 이전 효과만 있었을 뿐, 애당초 분상제가 수요와 공급의 불균형으로 촉발된 부동산 문제를 해결할 길은 요원했던, 그야말로 제로섬 게임이었다. 누구나 새 아파트에서 살고 싶어 하는 상황에서 수요만큼 공급을 늘리지는 못할지언정 민간택지 분양가 상한제로 새 아파트 공급을 줄이니 풍선효과로 기존 새 아파트 가격이 더 많이 오를 수밖에 없는 구조인데, 82년생 김지영 씨도 결국 신혼집은 서울의 새 아파트에서 시작했으니 더 말하면 입만 아프다. 달콤한 꿈이었지만, 이루어질 수 없었기에 모두는 하염없이 슬펐다.

상위 2% 유감:
종부세

"조세법률주의와 상충되지 않을 것 같습니다."

- 2021년 6월 23일, 기재위 전체 회의 시 홍남기
당시 부총리 겸 기재부장관의 발언 中

1주택자의 종합부동산세 부과 대상을 '공시가격 상위 2%'로 조정하자는 더불어민주당 방안에 대한 당시 주무 장관의 발언이었다.

대한민국 헌법은 제59조를 통해 조세의 종목과 세율을 법률로 정하도록 규정하고 있는데, 이게 그 이름도 유명한 조세법률주의다. 언젠가 이런 일이 생길까 국민들로부터 피 같은 세금 거둘 땐 나라 마음대로 하지 말고, 누구한테 뭘 얼마나 거둘지 정확히 법으로 미리 정하고, 정해진 그대로 집행하라는 74년 전 제헌 국회의원들의 깊은 뜻이다.

1주택 기준 공시가 9억 이상이라는 명확한 절대기준에 의해 부과되던 종부세를 느닷없이 상위 2%라는 모호한 상대기준으로 바꿨고, 2021년을 기준으로 상위 2%를 가격으로 환산하면 대략 공시가 11억 언저리리라니 그럼 어쨌든 세금 깎아준 것이 아니냐는 정부의 논리에 동화돼 물개박수나 쳤던 지인이 혹여 주변에 있다면 이참에 홀가분한 기분으로 부디 손절하길 당부한다. 아마 여생이 편해질 거다. 그리고 손절 당하는 이가 궁금해하지나 않도록 다음의 부연 설명쯤은 가뿐히 해주시라.

9억이란 액수를 느닷없이 2%란 백분율로 바꾸어 세금을 때리면 말이다. 매년 공시가는 기재부와 국토부에서 정하는 것이기 때문에 결국 누구에게 종부세 폭탄을 투하할지 그 대상을 법이 아닌 정부가 마음대로 정하는 꼴이 되는 것이다. 누구한테 세금을 부과할지를 매년마다 멋대로 하겠다니 이것이야말로 우리 헌법 59조에서 그토록 경계했던 모습이 아니던가 말이다.

만일 언젠가 집값이 떨어져 공시가 9억 이상 나가는 집의 절대 수가 지금보다 적어진다면, 그렇다면 조세법률주의에 따라 종부세의 대상 자체도 적어져야 옳은 것이다. 그러나 9억을 2%로 바꾸는 순간, 집값이 지금의 반 토막 아닌 반의반 토막이 난다 해도 상위 2%에 들어가는 누군가는 끊임없이 종부세를 내야 한다는 소리나 마찬가지다. 제한속도 시속 50㎞인 도로에서 시속 50㎞를 초과한 사람에게 과태료를 부과하는 것은 당연한 일이라고 치자. 그럼 반대로 위반자가 없다면 아무에게도 과태료를 부과해선 안 되는 게 상식이다. 근데 누구한테든 과태료는 꼭 부과해야 한다는 걸 디폴트값으로 전제하고선 시속

50㎞ 초과자가 없으니 이제는 시속 49㎞든 시속 48㎞든 위에서부터 정해둔 백분율만큼 컷오프 해 과태료를 매기겠다는 게, 이게 당시 이 나라 정부와 여당의 수준이었다는 게, 또 그걸 정의라 외치는 자들이 있었다는 게, 그런 게 서글펐단 말이다. 내 말은.

부동산의 보유세와 거래세의 비율이 8:2 정도로 구성된 주요 선진국들과 달리 유독 우리나라 부동산 관련 세금은 거래세 비중이 높고 보유세 비중이 낮은 기형적인 구조였으니, 큰 틀에서 이를 바로잡아야 한다는 방향성과 그 수단의 하나로써 종부세 인상을 꺼내 들었다는 것은 개인적으로 일견 수긍 가는 부분도 있다. 하지만 선진국보다 상대적으로 낮은 보유세를 높였던 거라면, 그 반대급부로서 선진국보다 상대적으로 높았던 거래세 인하에 대한 검토는 왜 5년 내내 하지 않았던 것인가 말이다. 돈 많고 집 많은 그런 사람들을 괴롭히기 위해서라면 모순 가득한 세금을 마구 부과해도 괜찮다는 논리는 애초에 성립될 수 없는 반시장적 발상이었다.

결과적으로는 그마저도 정부의 판단 착오로 귀결되었지만, 만일 정부의 처음 의도대로 고가 다주택자들에게 감당할 수 없을 정도의 징벌적 세금을 물려 울며 겨자 먹기로 그들이 보유했던 집들이 시중에 마구 쏟아져 나왔던들, 당장 시드 머니 자체가 없고 대출이 막힌 상황에서 이 땅의 무주택자들에게 그들이 내놓은 수많은 주택들 중 과연 몇 채나 돌아갈 수 있었을 것이며, 설령 그렇게 인위적이고 파괴적인 방식으로 공급이 좀 늘었던들, 그게 우리 모두에게 있어 무에 그리 대단한 정의이고 선인 것인가 말이다. 그렇게 세금의 성격 자체가 다분히 정치적이었으니, 5년 내내 현장에선 종부세와 관련한 잡음과 억울함이 끊이지 않았고, 그중 몇 가지는 예를 들면 이런 것들이었다.

종부세는 매년 6월 1일을 기준으로 부과된다. 이날을 기준으로 단 하루 차이로도 부과 여부가 갈릴 수 있는 것인데, 5월 31일까지 1주택이었던 사람이 다음 날인 6월 1일에 2주택자가 됐다면 부과 대상이 될 수도 있고, 반대로 6월 2일에 2주택자가 된 사람이라도 하루 전날일 6월 1일까지 장부상 1주택이었다면 부과를 피할 수도 있는, 말하자면 그런 것이다. 뭔가 불합리해 보여도, 어쨌든 과세를 하려면 어느 시점인가는 기산점으로 삼아야 하는 것이니 그것까지는 그렇다 치자. 그런데, 이사를 위해 일시적으로 2주택이 된 사례가 문제였다. 이사 갈 집을 미리 사놓은 뒤 기존 집을 6월 1일 이후, 한 6월 중순쯤 팔았다면, 그렇다면 부과 시점인 6월 1일을 기준으로는 어쨌든 2주택이니 이런 경우에도 그저 종부세를 부과해 1주택이었던 전년도보다 10배 가까운 보유세를 물게 되는 상황이 나오는 게, 이게 상식에 기반해 과연 합당하느냐는 문제 말이다. 더구나 이런 경우에는 1세대 1주택자의 상한선도, 1세대 2주택자의 상한선도 적용받지 못하고 세금 증가율이 무한대가 될 수 있다는 맹점이 존재했다. 1세대 2주택 이상 보유한 다주택자도 올해 세금액이 작년의 300%를 넘지 못하도록 하는 상한선이 있었지만, 그건 어디까지나 부과 시점을 기준으로 작년 2주택자가 올해에도 그대로 2주택을 보유할 때에만 적용을 받는 베네핏이었지, 작년에 1주택이었던 사람이 중간에 2주택이 된 경우는 제외되었다.

억울한 건 나라말만 믿고 임사 등록을 했던 임대사업자들도 마찬가지였다. 문재인 정부 초반, 누군가가 임대사업을 지원하겠다는 김현미 장관의 말을 믿고 본격적인 임대사업을 하기 위해 아파트를 한 채에서 네 채로 늘렸다고 치자. 그리고 사는 집 한 채를 빼고 남은 세 채로 임대사업을 해왔다. 2020년까지는 임대사업을 하던 세 채가 종부세 합산 대상에서 빠졌는데, 2021년 임대사업 의무기간이 지나자 정부가 강제로 임대사업 허가를 말소시켰고, 임대사업을 하던 아파트 세 채는 곧장 종부세 대상에 포함됐다. 한 해 기껏 30만 원 하던 종부세가 1년 새 느닷없이 3천만 원으로 100배 늘었다면, 이게 과연 당하는 쪽이나 지켜보는 쪽 모두에게 납득이 가는 일인가 말이다. 그리고 이 경우에도 깨알같이 다주택자 종부세 상한선 300% 혜택을 볼 수 없다. 작년 부과일에는 한 채였던 것이 중간에 네 채로 늘어난 탓이다.

불합리한 예는 이것들 말고도 얼마든 더 있다. 홀어머니가 돌아가시면서 남긴 강남 어디 아파트 한 채를 미혼의 세 남매가 지분을 나눠 상속받았다고 치자. 상속 시점을 기준으로 그 아파트의 시가는 대략 50억 정도였고, 지분은 유지에 따라 제사를 모시기로 한 장남이 60%, 둘째와 막내가 각각 20%씩이었다. 어머니 살아생전에는 단독 명의로 1세대 1주택은 9억까지 종부세를 내지 않는 세액공제 혜택을 받기 때문에 1년에 종부세로 대강 300만 원 정도면 됐다. 하지만 상속 이후에는 세 남매 모두가 1세대 1주택으로 간주되기 때문에 각자가 종부세를 별도로 내야 하는 상황이 발생한다.

문제는 부부가 1주택을 공유하면 1세대 1주택으로 인정되지만, 부모와 자식, 혹은 자식들끼리 공유하면 1세대 1주택 혜택을 적용받을 수 없다는 점이다. 1세대 1주택으로 인정되면 9억까지 종부세를 내지 않아도 되고, 고령자 공제와 장기보유 공제 등 다른 세제 혜택도 받을 수 있다. 하지만 세 남매는 이제 그런 혜택을 전혀 받을 수 없게 된 것이다. 결국, 고작 20% 지분을 가진 둘째나 막내를 기준으로 해도 재산세는 750만 원, 종부세는 850만 원 정도로 늘어나 당장 1인당 보유세로만 매년 1,600만 원을 내야 하는 상황이 발생한다. 어머니가 돌아가신 뒤에도 여전히 세 남매는 같은 집에 그대로 살고 있을 뿐인데, 종부세법 때문에 하루아침에 부담이 3배에서 지분에 따라 많게는 10배 가까이 늘어난 것이다.

———

"일본에서는
로또에 당첨돼도 세금을 안 낸대.
서민들의 꿈에 세금을 매길 수 없단 거지.
평생을 고생해도 흙수저 인생인 인간들,
달콤한 꿈이라도 꾸게 해주고 싶을 뿐입니다~!!
예?! 그 취지가 얼마나 순수해~ 안 그래요?
꿈에는 세금이 없다… 참, 기가 맥힌다.
기가 맥혀 표현이… 시인 같애!"

영화 <마스터>에서 진회장의 대사 中

꿈에는 세금이 없을지 몰라도, 대한민국에서는 집값이 떨어져도 종부세를 낸다. 적어도 지금까진 그렇다. 이미 작년 말 서울 아파트 중간값이 10억 8천만 원을 돌파한 시점에서 종부세는 더 이상 일부 부자들이나 다주택자들만의 일이 아니요, 그러니 이 마당에 1주택 공시가격 9억이며 상위 2% 따위의 말장난이 다 무슨 소용인가 말이다. 종부세는 서민들이 잘 먹고 잘사는 꼴을 그냥 두고 볼 수 없단 것이자, 평생을 고생해도 흙수저 인생인 인간들이 더는 헛된 희망조차 갖지 않게 해주기 위한 것에 지나지 않았다. 그래, 난 그렇게 말고는 도무지 달리 해석할 방도가 없었다. 그래서 말이다. 그런 걸 마치 대단한 정의인 척 종부세로 에둘러 포장한 정부의 시인 같은 표현법이 난 참 거슬리고, 아니꼬웠더랬다.

인간의 욕망:
살 수 있는 집과 살고 싶은 집

"지금 현재 주택 공급이 부족하지 않습니다. 연간, 지금 서울에서는 4만 호 이상 아파트가 공급되고 있고요. 올해(2020년) 서울 아파트 입주 물량이 5만 3천 호입니다. 근데 이거는 2008년 이후로 가장 많은 물량이 올해 입주가 되고 있습니다.

그리고 22년까지 입주 물량도 10년 평균에 비해서 35%정도 많은 거구요, 최근 3년 동안 서울 아파트의 인허가, 착공, 입주 물량도 평균에 비해서 20~30% 이상 많은 상황입니다."

– 2020년 7월 14일, 김어준의 뉴스공장에 출연한
김현미 당시 국토부 장관의 인터뷰 中

서울 아파트 연도별 입주 물량

※ 출처: 국토교통부

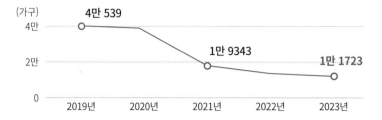

(가구)

- 4만 539 (2019년)
- 1만 9343 (2021년)
- 1만 1723 (2023년)

서울아파트 인허가 추이

※ 출처: 국토교통부

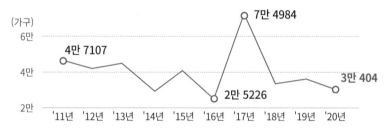

(가구)

- 4만 7107 ('11년)
- 7만 4984 ('17년)
- 2만 5226 ('16년)
- 3만 404 ('20년)

향후 2년간 서울 구별 아파트 입주 물량

2021년 7월부터
2023년 12월까지 집계

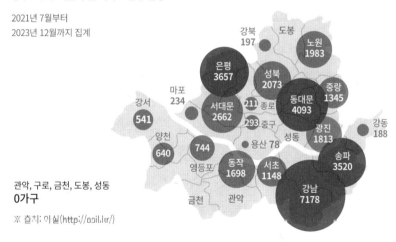

강북 197

도봉

노원 1983

은평 3657

성북 2073

중랑 1345

마포 234

강서 541

서대문 2662

211 종로

동대문 4093

293 중구

양천 640

용산 78

성동

광진 1813

강동 188

744

영등포

동작 1698

서초 1148

송파 3520

금천

관악

강남 7178

관악, 구로, 금천, 도봉, 성동
0가구

※ 출처: 이실(http://ooil.lur/)

진실을 마주하다　**169**

그녀가 한 라디오 프로그램에 나와 서울에 아파트 공급은 충분하다고 당차게 얘기했던 2020년의 다음 해인 2021년엔 서울에서 새로 입주하는 아파트 물량이 전년 대비 반 토막이 났고, 이어지는 2022년과 2023년에 입주 예정인 아파트 물량은 그보다도 30~40% 더 적었는데, 가령 서남권의 금천, 관악, 구로구 같은 곳들은 2년 반 동안 예정된 입주 물량이 아예 제로였었다. 분명 문재인 정부의 대한민국과 나의 대한민국은 시공간을 공유하고 있었건만, 매번 이러한 객관적인 수치조차 부정하는 태도는 언제나 할 말을 잃게 만들기에 부족함이 없었다. 지난 5년 내내 말이다.

시간을 더 되돌려 2017년으로 다시 가보자. 그해 8.2 대책 발표 당시 정부가 제시했던 자료에는 2018년도 수도권 입주 물량이 31만 6천 호에 달하고, 서울만 따져도 7만 4천 호인 것으로 분명 나와 있다. 그 당시 정부의 주장을 액면 그대로 계산한다면 2017년과 비교해 서울은 유사하고, 경기, 인천 등 수도권은 3만 호 정도가 늘어난 수준이다. 다시 말해 서울과 수도권의 주택 공급은 매우 안정적이라는 뜻이었다.

일단 정부의 수치에 대한 사실관계 확인은 좀스럽고 서로 민망하니 제쳐두고, 그래서 백 번을 양보해 공급은 이미 충분하고 앞으로도 차고 넘치리란 당시 정부의 말을 100% 다 믿는다면 말이다. 경기도는 말할 것도 없고 서울 대부분 자치구의 주택 보급률도 100%에 근접하거나 상회하고 있는 지금, 더 이상의 신규주택은 정녕 필요가 없는 것일까? 뫼비우스의 띠처럼 이 지긋지긋한 논쟁에 대해 일찍부터 난 좀 다른 생각을 가지고 있었다.

말하자면 그건, 주거라는 공간이 갖는 특수성과 주택에 대한 인간의 근원적인 욕망을 배제한 채 주택이라는 재화를 그저 마트 진열대의 계란이나 옷가지 정도로 여기는 데서 비롯된 숫자와 통계의 왜곡에 지나지 않는 것이다. 매번 주택의 공급이 그저 수요보다 부족한가, 충분한가, 신규 입주 물량을 따질 때 아파트 이외의 다가구 주택이나 빌라, 오피스텔을 포함할 것인가, 말 것인가 따위를 따지는 게 본질이 아니란 말이다.

　요컨대, 이 문제의 가장 근원적인 본질은 대한민국의 수도이자 정치, 경제, 사회, 문화의 중심지인 서울이라는 공간을 살아가고 있는 사람들, 그리고 지금은 서울 밖에 살고 있지만, 서울이라는 공간으로 진입하고자 하는 사람들이 진정 살고 싶어 하는 집이 충분한가이다.

　주택은 양적 공급 이상으로 질적인 충족과 만족이 중요한 재화이다. 굳이 주방 싱크대 곁에 똥 싸고 오줌 싸는 변기가 바싹 붙은 반지하 낡고 좁은 집이나, 교도소 감옥만도 못한 고시원까지는 언급하지 않더라도, 빌라와 오피스텔, 다가구 주택까지 포함되어 산출된 그깟 주택 보급률과 몇만, 몇십만 호 따위의 알량한 산수 놀이가 지금의 대한민국 부동산을 설명하는 데 있어 도대체 어떤 의미가 있는 것인가?

　서울 주택 보급률이 100% 아니라 1,000%, 10,000%가 된들, 그것이 혹 국토부 장관이나 서울시장에게는 중요할는지 몰라도 결국 평범한 우리들에게 중요한 건 내가 살고 싶은 집, 내 가족을 살게 해주고 싶은 집, 남에게 보이기에 그래도 부끄럽지 않은, 그런 집이 있느냐하는 것이다. 서울은 주택 보급률이 낮고, 주택이라는 재화의 절대량이 적어서 아파트 가격이 상승하는 것일까? 그렇다면 지방은 주택 보급률이 높고, 주택이라는 재화의 절대량이 많아서 아파트 가격이 하락하는 것일까? 같은 서울 안에서도 이미 보급률 100%를 훌쩍 넘어선 성동구와 100%에 육박하는 서초구의 집값은 그렇다면 어떤 논리로 설명이 가능한 것인가? 아니 그럼 서울 25개 자치구 가운데 주택보급률이 가장 떨어지는 관악구가 서울에서 가장 높은 집값을 보여야 하는 것이 아닌가?

매슬로우의 인간 욕구 5단계 이론

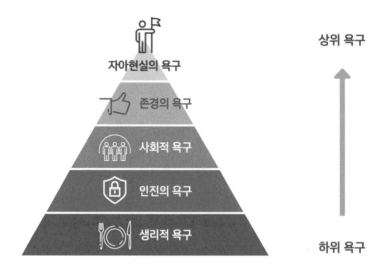

인정을 하든, 하지 않든, 인간은 욕망을 가지고 있다. 매슬로우(Abraham Harold Maslow)는 거의 한 세기 전, 인간의 욕구를 5단계에서 7단계 정도로 분류했는데, 5단계든 7단계든 결국 먹고, 자고, 싸는, 생리적 욕구와 같은 낮은 단계에서 출발한 인간의 욕구는 최종단계에 이르러 사회적 욕망으로 귀결된다. 그리고 그 정점에는 타인과의 경쟁을 통해 우위를 점하려는 경쟁 욕구와 명예욕을 포함한 자아실현의 욕구가 존재하기 마련이다.

누구나 한 번뿐인 소중한 인생을 거꾸로 살고 싶어 하지는 않는다. 누구나 오늘보다 나은 내일을 꿈꾸고, 모두 다 현재보다 밝은 미래를 그리며 산다. 그렇기에 인생은 살만한 것이고, 또 그러기 위해 사는 것이다. 20대에 아반떼, 30대에 쏘나타를 탔다면, 40대에는 그랜저, 50대 이후에는 제네시스나 아예 외제차로 넘어가는 것이 일반적인 과정이다. 어디 그런 것이 비단 자동차뿐이겠는가? 대개 그런 일반적이고 보편타당한 과정을 밟아나가기 위해 우리는 열심히 공부하고, 죽어라 일해 돈을 번다.

물론 저마다의 능력과 환경에 따라 좀 더 빨리, 그리고 좀 더 크게 그 성취를 이루기는 할지언정, 그렇다고 특별한 사유가 없는 한 30대에 쏘나타, 40대에 그랜저를 타던 사람이 느닷없이 50대에 이르러 아반떼나 경차를 타지는 않는다. 아무리 깨어 있고 소신 있는 척, 소박하고 개념 있는 척 포장해도 결국 그것이 거스를 수 없는 인간의 자연스러운 욕망인 것이다.

한낱 자동차도 그럴진대 하물며 집이라고 다를까? 아니, 대부분의 사람들에게 재산 목록 1호일 집이야말로 오히려 가장 큰 욕망의 대상일 게다. 그 자체로 한정된 도심에서도 지하철역이 있고, 쇼핑몰과 대학병원, 우수한 학교와 학원도 있는데, 직장까지 거리도 가까운 그런 교집합은 극히 드문 핫스팟이다. 얄궂은 건 그런 곳에 집 지을 땅은 좁은 반면 살고 싶은 사람은 무한대에 가까울 만큼 많다는 것이고, 서울 전역과 수도권까지 이 논리를 확장하면 이것이 바로 현재 대한민국 부동산을 관통하는 공급 문제의 본질이자, 이 시대를 살아가는 사람들이 가진 집에 대한 욕망인 것이다.

지금 서울 전체에 있는 아파트는 대략 180만 호 남짓이다. 이 가운데 입주 20년을 바라보거나 이미 넘긴 구축은 100만 호인데 반해 건령 10년 안쪽의 이른바 신축은 대강 잡아 35만 호 정도다. 통상 학계에서 전체 인구의 0.5% 정도를 적정 입주 물량으로 보고 있음을 감안할 때 인구 천만 서울의 적정 입주 물량은 매년 5만 가구 정도라는 계산이 나오는데, 1년에 서울에 공급되는 신규 아파트 물량은 기껏해야 3만 호를 헤아릴 뿐이다.

공급은 한정됐고 욕망을 지닌 수요는 차고 넘치는데, 이 욕망을 그저 숫자놀음으로 설명하려니 현상에 대한 진단도, 그에 따른 대책도 매번 보나마나였다. 현재의 까다로운 도정법 아래서 이미 뉴타운이라는 이름의 재개발은 한계에 봉착했고, 도시재생이랍시고 5년 넘게 벽에다 꽃 그림이나 그려댄 통에 나오는 건 한숨뿐이다. 재건축은 안전진단 통과도 힘들어졌고, 어쩌다 어렵사리 추진해본들 초과 이익을 환수하겠다고 하니, 정말 무너질까 급한 단지들은 궁여지책으로 1:1 재건축 쪽으로 방향을 틀었는데, 한 채 부숴서 한 채 새로 짓는 것이니 결국 공급의 순증에는 아무런 기여도 하지 못하는 셈이다.

"당신은 기차를 기다리고 있어.
당신을 멀리 데려가 줄 기차를…
당신이 바라는 곳에 데려다 줄 기차인 건 알지만,
당신은 거기가 어딘지는 몰라.
하지만 그건 중요하지 않아.
왜냐면 당신과 함께하니까."

영화 <인셉션>에서 코브의 대사 中

　　자가가 됐든, 임차가 됐든, 어쨌든 어떤 형태로든 온 국민이 시장 참여자일 수밖에 없는 숙명을 지닌 부동산 바닥에 5년 넘게 넘쳐나고 있는 자칭 전문가들의 '아님 말고'식 호들갑과 찌라시 수준의 뉴스 기사들로 모두의 피로감은 진즉 극에 달했다. 저마다 어떤 정보들을 취합해 어떤 결론을 내리든 그것은 개인의 자유의지이며, 스스로의 책임이다. 애석하게도 그 끝이 어디일지는 누구도 알 수 없다.

　　나 역시 이 기차에 오르며 가고 싶은 곳도 있었고, 그곳으로 데려다 주리란 믿음도 있었지만, 진짜로 날 그곳으로 데려다줄지는 알 수 없는 노릇이다. 하지만 상관없다. 내 판단과 인간이라는 존재의 욕망을 믿으며 나와 내 가족들을 멀리 데려다줄 기차에 올라 그저 묵묵히 하루하루에 최선을 다할 뿐이다. 그렇게 살다 보면 어느덧 원하는 곳에 도착해 있으리라 믿으며 말이다.

Part 03

현실을
직시하다

At some point, everything's going to go south on you.
You're going to say, This is it. This is how I end.
Now, you can either accept that, or you can get to work.
You solve one problem, and then
you solve the next problem, and the next,
and if you solve enough problems, you get to go home.

어느 순간, 모든 게 틀어지고 이제 끝이구나 하는 순간이 올 거야.
그래, 이렇게 끝나는 거구나 하고 말이야.
그럼 둘 중에 하나지. 그냥 받아들이든지,
아니면 계속해 무언가를 해나가든지.
하나의 문제를 해결하고, 그다음 문제를 해결하고,
또 그다음 문제로 말이야.
그러다 보면 결국 집으로 돌아올 수 있게 되는 거야

영화 <마션>에서 와트니의 대사 中

누구든 살다 보면 삶의 어느 지점에서 정말 모든 게 끝없는 나락으로 떨어져 바닥을 칠 때가 있다. 그럴 때는 둘 중 하나다. 그냥 현실을 받아들이든지, 아니면 다시 뭔가를 실행하든지…. 매일같이 우리를 난처하게 만드는 어려운 문제들이 도처에 넘쳐나지만, 우리 삶을 한 방에 역전할 치트키란 애당초 어디에도 존재하지 않는다. 어쩔 수가 없다. 그저 차가운 머리와 맑은 눈, 뜨거운 가슴으로 하나의 문제를 풀고, 또 그다음 문제를 슬기롭게 풀고, 그러다 보면 어느 순간 어딘가에는 도달해 있지 않을까? 설령 그곳이 처음에 내가 원했던 곳과 조금은 다르더라도, 지난 시간 저마다의 매 순간에서 쇠신를 나냈으니 그깃으로 된 거나.

인생에 요행이란 없다:
무리수와 정석

책의 중반부를 지난 이제야 새삼 말이지만, 사실 무척이나 고민이 많았다. 처음 출판 제의를 받았을 때 말이다. 그저 블로그라는 개인적 공간에 짚이는 대로 부동산에 관해 끼적이긴 했어도 그건 출판이란 행위와는 완전히 결을 달리하는 문제였고, 책이란 매개체를 통해 얼굴도 모르는 독자들에게 주제넘게 무언가를 떠들 깜냥이 되지 못한다고 스스로 생각했기 때문이다. 그리고 그 생각은 집필을 하고 있는 지금도 여전히 변함이 없다. 그 누구로부터도 검증받지 못한 내 글을, 심지어 기꺼이 소정의 비용을 지불하면서까지 읽고 있는 여러분은, 그래서 어떤 의미에선 정말 불행한 독자일는지도 모르겠다.

출판을 망설였던 또 한 가지의 이유는 정작 부동산 책을 쓰고 있는 나 스스로가 누구보다 시중에 나온 부동산 관련 서적들을 혐오하기 때문인데, 부동산 책을 쓰면서 부동산 책을 혐오한다는 커밍아웃이라니, 이 무슨 지독한 아이러니인가 말이다. 2000년대 후반부터 시작된 7년여의 하락장을 마치고 2015년부터 수도권 아파트를 중심으로 반등하기 시작한 부동산 시장은 문재인 정부를 지나며 더 뜨겁게 달아올랐는데, 그 열기가 5년 넘게 전국으로 확산되는 동안 언제부턴가 세간에는 자칭 부동산 전문가들이 넘쳐나기 시작했다. 하지만, 그 무리 속에서 진정한 전문가를 찾기란 쉽지 않았다. 부동산을 업으로 삼는 사람들은 말할 것도 없고, 인접한 직종에 있거나 심지어는 아예 관계가 없는 일반인까지, 내가 부동산 좀 안다거나 부동산으로 돈 좀 벌어봤다 하는 사람들이 일시에 쏟아져 나와, 한데 뒤엉켰으니 오죽이나 난장이었겠는가 말이다.

의대를 나와 의사면허가 없으면 의학서적을 쓰지 못하고, 하다못해 요양보호사도 나라에서 발급해 준 자격증이 있어야 해먹을 수 있는 세상이건만, 유독 중개할 때 말고는 자격증이 필요 없는 이 부동산 바닥에선 조금만 유명세를 얻었다 싶으면 아무나 책을 쓰고 펴낸다. 그렇게 그 누구에게도 검증받지 못한 '묻지 마' 글들은 알록달록 꾸며진 화려한 표지와 자극적 제목, 인쇄된 활자와 제본의 힘을 빌려 그럴듯하게 포장돼 세상에 나온 후 서점의 매대를 채우는데, 매번 그들의 혹세무민에 홀려 환상에 빠지는 쪽은 실상 애먼 독자들이다.

나는 2천만 원, 5천만 원 갭 투자로 몇 년 만에 10억을 벌었네, 누구는 경매로 저평가 지역 썩다리 빌라에 투자해 10년 치 연봉을 벌었네, 또 어떤 이는 전업투자자가 돼 40대에 일찌감치 경제적 자유를 얻었느니 하는, 이런 류의 갖은 무용담들이 빼곡히 적힌 책들이 서울은 고사하고 영끌로 경기도 언저리 스무 평짜리 구축 아파트도 버거운 현실 속 대다수 독자들에게 과연 무슨 의미요, 그들의 삶에 있어 도대체 어떤 변화를 줄 수 있단 말인가.

그래 누구의 멋들어진 성공담처럼 시드 머니 3천으로 2년 만에 한 50억을 만드는 데 성공한 비법이 쓰인 책이 있다고 치자. 어지간한 경기도 빌라의 월세 보증금도 안 되는 돈으로 2년 만에 16,600%가 넘는 수익을 거뒀으니 보통의 방법으론 택도 없었을 터, 필시 책에는 작가의 평범하지 않은 경험담과 노하우, 그리고 그 시점의 고민들이 적혀있을 것이다.

가령 남들이 서울의 신축 아파트를 고집할 때 난 고정관념을 깨고 아무도 거들떠보지 않았던 지방 어디의 전세가율 높은 미분양 물량에 과감히 투자했다든지, 주변의 만류에도 불구하고 잘 다니던 직장을 소신 있게 그만두고서 전국의 저평가된 빌라 경매 물건을 찾아다녔다든지 하는 식으로 말이다. 아마도 책의 중간중간에는 화려한 차트와 함께 저평가된 지역 구분법이나 동네마다 유망한 아파트를 찍어주는 천기누설 또한 빠지지 않았을 텐데, 명색이 부동산 책에 그 정도 양념은 좀 곁들여 줘야 제맛이니까.

태생적으로 의심이 많은 부모님의 DNA를 고스란히 물려받은 탓에 그런 책 속의 내용조차 액면 그대로 믿지 않지만, 백번을 양보해 그들의 말이 모두 사실이라고 해보자. 근데 그 책을 읽었을 수천, 수만의 독자들 가운데 책에 나온 저자와 똑같은 길을 길을 수 있는 사람이 과연 몇이나 되겠는가? 우리 둘째 아이가 책상 서랍에 몰래 감춰둔 막대사탕 전부를 걸고 장담컨대, 단 한 명도 없으리라. 왜? 누군가가 쓴

책 한 권을 보고서 하다못해 내 식습관 하나 고치는 것도 쉽지 않은 게 현실이고 인생인데, 누군가에겐 거의 전 재산일 돈을 가져다 지방 미분양에 갭 투자를 하고, 잘 다니던 직장을 느닷없이 관두고서 밑도 끝도 없이 경매로 빌라를 낙찰받으러 다닌다는 게 애초부터 어지간한 일반인의 멘탈로는 물리적으로 불가능한 일이기 때문이다.

이미 집이며 주식에 현금자산까지 골고루 가진 사람이 정말 돈 굴릴 데가 없어서, 막말로 날려도 그만인 여윳돈 조금으로 재미 삼아서는 해볼 수 있을지도 모를 일이다. 하지만 얄궂게도 그런 가진 사람들은 어지간해서 그런 종류의 무모한 모험을 하지 않고, 정작 그런 책들을 소비하는 건 하루하루가 절박하고 이제라도 무언가를 해야 할 것만 같은 조급함에 내몰린 이들이란 사실이다.

그러니 자기가 쓴 글을 읽을 그런 독자들의 사정을 뻔히 알면서도 그저 자기 잘난 멋에 빠져 누구는 담뱃값, 커피값을 모아 아파트를 샀다느니, 누구는 경매로 낙찰받은 오피스텔 스무 채를 풍차 돌려 남들은 콩나물시루 같은 지하철을 타고 출퇴근할 때 벤츠를 타게 됐느니 하는 식의 작위적인 스토리와 식상한 미사여구가 역겨웠다는 거다, 내 말은.

경매해서 대박이 나고, 갭투해서 성공하고, 그래서 직장 상사 면전에 사표 한 장 멋지게 날리고 경제적 자유를 얻었다는 책 한 권 읽고서 그거 비슷하게 따라 해 다 성공할 거 같았으면, 아마 나부터도 지금 하와이에서 골프 치며 놀고 있지 골방에 앉아 이런 글 쓰고 있지는 않았을 거다. 그래 말이다. 나는 평생을 가도 안 되는 로또지만 매주 어디서 1등은 빠짐없이 나오는 게 세상이니, 살다 보면 누구는 경매 한 방으로 인생을 역전시키고, 또 누구는 지방 미분양 아파트나 구석탱이 빌라로 몇 년 치 연봉을 남겼을 수도 있다.

　하지만 말이다. 우리 모두가 잘 알고 있듯 그러한 행운은 대개 보통의 사람에겐 오지 않는 것이고, '되면 대박 안 되면 쪽박'이란 식의, 말하자면 그런 요행 하나를 바라고서 거기에 내 전 재산과 내 직장을 무책임하게 던질 순 없는 노릇이다. 지금도 대형서점의 서가를 빼곡히 채우고 있을 투자 관련 베스트셀러 작가들보다 작문 실력도 미천한 데다 그들처럼 화려한 투자를 해본 적이 없어 들려줄 무용담도 없지만, 그럼에도 이 글을 보는 이들 모두에게 내 분명히 말하고 싶은 건, 어떠한 경우에도 인생에 있어 무언가 요행을 바라서는 안 된다는 것이고, 그래서 또한 인생엔 과불급이 없다는 그 하나의 명징한 사실이다.

　누구든 지난 5년 각자의 앞을 스쳐 지나간 그 수많은 선택의 갈림길에서 조금 다른 선택을 했더라면, 아마 지금보단 삶이 나아졌을지도 모를 일이다. 하지만 후회와 미련으로 달라질 건 없는 것이고, 그러니 내가 그때 무엇을 했어야 했는지, 그래서 내가 앞으로 무엇을 해야 할지만 알게 됐다면 그것으로 된 것이다. 지나간 시간보단 다가올 날들에 더 행복하면 되니까 말이다.

　부동산 카페와 유튜브, 도처에 넘쳐나는 자칭 전문가들의 입담에 소위 '뇌이징' 되어 현실은 월세나 전세에 살면서도 강남 3구나 마·용·성 성노가 아니면 눈에 들시 않는 현실부정과 밍싱만 거둬내도 일던 반은 된 거다. 리플리 증후군에 빠져 허구한 날 온라인 카페에서 아리팍이나 마래푸에라도 사는 척 코스프레하면서 어느 동네가 더 잘났네, 댓글로 싸워본들 달라지는 건 애초에 아무것도 없는 것이다.

현실을 직시하고 어떡하든 악착같이 종잣돈을 모아야 한다. 그래서 일단 이 시장에 진입해야 한다. 이왕이면 서울, 그게 힘들다면 서울에 심리적으로 닿을 수 있는 경기도라도 좋다. 돈은 없는데 집은 빨리 사야 한다는 조급함에 떠밀려 저 멀리 지방이라도 가겠단 경솔함은 안 그래도 꼬인 인생을 아예 재기 불능으로 만들지도 모른다. 강남에 바로 가고 싶은데 돈이 없다는 절망감에 치여 집 사는 걸 아예 포기하고 욜로를 선언하는 건 개념 있는 MZ세대의 소신이 아니라 그냥 무책임한 정신승리일 뿐이다. 혹여 주식, 코인으로 근로소득을 뺑튀기해 강남 아파트값을 벌어 보겠단 알량한 오기도 금물이다.

돈이야 많을수록 좋을 테지만, 2022년 현재를 기준으로 이 시장에 진입하기 위해 내가 생각하는 최소한의 필요 자금은 2억이다. 집값의 50%(조정대상지역)에서 60%(투기과열지구)까지는 현금으로 조달해야 하고, 취득세에 복비까지 생각할 때 우선 이 정도 종잣돈이면 급한대로 서울 변두리나 경기도 구축 소형 평수 정도는 건드려 볼 수 있을 것이다.

그 종잣돈 2억을 언제까지 어떻게 모을지는 미안하지만 각자의 소관이요, 스스로의 영역이다. 각자의 수입과 지출이 다르고, 라이프스타일과 투자성향이 전부 다른 마당에 각각의 조합이 만들어 낸 경우의 수는 무한대에 가까운 것인데, 거기다 대고 누가 나서 난 몇 년 만에 몇억을 어떻게 모았다고 깨알같이 조언해본들 그것 역시 듣는 이에겐 또 하나의 공허한 말 잔치만 될 뿐이다. 뭐 달리 용빼는 재주가 있겠느냐 말이다. 은행을 털 수도, 적금 깨 주식과 코인에 몰빵할 수도, 그렇다고 상사 먹살 잡고서 내 월급을 내 맘대로 올릴 수도 없는 노릇이니, 그리 과격하지 않은 수준에서 최대한 근검절약하며 악착같이 모으는 수밖에.

"혹시 우리 인생에도 신의 한 수가 있을까?
망가진 삶을 역전시킬 수 있는
그런 묘수 말일세."

영화 <신의 한 수>에서 주님의 대사 中

우리네 인생에도 망가진 삶을 한 방에 역전시킬 수 있는 신의 한 수가 존재할까? 아니, 애석하게도 그런 묘수란 어디에도 존재하지 않는다. 그러니 어쩌겠는가 말이다. 타노스의 건틀렛을 낀 것처럼 내가 원하는 시점으로 시간을 되돌릴 순 없는 노릇이니 매번 인생의 길 위에서 조우하는 수많은 문제들을 직시하며 그저 내 갈 길을 묵묵히 걸어갈 뿐, 달리 방도가 없는 것이다. 이미 털어놓았거니와, 나 역시 9년 전 시작은 대출 4천 낀 1억 7천짜리 경기도 복도식 21평 구축 전세였다. 그때 내 나이 서른다섯이었다. 물론 9년이란 시차에 시장의 상황이나 집값도 그때와는 판이하게 다르니 어설픈 단순비교로 꼰대린 소리 듣더라도 말이다. 지금 이 시장 안에 있는 선배들 대부분도 아마 시작은 비슷했을 것이다.

일단 올라타 시장에 진입하고 나면 분명 다음 수가 생길 거다. 호랑이 등에 올라타 저축한다 셈치고 빚을 줄이고, 돈을 더 모아 좀 더 상급지로, 좀 더 넓은 집으로 악착같이 옮겨 붙는 것이다. 우리네 인생에 묘수는 없지만, 삶의 궤적은 그리 다르지 않은 까닭이다. 그리고 말이다. 당장은 좀 투박하고 퍽퍽해 보여도, 지방 미분양 갭투로 2년 동안 수익률 16,600%를 올렸다거나, 오피스텔 10채로 경제적 자유를 얻었다는 식의 무리수*보단 실상 이런 것들이 현장에서 우리의 삶을 지탱해주는 묵직한 정석**인 것이다.

---

* 바둑에서 지나치게 욕심을 부려 두는 수 또는 이치나 도리에 안 맞거나 기존의 방식과 지나치게 다른 방식을 비유적으로 이르는 말로 2016년 표준국어대사전에 새로운 표제어로 등재됐다.

** 바둑용어로 예로부터 지금에 이르기까지 공격과 수비에 최선이라고 인정한 일정한 방식으로 돌을 놓는 법 일상에서는 사물의 처리에 정하여져 있는 일정한 방식을 가리키는 말로 쓰인다

나쁜 놈들 전성시대:
저평가

자산의 시장가격이 실질가치보다 낮은 수준에서 형성되어 있다고 믿
어지는 것. 이는 다분히 주관적인 판단에 기인한다.

(출처: 매일경제용어사전)

부동산 바닥 도처에서 만병통치약처럼 가장 널리 쓰이는 단어가 있
으니 바로 '저평가'다. 땅이나 집 팔아먹기 위해 남을 유혹할 때도, 내
가 과거에 했거나 앞으로 해야 할 선택을 정당화시킬 때도, 그리고
남의 동네보다 못해 속 쓰린 우리 동네 처지를 자위할 때도, 그저 설
명하기 애매한 경우 모두에 휘뚜루마뚜루 쓰이니 이 정도면 가히 부
동산계의 MSG요, 라면스프가 아닌가 말이다.

가치나 수준을 낮게 매긴다는 뜻의 저평가란 금융감독원의 전자공

시시스템을 통해 전해지는 기업정보가 결코 그 기업의 전부가 아닌 주식시장에서는 통용될는지는 몰라도 부동산과는 상관없는 개념인데, 그것은 적어도 서울과 수도권의 아파트 시장은 이미 특정한 누군가에 의해 인위적으로 통제될 수 없는 일종의 '완전경쟁시장(完全競爭市場, Perfect Competitive Market)'* 영역으로 접어든지 한참이기 때문이다.

도로, 철도, 역사(驛舍, Station) 같은 이른바 사회간접자본은 고사하고 말이다. 하다못해 아파트 인근 상가 건물에 프랜차이즈 입시학원이나 마트 하나가 생긴다는 소식만 들려도 온갖 호들갑으로 지역 커뮤니티가 뒤집어지고, 새로 지은 아파트 창호의 규격과 재질은 물론 단지 내 수천 세대 가운데 302동 1601호에서 단지 앞 지하철역 플랫폼까지 평범한 남자 걸음으로는 시간이 얼마나 걸리는지 초 단위로 찍어 공유하는 정보의 홍수 속에 살고 있는 마당에 나만 알고 너는 모르거나, 너는 아는데 나만 모르는 비밀이란 애당초 존재하지 않는다. 아니, 오히려 깔아주기로 약속한 지하철 개통이 왜 늦어지는지, 지어주기로 한 공공 도서관은 도대체 언제 완공이 되는 건지, 지자체와 정부 부처 게시판에 우르르 몰려가 따박따박 따져대는 지금의 현실 속에서 "쉿! 아무도 모르는 건데 특별히 너한테만 알려주는 거야…." 라는 쌍팔년도식 쉰 소리가 도대체 가당키나 하느냔 말이다.

———

* 공급자와 수요자가 다수 존재함으로써 상품의 가격에 어느 누구도 아무런 영향을 줄 수 없는 시장을 말한다. 즉, 어느 공급자와 수요자도 공급 및 구매량의 조절을 통해 시장가격에 영향을 줄 수 없을 정도로 시장에 많은 수의 공급자와 수요자가 있는, 가격의 파라미터 기능이 완전히 작용하는 시장 상태나. 경제주체들은 가격 등 시장에 관한 완전한 정보를 보유하고 있으며, 시장의 진입과 퇴출이 자유롭다.

1986년에 지어져 올해로 37년 차를 맞은 목동7단지 27평이 1년 전이미 실거래가 17억대 중반을 뚫고 호가로 21억이 내걸릴 때, 그로부터 직선거리 500m 이내에서 5호선 오목교역과 목동 현대백화점에 딱 붙은 소규모 구축들은 7단지보다 10년 이상 늦게 지어졌음에도 32평이 16억 아래로도 거래가 된다. 그럼 저평가라는 건데, 남들은 모르고 나만 알고 있는 지금 하루라도 빨리 사두면 몇 달 후 7단지와 어깨를 나란히 하며 당장 3~4억 시세 차익은 누릴 수 있을 것 같다. 아, 다른 이들은 이 쉽고 단순한 사실을 20년 넘게 모르고 있다니 고소해 미칠 지경이다.

경기도 고양시 덕양구 행신동에 있는 아파트들은 일산과 마포의 배후 수요와 나름 양호한 입지로 수요가 끊이지 않는 곳이다. 덕분에 전세가율이 80%대는 기본이고, 단지에 따라서는 90%를 넘는 곳도 어렵지 않게 찾아볼 수 있는데, 다른 동네가 날아다니는 동안에도 매매가는 허구한 날 그 타령이다. 전세가율이 높으면 필히 매매가를 떠받쳐 밀어 올린다고 오다가다 어디선가 분명 배웠던 거 같은데, 안 그래도 수요가 많은 데다 곧 3기 신도시는 물론이고 우주최강 GTX A가 바로 옆 대곡역에 개통된다는 사실은 남들은 모르고 나만 알고 있는 특급 비밀이니 올해 안에라도 사두면 내후년쯤에는 마래푸는 몰라도 향동지구 정도는 따라갈 거란 그 쉬운 사실을 홀로 알고 있는 지금 이 순간, 세상에 태어나 처음으로 스스로가 이렇게 대견할 수가 없다.

전설의 쑥고개 넘어 관악구 봉천동 이편한세상서울대입구도 25평이 12억에 육박하는 마당에 역삼역 배후의 논현로를 사이에 두고 쉽게 찾을 수 있는 나홀로 아파트들은 같은 평수를 10억 언저리에도 매입할 수 있다고 한다. 대한민국 최고 부촌 도곡동과 대치동에 둘러싸인 입지에 당장 마음만 먹으면 강남 교보타워와 강남역 지하도를 츄리닝 차림에 슬리퍼 신고 나갈 수 있는 강남의 20평대 아파트가 너무나 저평가된 10억 대라는 천기누설이 새어나가기 전에 일단 얼른 등기부터 쳐두고. 돌아오는 명절에는 꼭 조상님 묘에 성심을 다해 절 한 번 올리기로 다짐해 본다.

간사한 뱀의 혓바닥으로 저평가를 속삭이는 사이비 전문가, 우악살스럽게도 버젓이 실존하는 팩트조차 인정하지 않은 채 그저 장밋빛 미래만 외치는 막무가내 훌리건들의 논리에는 하나의 공통점이 있다. 너희 동네보다는 우리 동네가, 네가 고른 물건보다는 내가 추천해 준 물건이 미래 발전 가능성과 확장성 면에서 낫다는 것이다. 그러고는 멍청하고 우매하게 현재만을 보지 말고 창의적으로 먼 미래를 내다보라며 윽박지른다.

근데 좀 이상하다. 스스로의 주장을 설명할 때는 현재가 아닌, 아직 실행도 되지 않은 미래의 시점을 적용하는 관대함을 보이면서도 굳이 상대한테는 엄연히 실존하는 현재조차 인정하지 않고서 달려드니, 정치권의 내로남불은 일상에도 음습해 있는 것이다. 아니 그렇지 않은가 말이다. 지금 상대보다 뒤처진 내가 미래에 더 좋아질 거라는 확장의 논리라면, 반대로 현재에도 이미 나보다 앞서있는 상대는 그 미래에 나보다 훨씬 더 좋아질 거란 최소한의 일관성은 있어야 하지 않겠느냐 말이다. 그러니 나랑 아무 관계도 없는 옆 단지나 앞 동네 실거래가 한두 개 가져와 호기롭게 덤비다가 결국엔 매번 말하는 쪽이나 듣는 쪽 모두 서로 감정만 상하는 것이고, 막상 현실로 돌아오면 실제로 바뀐 건 아무것도 없는 것이다.

대개 좋은 건 안 좋은 것보다 비싸고, 또 대개는 비싼 게 싼 거보다 좋다. 그게 세상의 이치다. 좋은데 싸다는 건 사기고, 비싼데 안 좋은 건 바가진데, 이런 일들은 재래시장 바닥이라면 몰라도 어지간하면 부동산에선 좀처럼 찾아보기 힘들다. 서울 아파트 족보는 생각보다 훨씬 뼈대 있는 양반 족보다. 양반 족보에 이름을 올린 서울, 경기도 아파트들은 어지간해선 서열이 바뀌지 않는다. 그러니 돈이 없다면 차곡히 모아 진입해서 올라붙고, 돈이 있다면 고민 말고 처음부터 무조건 비싸고 좋은 거 사면 되는 문제인 것이다.

"왜 하필이면 니 딸내미냐고?
자네 낚시할 적에
뭐 어떤 게 걸려 나올지 알고 헝가?
고놈은 낚시를 하는 거여…
뭐가 딸려 나올지는 몰랐겠지 지도…
고놈은 그냥 미끼를 던져분 것이고,
자네 딸내미는 고것을 콱 물어분 것이여!
고것이 다여~"

영화 <곡성>에서 일광의 대사 中

아직도 내가 산 집이나 내가 살 동네만 저평가됐다고, 남들은 모르는 걸 나만 알고 있다고 정신승리 중인가? 아니, 결단코 그럴 일은 없을 테니 그만 꿈 깨시라. 내 집이 주변보다 싸다면 그건 다 그럴 만한 이유가 있는 것이고, 아마 앞으로도 좀처럼 달라질 여지는 없을 것이다. 싼 내 집이 오를 정도의 상황이면 내 집보다 비싼 남의 집은 더 오를 거고, 내 집보다 비싼 남의 집이 떨어진다면 남의 집보다 싼 내 집은 그보다 훨씬 더 떨어질 테니 말이다.

그러니 제발, 단순한 산수 문제 풀면서 '갬성' 넘치는 문학적 상상력 좀 발휘하지 말란 말이다. 인정할 건 인정할 줄 알아야 그 인생이 덜 고달프다. 안 그래도 내 집 마련 하나로도 일생이 퍽퍽한데, 아니 그래 한 세상 살면서 최소한 백태 잔뜩 끼인 혓바닥 날름거리는 사이비들한테 낚이지는 말고 살아야 하지 않겠느냔 말이다.

먼 나라 이웃나라:
부동산과 주식

사실 부동산과 주식은 돌아가는 메커니즘과 사용의 목적성 측면 모두에서 아무런 상관관계가 없는, 전혀 별개의 자산이다. 이 둘의 시장은 서로 완전히 디커플링 돼 있으며, 어느 한쪽의 등락이 다른 한쪽의 등락에 영향을 주는 일 또한 없다. 간혹 주가와 부동산 흐름이 동기화된 듯 보이는 건 실상 금리와 같은 금융정책이나 추경과 같은 재정정책에 따른 시중의 유동성 증감에 의한 결과적 현상인 것이지, 가령 주가가 올랐다는 사실 자체가 원인이 돼 생뚱맞게 아파트 가격이 오르거나 내리는 일은 없다는 것이다. 그럼에도 불구하고 마치 엄마가 좋아 아빠가 좋아, 혹은 짜장면과 짬뽕처럼, 주식과 부동산은 언제나 빠지지 않는 일종의 라이벌인데, 그건 평범한 일반인들이 현실에서 선택할 수 있는 재테크의 옵션 중 가장 대중화되고 친숙하기 때문이리라.

일반인의 친숙한 재테크 수단이라는 그 한 가지 공통점에 기반해 굳이 따져본다면 부동산과 주식에는 몇 가지 차이점이 있을 것이다. 부동산은 눈으로 보고, 손으로 만지고, 발로 디딜 수 있는 그야말로 실물인 반면, 주식은 재산상의 권리를 기재한 무형의 증권이다. 아, 주식도 실물의 증서가 있으니 무형은 아닌 거 아니냐며 행여 피곤하게 따지지 마시라. 집은 30년, 50년 된 썩다리라 잔존가치가 0원이 돼도 내가 들어가 살면 그만이요, 지진으로 건물이 폭삭 주저앉는다고 해도 바닥엔 땅이 남지만, 주식은 매입한 당일에도 재수 없으면 그냥 휴지 조각으로 전락할 수 있으니까 말이다. 그래도 그 휴지 조가을 물에 적셔 물티슈 대용으로 쓰겠다는 어깃장을 놓는다면 더 할 말은 없다.

어디 그것뿐이랴. 부동산에는 주식이 갖지 못한 비장의 '띠부씰'이 있었으니 바로 뮤와 뮤츠도 울고 갈 '레버리지'라는 몬스터다. 어디에 내 돈 100만 원을 투자해 100%의 수익률을 거뒀다고 해보자. 그럼 원금 100에 수익 100을 더해 내 자산은 200이 된다. 근데 똑같은 곳에다 내 돈 50으로도 100의 수익을 거둘 수 있는 길도 있다. 바로 대출이다. 원금에서 부족한 50을 어디서 꾸어 와 100을 만들어 넣는다면, 그렇다면 소정의 이자는 발생할지언정 처음부터 자기 돈 100을 가진 사람과 차이가 없어지는 것이고 50을 넣어 100을 먹었으니 수익률도 곱절이 되는 것이다.

부동산은 이게 된다. 집을 담보로 은행에서 빌릴 수도 있고, 세를 안고 그 차액만으로 매입하는 갭 투자를 한다면 결국 세입자가 은행 대신 내게 돈을 무이자로 빌려주는 꼴이니까 말이다. 아, 물론 주식에도 스탁론(Stock Loan)이 있고, 정 급하면 사채라도 땡겨서 주식 사지 못할 것도 없겠지만, 그건 처음부터 부동산의 그것과는 좀 다른 문제인 것이고, 단타를 즐기는 트레이더가 아닌 바에야 대부분의 장투하는 개미들한테 빚내서 주식 산다는 게 어차피 빚 좋은 개살구일 뿐이란 거다.

재테크를 위한 수단이란 것 외에 애초부터 아무런 교집합이 없는 부동산과 주식이니 그 차이점을 하나하나 열거하자면야 한도가 있겠는가마는, 정작 내가 얘기하고 싶었던 건 예를 들면 이런 것이었다.

코인에, 주식에, 증권사 직원도 아닌 이 나라 평범한 월급쟁이들의 휴대전화 액정에 항상 빨갛고 퍼런 차트가 펼쳐져 있는 건 이미 일상적 풍경이 되었고, 존나게 버티는 '존버'와 손해를 감수하고 파는 '손절' 따위의 주식 용어는 다른 시장을 넘어 삶의 일상용어로 편입된 지 오래다. 휴대전화 화면 속 터치 한 번으로 수백, 수천을 사고팔 수 있는 플랫폼과 생태계가 조성되다 보니 여태껏 안 하던 사람도 하기 시작했고, 하던 사람은 더 많이 하게 됐다. 그나마 제도권 아래서 어느 정도 루틴이 생긴 주식으로도 뭔가 성에 차지 않으니 가상자산으로도 눈이 돌아가는데, 알면서도 애써 외면하고 있을 뿐, 기관과 외국인에게 치여 주식시장에서조차 매번 귀싸대기 맞던 개미들이 그보다 더 깜깜해 차라리 도박판에 가까운 암호화폐 시장에서 유의미한 뭔가를 노보하기란 확률과 통계의 관점에서 불가능의 영역이다.

내가 이 책에서 줄곧 이야기하고자 했던 건, 주식처럼 그저 돈 벌기 위한 재테크의 수단으로 집을 사라는 게 아니었다. 지금껏 그래왔듯 일시적 부침은 있을지언정 나라가 망하지 않는 한 대한민국 핵심지에 있는 부동산값은 그래도 우상향을 할 것이고, 그러니 일확천금은 아닐지라도 일단 손해는 보지 않을 거란, 최소한의 개런티는 할 수 있었던 것이다. 그리고 글을 쓰는 사람과 그 글을 읽는 사람들 사이에 그 정도의 교감을 이뤘다면, 그때부턴 어디에 살 거냐는 공간적 각론에 앞서 어디든 일단 사라는 행위적 담론도 가능할 거라 생각했다.

내 얕은 지식으로 주식을 폄훼해 부동산을 돋보이게 할 마음은 추호도 없다. 누가 그런다고 내게 득 될 거 하나 없는 것이고, 주식과 부동산이란 게 애초에 부먹/찍먹처럼 양자택일 같은 그런 문제가 아니기 때문이다. 그럼에도 말이다. 내 그동안 어디 가서 주식으로 돈 벌어 부동산 샀다는 얘기는 들어봤어도, 부동산으로 돈 벌어 주식 샀단 얘기는 못 들어봤던 것이고, 그 말인즉 어디에 내 집 한 칸 마련하고도 돈이 남아 주식을 한다면야 몰라도, 집 살 돈이나 집 살 돈을 마련하기 위해 주식에 투자하는 건 좀 다시 한번 생각해 보자는 얘기였다.

주식은 시장에 참여하는 순간, 포지션에 걸린다. 만일 어느 기업의 주식을 1주라도 매수했다면 이미 롱포지션*이다. 그때부터 참여자는 주식이 올라야 돈을 벌고, 떨어지면 잃는 시스템의 감옥에 갇히게 된다.

---

* 주식·통화·선물·옵션 시장에서 가격 상승을 기대하고 매수하여 보유하고 있는 상태, 또는 매수한 수량이 매도한 수량을 초과한 상태

반면, 부동산은 좀 다르다. 흔히들 착각하는 게 무주택일 때, 그러니까 주식처럼 시장에 참여하기 전 상태가 무포지션(Neutral Position)이라고 생각하지만, 시장의 참여 여부를 스스로 결정할 수 있는 주식시장과 달리 부동산은 본인의 의사와 무관하게 어떠한 형태로든 경제활동을 하는 모든 사람들이 시장의 참여자가 된다. 그러니 부동산 시장에서 무주택은 숏포지션*이고, 1주택 상태일 때 비로소 디폴트값의 무포지션이 되는 것이다.

그렇다, 주식과 다르게 부동산이란 어디든 어차피 내 집 하나 사는 문제인 것이고, 평생 어디든 나와 내 가족이 살 집 하나는 있어야 하는 마당에 그깟 집값 좀 올랐다고 홀랑 팔아먹을 것도, 떨어졌다고 해서 망했다고 호들갑 떨 일도 아니란 거다. 집값의 등락을 떠나 내 집한 칸은 보유한 상태가 될 때 참여자는 비로소 무포지션으로 내 주거비용을 고정하며 전체 부동산 시장과 내 자산의 동조화를 이룰 수 있게 되는 것인데, 그러니 주식 좀 사고파는 것과 집 하나 사고파는 걸 동일시하는 것만큼 개념 없는 생각이 세상 어딨느냐 말이다. 내 말은.

---

* 주식, 선물 등 자산을 매도한 뒤의 상태

"숫자 뒤에 0이 열 개면 얼만지 아는가?
쉼표 세 개에 두 자리, 0이 열 개면 백억이다.
나는 부자가 되고 싶었다."

영화 <돈>에서 일현의 대사 中

　큰돈을 벌고 싶은가? 그렇다면 부동산은 하지 마시라. 그리고 주식은 더더욱 하지 마시라. 투자란 종류를 불문하고 공부와 노력이 결과를 담보하지 않으며, 그렇기에 세상에 잃지 않는 투자란 없다. 그저 확률적으로 번 사람과 잃은 사람만이 있을 뿐이다.

　하지만 말이다, 어떤 분야의 투자든 잃은 사람들은 조용히 찌그러져 있기 마련이고, 그저 전면에 나서 책이든 방송이든 침 튀기며 떠들어 대는 건 당연히 돈을 번 쪽이다. 그야말로 결론이 돼야 할 게 전제가 되는, 나는 거짓말을 하지 않으니 내 말은 모두 사실이란 식의 순환논증의 오류가 아니던가. 그리고 그걸 지켜보는 입장에선 당장에 시작만 해도 금방 뭐가 될 거 같은 착각, 저대로만 따라 해도 돈 벌 거 같은 성급한 일반화의 오류에 빠지는 것이고 말이다.

　집이란 묘한 것이다. 실물자산으로 투자가치와 사용가치 모두의 성격을 지녔기 때문이다. 투자 관점에서 실패했어도 내 실거주 만족도가 높으면 그걸로 용서가 되는 것이고, 설령 낡고 비좁은 탓에 사용가치가 불만족스러워도 가격방어를 했다면 그것으로 또한 계산기가 맞춰지는 것이다. 아마도 주변에 주식으로 돈 좀 번 사람도 있고, 부동산으로 돈 푼 꽤나 날린 사람도 있을 것이다. 하지만 그런 어느 한쪽의 극한 말고, 적어도 나와 내 가족이 행복하게 살 내 명의의 집 한 채 사서 쪽박 찼다거나, 땅을 치고 후회했던 말은 내 지금껏 들어보지 못한 것 같다. 난 부자가 되기보단 내 삶을 지키고 싶었다.

상식적으로 붙어먹자:
당신이 주식과 코인으로 돈을 벌 수 없는 이유

부동산을 말할 때면 웬일인지 꼭 따라 나오는 주식 얘기인데, 이왕 지사 꺼내든 마당이니 마저 이어가 본다. 올해, 2022년을 기준으로 대한민국에서 주식을 1주라도 보유한 시장 참여자는 1,300만 명을 헤아린다. 단순히 계산해도 전 국민의 4분의 1에 해당하는 숫자이고, 경제활동을 하는 인구로 분모를 한정하자면 주변에서 마주치는 사람 2명 중 1명은 주식을 하고 있는 셈이다. 코스피와 코스닥을 합친 한국 증권거래소 시가총액 규모는 2021년 기준으로 2조 3,300억 달러였다.

세계 1, 2위는 단연 빅보드 NYSE(25조 8,700억 달러)와 나스닥(22조 5,300억 달러)이었으며, 3위는 상하이 증권거래소(7조 2,700억 달러)였다. 14위의 한국은 유로 넥스트* 가운데 프랑스와 비슷하고, 대만보단 크며, 독일보다 조금 작은 수준이다.

남은 얘기를 시작하기 전에 한 가지 짚고 넘어갈 게 있다. 전 국민의 4분의 1, 대한민국 보통 사람의 절반이 하고 있으며, 세계 14위 수준으로 GDP 규모보다도 커진 한국의 주식시장을 눈앞에 두고서, 그걸 하는 사람이나 그게 이루어지는 시장을 탓하고픈 마음은 일절 없다. 아니, 불법도박이 아닌 바에야 내가 안 내키면 나만 안 하면 그만인 거지, 애초에 그걸 두고 오지랖 넓게 맞다 그르다를 따질 문제가 아닌 것이고, 또 돈을 벌었으면 맞는 거고 잃었으면 틀린 거란 식의 유아적 논쟁도 피곤하다.

그러니 말이다. 내가 말하고 싶었던 건, 이를테면 확률적 보편이었다. 주식으로 대박을 친 극소수와 준수한 수익을 거둔 일부 말고, 확률적으로 그들보다 몇 배로 많은 개미들이 겪었고, 겪게 될 보편적 상황들 말이다. 우리가 일상에서 말하는 '주식'은 기업 입장에서의 그것과는 비슷한 듯 좀 결이 다른 것이고, 결국 투자자의 입장에선 기업에서 발행한 유가증권의 변동성에 편승해 싼 값에 사서 비싼 값에 팔아 시세 차익을 거둔다는 게 핵심이다.

---

* 프랑스 파리, 네덜란드 암스테르담, 벨기에 브뤼셀 등 유럽 3개국의 통합증시

그럼 말이다, 이런 근원적인 궁금증이 생긴다. 코인이 됐든 주식이 됐든 심지어 부동산까지도, 그것이 언제, 얼마큼 오르고 내릴지 하는 것들이 애초에 공부를 통해 학습할 수 있는 영역일까? 아니, 난 아니라고 본다. 주식의 차트와 기업의 공시는 어떻게 보는 건지, 가상화폐의 개념은 무엇이고 어떻게 사고파는 것인지 하는 정도는 알 수 있어도 정작 시장 참여자가 가장 관심 있어 하는 미래의 가격 예측은 불가능의 영역이다.

여기 승률이 40%인 게임이 있다고 치자. 그리고 누군가와 딱 10판의 게임을 하기로 했는데, 내가 앞에 6판의 게임을 내리 졌다. 그럼 남은 4판의 게임에선 내가 모두 이긴다는 담보를 할 수 있는 것인가? 또 다른 곳에서 주사위로 홀짝 게임을 한다고 하자. 앞에서 홀수가 나와 짝수에 걸었던 내가 졌다. 이론적으로 홀과 짝의 확률은 반반이니, 그럼 다음 판에선 짝수가 나올 확률이 높은 것인가? 아니다. 이건 기초적인 수학지식만 있어도 금방 알 수 있는 독립시행의 확률인 것이다. 하지만, 현장에서 돈에 눈이 돌아가면 이런 평범한 상식들이 곧잘 마비되곤 한다. 40%, 50%, 그 잘난 확률에 기대 자신만의 노트에 앞선 결과들을 적어두고는 이전 결과가 그랬으니 앞의 결과는 이럴 거란 상상의 나래를 펼치는 것이다. 시행의 수가 무한대로 많아지면 통계적 독립확률은 수학적 확률로 수렴한다. 승률 40%인 게임을 한 100억 판 정도를 한다면, 내가 그중에 얼추 40억 판 정도는 이겼을는지도 모를 일이다. 하지만 대부분의 시장 참여자는 수학적 확률로 수렴할 때까지 버틸 자본도, 배짱도 없는 것이고, 꾸역꾸역 버텨본들

어차피 처음부터 승률 50%가 안 되는 게임이었으니 패배의 결과란 바뀌지 않는 것이다.

주식이든 코인이든 보통은 매수 직후 마이너스로 출발한다. 그건 개미들 대부분이 저점이라 생각했던 매수 시점이 실상은 고점일 때가 훨씬 더 많기 때문이다. 이런 경우 개미들은 본전 생각에 언젠간 오를 거라 자위하며 손절보단 존버를 택한다. 그래, 그나마 재수가 좋아 얼마의 시간이 지나 바람대로 본전이 됐다고 하자. 그때부터 개미들은 매도를 택하기보다 이제 겨우 본전이고, 지금부터 수익 구간이란 착각에 빠지게 된다. 하긴 겨우 본전 찾고 끝낼 거였으면 애초에 들어오지도 않았을 테니 말이다. 근데, 이미 말했듯 개미들이 매수한 시점은 저점이 아닌 고점인 경우가 대부분이고, 그러니 본전 지점에서 더 오르기보단 다시 손실구간으로 진입할 확률이 높다는 것이다. 매수 직후 -5%가 났다가 본전을 지나 용케 +5%가 됐다면, 그건 사실은 10%의 수익이 났던 것이고, 그럼 이후엔 다시 하락할 가능성이 훨씬 더 높다는 것이지만, 이런 생각을 하는 사람은 좀처럼 드물다.

반대로 매수 직후 수익권에 진입한 경우도 개미들은 논리적으로 취약한 상태에 놓이게 된다. 매수하자마자 5%가 올랐다가 본전으로 다시 내려와도 이들은 태연하다. 왜? 이미 매입 직후 5% 수익이 났던 걸 눈으로 봤기 때문이다. 그리고는 내가 고른 종목은 언제든 그 정도의 저력은 있다는 심리적 기대감을 갖게 된다. 결국, 손절도 못 하고, 익절도 하지 못 하는 사이 고점에서 물린 주식은 방황을 시작하는 것이다.

단타나 초단타 한두 번으로 쾌락을 맛본 각성상태에 있는 개미라면 더 위험하다. 그때부턴 큰돈을 태우면 더 큰 돈을 벌 수 있을 거란 욕망에 눈이 돌아간다. 3%가 줬던 설탕에 취해 불가능에 가까운 5%의 꿀과 10%의 로열젤리를 탐하는가 하면, 100만 원 넣어 3만 원이었는데, 그럼 1억을 부었다면 300만 원을 먹을 수 있었을 거란 행복의 회로를 돌리기 시작하는 것이다. 하지만 그런 생각을 하는 그 누구도 처음부터 100만 원을 넣었으니 그나마 3%를 낼 수 있는 종목에 과감히 넣을 수 있었던 것이지, 1억을 굴려도 과연 똑같은 종목을 선택할 수 있을까에 대한 균형된 고민은 하지 않는다.

100만 원에서는 먹든 잃든 그깟 돈 10만 원인 문제지만, 1억이면 1%라도 당장에 100만 원인 것이고, 손 클릭 한 번에 반 토막이 나 1년 연봉이 날아가기라도 한다면? 그땐 지금이라도 손절해 남은 5천이라도 건지자는 이성적 사고는 어지간한 멘탈로는 할 수 없는 것이고, 적금도 깨고, 대출도 받아 그걸 메우겠다고 물을 타기 시작하는데, 그때부턴 정말 투자자가 아닌 투기꾼이 되고야 마는 것이요, 그렇게 몇 바퀴 돌아 전세 보증금까지 털어 넣고 나면 비로소 양화대교, 마포대교 밑 한강 물이 가까워지는 것이다.

주식은 태생적으로 기관이나 기업의 관계자가 아닌 일반인이 수익을 내기가 물리적으로 힘든 구조로 되어 있다. 판이 거듭될수록 어느 시점에서든 작은 돈은 늘 큰돈에 흡수될 수밖에 없기 마련이다. 운이 좋아서나 아니면 정말 사전 분석을 철저히 해 실력으로 수익을 좀 거둔들 언젠가는 마이너스가 나게 되는 것이고, 그땐 더 큰 돈을 잃을 확률이 높다. 경험과 자신감이 오히려 독이 되고 판단을 흐리게 하기 때문이다.

　사실 말이다. 우리가 주식이나 비트코인으로 1,000만 원이라는 수익이 났다고 한들 인생에서 크게 달라질 건 없다. 행여 1억 원이라는 좀 더 큰 수익이 났다고 하더라도 마찬가지다. 결국에는 TV 한 대, 잘해야 차 한 대 정도 바꾸는 거니까. 하지만 우리가 주식으로 천만 원, 1억을 잃으면 어떻게 될까? 모르긴 해도 아마 견디기 힘든 시련일 것인데, 그건 내가 깔고 사는 아파트의 실거래가 앞자리가 바뀌는 것과는 또 다른 문제인 것이다. 주식은 절대로 체계적으로 접근하지 않는 사람에게 수익을 주지 않는다. 백 번을 성공하더라도 단 한 번의 실패로 앞선 그 백 번의 성공을 증오로 만드는 게 주식이니까 말이다.

　시장의 분위기가 안 좋아져 내 포지션을 청산해야 한다고 가정해보자. 주식은 내가 가진 물건 중 가장 좋은 것부터 던져야 하지만, 부동산은 내가 가진 물건 중 가장 못난 것부터 던져야 하는 숙명을 지녔다. 내 시황 판단이 맞다는 걸 전제로 주식은 그때가 가장 비싸게 처분할 수 있는 때이고, 그러니 내 포트폴리오에서 비중이 제일 크고 비싸게 나가주는 걸 던져야 손실이 적어질 테니 말이다. 반대로 부동산은 가장 못난 걸 가장 비싸게 팔 수 있는 기회니까 그리하는 것이고, 제일 좋은 한 채는 내가 살아야 하니 남겨둬야 하는 것이다. 그러니 주식은 마지막 순간 내 수중에 못난이가 남지만, 부동산은 똘똘한 한 채가 곁에 남아 끝까지 나를 지킨다.

"조 검사,

최익현 씨는 내 집안사람이라 잘 아는데…

그 사람이 깡패들 몇 명하고 친한 건

사실이야, 사실인데…

그건 조 검사가 깡패들하고 친하면은

조 검사 니도 깡패란 논리 아이가?

최익현이 그 사람은 공무원 출신이야. 공무원.

당신 최형배 알지? 깡패두목 최형배.

그 인간이 바로 최익현이 집안 조카다. 니 그건 알고 있나?

이 봐라 이거, 이 봐라 이거.

그런 정보력으로 인마 무슨 수사를 한다고 그라노 인마?!

야! 니 말대로 최익현 씨가 깡패라고 치자고.

그라믄 상식적으로 붙어먹어도 최형배랑 붙어먹어야지,

와 반대세력인 김판호랑 붙어먹느냐, 이 얘기이야 내 얘기는!

그리고 뭐 인마, 누구는 깡패수사 안 해본 줄 알아?"

영화 <범죄와의 전쟁: 나쁜놈들 전성시대>에서 주동의 대사 中

 살다 보면 주식을 부동산처럼 사고팔고, 부동산을 주식처럼 주웠다 던지는 안타까운 이들이 있다. 그러니 소중한 주식이라고 하락장에도 끝까지 쥐고 있다가 휴지가 되는가 하면, 나랑 상관도 없는 동네 집값 1~2억 떨어졌다고 멀쩡히 살고 있는 집을 팔고 전세로 내려앉기도 하는 것이다. 주식은 고점에서 제대로 물리면 그 바닥의 끝이 어딜지, 회복하는 데 얼마의 시간이 걸릴지, 아무도 알 수 없다. 하지만 부동산은 전·월세가 바닥을 받치고 있다. 10년 전 코스피 시총 상위 TOP 10 가운데 대략 절반 정도는 그때보다 지금의 가격이 낮다. 하지만 수도권 아파트 10채 중 20채는 10년 전보다 가격이 비싸다. 주식은 가볍지만, 부동산은 무겁다. 그리고 매매가 빠르고 용이하다는 건, 투자가 아닌 투기나 도박으로 변질될 가능성이 크다는 의미도 되는 것이다.

미천한 정보력으로 대체 언제까지 남 좋은 일하는 개미 노릇만 하며 지낼 작정인가? 돈 없고, 그래서 살 집도 없다고 치자. 그러면 상식적으로 돈을 모아서 집부터 살 궁리를 해야지, 왜 반대로 일생을 한방만 노리고 사느냐, 이 얘기다 내 얘기는. 그러니 사는 게 급하기로서니 찬밥, 더운밥에 똥, 된장은 좀 구분하면서 상식에 맞게 붙어 먹자는 말이다.

편익에 편승하다:
대한민국 교통 넘버 원 지하철

대한민국, 특히 서울과 수도권의 부동산을 이야기할 때면 절대로 빼놓을 수 없는 한 가지가 있으니 바로 지하철이다. 원래 지하철이란 건 문자 그대로 지하로 다니는 철도를 지칭하는 것이고, 지상철까지 포함한다면 상위개념인 도시철도란 용어를 쓰는 게 맞는 표현이겠지만, 역과 선로가 지상에 있더라도 오늘날 사람들 사이에선 관념적이면서도 직관적 단어인 지하철로 통용되고 있다. 사전적 의미로 지하철이란 대도시에서 교통의 혼잡을 완화하고, 빠른 속도로 운행하기 위해 땅속에 터널을 파고 부설한 철도다. 말하자면 버스, 택시나 자가용 같은 기존 도로교통만으로는 좀처럼 이동량을 감당할 수 없으니 초과된 교통 수요를 커버하는 우회적 대중교통 수단이었던 셈인데, 그러니 중간중간 그깟 선로 좀 지상으로 나왔기로서니 지하철이라고 부르면 또 어떠랴.

하지만, 솔직히 타보면 알 것이다. 노선별로 참 레퍼토리도 다양한 빌런들의 런어웨이 장으로 애용된 지 오래고, 과도한 복지가 빚어낸 무임승차로 평일 낮이며 휴일의 지하철은 움직이는 경로당에 가까운데, 그런 객차를 타고 바깥 풍경 하나 없이 지하에 갇혀 가는 여정이란 여간 지루하고 퍽퍽하지 않다는 걸 말이다. 그럼에도 본인 스스로 이용을 하든, 하지 않든, 대한민국 사람들은 역세권에 열광한다. 그러니 내가 지하철역 근처에 있는 아파트로 들어가거나, 그게 안 되면 아예 내 아파트 근처로 지하철역을 끌어오고자 안간힘이다. 난 그 이유를 대략 다음의 세 가지로 본다.

우선은 지하철이 지닌 압도적 수송능력이다. 본래 철도란 플랫폼은 같은 면적의 도로가 물리적으로 견줄 수 없는 처리 능력을 자랑한다. 그것이 사람이든 화물이든 말이다. 통상 지하철 1량을 기준으로 160명이 탑승할 경우를 혼잡도 100%로 보는데, 체감상 한계는 230% 368명, 이론적으로는 270%, 432명까지도 탑승이 가능하다.[*]

---

[*] 지하철 1량을 기준으로 서 있는 탑승객이 하나도 없이 모든 좌석에 앉은 상태를 34%, 좌석 사이 통로에서 좌석 수에 나란하게 5열로 서 있으면서 동시에 출입문 사이에 3명씩 8열로 서있는 상태를 230%로 보며, 실질적인 승차 한계로 여긴다. 코로나 이전인 2016년을 기준으로 오전 07:30~08:30 사이 9호선 종합운동장방면 염창역부터 당산역 구간의 평균 혼잡도가 234%로 전 노선, 전 시간대를 통틀어 1위를 기록했다. (출처: 국토교통부, 서울시)

반면 11m급 준대형 일반 버스는 입석을 포함해 50명이 한계인데[*], 쉽게 말해 10량짜리 지하철 단 1회 운행으로 시내버스 80대 이상의 수송력을 거둘 수 있다는 의미다. 제아무리 버스 전용 차로로 다닌들 출퇴근 시간 2~3분 간격으로 사람들을 실어 나르는 지하철을 버스가 이길 수 없는 이유다.

또 다른 하나는 지하철만의 정시성이다. 버스, 택시 아니라 제로백 2.1초 나오는 천하의 테슬라 모델S라도 도심의 도로 위를 다니는 자동차는 물리적 교통량과 복잡한 신호체계 탓에 균질한 속도를 낼 수 없고, 그러니 움직이는 시간대와 경로의 조합에 따라 소요시간 편차가 매우 크다. 반면 지하철의 경우 특별한 돌발 상황만 없다면 치밀히 계산된 배차 간격 아래서 정체 없이 운행이 가능하니 역에서의 정차시간까지 포함해 정확한 표정속도가 계산되고, 1분 단위의 시간표가 나올 수 있는 것이다.

마지막 이유는 지하철의 경제적 효과인데, 앞의 두 가지가 그저 교통의 수단으로써 지하철이 가진 장점이었다면 이 경제적 파급 효과야말로 부동산과 지하철이 운명적 깐부일 수밖에 없는 이유인 셈이다.

---

[*] 주로 마을버스는 9m급 중형버스(현대 그린시티, 자일대우 로얄미디 등)가 사용되며, 통상 시내버스로 불리는 간선, 지선 등 일반 버스 노선에는 11m급 준대형 버스(현대 에어로시티, 자일대우 로얄시티 등) 기종이 사용된다. 그 외 빨간 버스로 불리는 광역 급행버스에는 주로 11.6m급 대형버스(현대 유니버스 엘레강스, 자일대우 그누싱 애토부 등)가 운용된다.

뉴욕 타임스퀘어와 도쿄 신주쿠의 역세권 마천루

노선에 따른 승객 수에 따라 정도의 차이는 좀 있을지언정 일단 지하철역이 있는 곳엔 사람들로 붐비게 돼있고, 유동인구는 곧 상권의 발달과 경제의 활성화를 가져온다. 비단 대한민국에만 국한된 게 아닌 세계 모든 대도시에서 공통적으로 목격되는 현상이다.

네 바퀴 달린 자동차로 사방팔방 뻗어 나가는 구조 탓에 도리어 인구를 분산시키는 도로 위의 교통망과는 달리 평생 고정된 지하철역은 좋든 싫든 출구 쪽으로 인구를 항아리처럼 모으는 구조인 것이고, 그러니 이 부근 부동산의 부가가치는 종류를 불문하고 나날이 높아질 수밖에 없다. 항상 유동인구가 붐벼 장사가 잘 되니 상가의 임대료도 비싸지고, 교통이 좋아 모두가 살고 싶어 하니 전·월세는 물론 집값도 비싸진다. 그렇게 수요에 따라 역을 중심으로 부동산이 고밀도로 개발되면 이후 인구 밀집 효과는 더욱 배가되고, 늘어난 사람들이 쓰고 간 돈은 다시금 부동산 가격을 밀어 올려 개발을 촉진하는 선순환의 고리가 만들어지는 것이다.

이 대목에서 한 가지 의문이 생길 수 있을 것이다. 지역의 발전으로 인한 수요 증가로 지하철이 놓인 것인가, 아니면 지하철이 놓여서 지역이 발전한 것인가, 마치 닭과 달걀의 선후관계를 따지는 것처럼 말이다. 결론부터 말하자면, 난 둘 모두라고 생각한다. 아마도 처음엔 전자가 맞았을 것이다. 지하철이 흔치 않았던 도시개발의 초창기에는 한정된 예산으로 막대한 자원이 투입되는 SOC 사업을 집행하는데 있어 최대효과를 거둬야 했을 것이고, 그렇다면 가장 이용객이 많으면서도 효율적인 곳으로 노선을 뚫어야 했을 테니 말이다.

하지만 2,300만이 모여 사는 수도권에는 이미 24개 노선에 총연장만 2,000㎞가 넘는 지하철 인프라가 구축돼 있고, 이 시각에도 어딘가에선 계속해 땅을 파고 있을 것인데, 지역의 발전 정도나 이용객수 따위만으로 지하철 건설 여부를 결정할 수 있는 순수했던 시대는 지나버린 것이다. 당장 그깟 경전철 하나로도 집값 수억이 왔다 갔다 하고, 동네의 등급 자체가 달라지니 모두가 눈이 뒤집혀 왜 쟤네는 되면서 우리는 안 된다는 건지, 쟤네는 안 되지만 우리는 꼭 해줘야 한다는 식의 그런 내로남불을 정부가 당해낼 재간이 있겠는가 말이다. 그러니 10년 넘게 선거철만 되면 동네마다 지하철이 한두 개씩 생겼다가는 조용히 사라지는 것이고, 그저 예비 타당성 조사도 허울뿐이지 무슨 이유로든 깔아주겠다면 수익성이 없어도 깔리는 것이며, 반대로 수익성이 차고 넘쳐도 안 놓이는 곳은 허구한 날 빨간 버스나 타고 다니는 것이리라.

그러니 어쩌겠는가? 적어도 대한민국 수도권에서 아파트를 고를 때 지하철은 꼭 챙겨야 할 옵션인 것이고, 지하철 없는 뻘밭에 장화 신고 들어가 기약도 없이 멍때리고 있을 순 없는 노릇이 아닌가 말이다. 그렇다면 남은 현실적 대안은 둘이다. 이미 지하철이 놓인 곳에 있는 아파트를 사거나, 이미 놓이기로 확정이 돼 땅 정도는 파고 있는 곳의 아파트를 사거나. 만일에 비슷한 가격대의 두 아파트를 놓고 고민 중인데, 하나는 역세권 구축이고, 다른 하나는 비역세권 신축이라고 한다면 어떤 걸 골라야 할까?

물론 집이란 게 이런 단순한 이분법적 비교로 결정할 수 있는 문제는 아니지만, 다른 모든 고려 요소들은 어느 정도 비슷하다는 논리적 비약을 전제한다면, 난 다른 부분은 감수하고서라도 단연 역세권이라고 생각한다. 지하철은 대중교통은 물론 거의 모든 SOC 사업을 통틀어서도 가장 비싼 수준의 건설비용을 자랑하는데, 공사 구간별 난도와 깊이에 따라 편차는 있어도 대략 1㎞당 500억에서 1,000억 원이 든다. 이렇게 한 번 설치된 철로는 그 도시와 함께 거의 영속적으로 존치되고, 당연히 그 옆에 사는 사람들도 그곳에 거주하는 한 그 편익은 계속해서 누릴 수 있는 부분이다.

반면 지하철의 설치비용은 전 국민의 예산으로 국가가 전액 부담한다. 지하철 덕분에 주변 부동산의 부가가치가 올라갔다면 논리적으로는 해당 부동산 소유주들이 설치 또는 운용 비용의 일부를 어떠한 형태로든 부담하고, 정부는 이를 통해 투자금의 일부를 회수하여 다른 교통 사각지대에 재투자를 해야 옳은 것이겠지만, 그런 시스템은 마련돼 있지 않다. 그렇다 보니 서울 강남역과 경기도 판교역엔 경북 상주와 전남 목포에 사는 국민들이 낸 세금도 들어갔을 테지만, 그로 인한 편익은 온전히 그곳 주민들의 몫으로 돌아간다.

"가진 게 많을 땐 감춰야 하고,
가진 게 없을 땐 과시해야 하거든요.
앨리는 직급도 경력도,
아무것도 가진 게 없잖아요?
그럴 땐 몸집을 부풀려야 하는 거예요."

드라마 <**검색어를 입력하세요 www**>에서 타미의 대사 中

　　내 집이 1년에 32억이 올라 110억에 거래되는 '한남더힐'이거나, 고
즈넉하니 조용한 맛에 사는 어디 평창동 저택이라면 굳이 복작거리고
수선스럽기만 한 지하철역 따위 필요 없을지도 모를 일이다. 그딴 거
아니어도 이미 충분히 비싸고, 그딴 거 없어도 사는 데 불편함 없을
테니까 말이다. 하지만 적어도 이 대한민국 부동산 바닥에서 지하철
이란, 그리고 역세권이란, 있으면 좋고 없으면 그만인 사치재가 아니
라 어지간하면 챙겨 담아야 할 필수재가 돼버린 지 오래다. 설령 내
가 직장이 가까워서, 내가 다른 교통수단을 이용해서, 그래서 지하철
을 절대 이용할 일이 없더라도 말이다.

어차피 내 집 앞에 있는 지하철역이란 사는 동안 내가 이용해서 맛이 아니라, 훗날 내 집 사갈 사람한테 보여주고자 지금부터 미리 기르는 관상용이 아니더냐. 그러니 집이 좀 남루하고 어딘가 좀 모자라더라도 곁에 지하철역 하나 있으면 그저 어디가 집 후졌다고 무시당할 일은 없는 것이고, 그러니 가진 게 없어 왜소한 몸집 부풀리는 데는 또 지하철만한 것도 없는 것이다.

평범한 주거의 끝판왕:
대한민국 사람들은 왜 아파트에 열광하는가

"한 지역을 깡그리 밀어버리고 들어서는 건립 과정도 문제고, 일단 지어지고 나면 도시 곳곳을 중세적인 구조로 단절해 버리는 단지 개념도 문제다."

재개발과 뉴타운에 대한 건축가 황두진의 일갈이다.

뉴타운 개발과 대단위 아파트 단지에 대해서는 그간에도 곳곳에서 많은 비판이 있어 왔기에 이제 와 유독 새삼스러울 것도 없다. 사실 뉴타운을 통한 새로운 도시계획은 19세기 말 영국의 '전원도시론(田園都市論)'에서 비롯되었는데, 원래의 개념은 적정한 거주 인구와 자족적인 도시경제권, 그리고 녹지대를 갖춘 이름 그대로의 자립 도시였다. 그렇게 지구 반대편에서 고안된 뉴타운은 한 세기가 지나 한국으

로 온 뒤 영어 'New Town'의 한자식 표현인 '신도시(新都市)'라는 이름
으로 야심 차게 재해석되었지만, 신도시 가운데서도 비교적 성공적
이라 평가받는 1기 분당과 일산조차도 영국 전원도시론의 본 취지에
기대어 보자면 자족 기능 확보에는 실패했고, 이어서 등장한 2기 신
도시는 그저 잠만 자러 오고 가는 베드타운이자 더 냉혹한 표현을 빌
자면 '이쓰(이쁜 쓰레기)'에 다름 아니다. 이런 견지에서 보자면 나 역시
어릴 적부터 삶의 대부분을 아파트에서 살아온 입장에서 뉴타운과 대
단지 아파트에 대한 일각의 부정적인 시각에 일견 공감하는 부분도
없지 않다.

하지만 그럼에도 그런 그들에게 되묻고 싶은 게 하나 있다.

왜 대한민국 사람들은 그렇게도 아파트에서 살고 싶어 안달인가 하
는 그 근원적 물음 말이다. 가장 단순한 이유로는 땅값 비싼 대도시
에서 많은 인구가 한정된 공간에 모여 살기 위해 아파트와 같이 고밀
도의 공간집적형 주거 형태가 필수불가결 했다는 점을 들 수 있을 것
이다. 그러나 나는 그러한 이론적 학문과 단순한 도시 공학적 이유로
는 지금의 대한민국, 특히 서울과 수도권에서 반세기째 벌어지고 있
는 아파트 선호 현상을 모두 설명할 수 없다고 믿는다.

나는 아파트, 그중에서도 특히 대단지 고층 아파트가 현대 한국인
들에게 제공하는 신체적, 심리적 요인 또한 무시할 수 없는 부분이라
생각한다. 국가가 스스로 책임져야 할 공공 인프라 건설 의무를 사
실상 시민들 개개인에게 떠맡겼던 근현대의 대한민국에서, 시민들은
각자도생을 위해 아파트를 지어 올렸고, 스스로를 지켜줄 일종의 사
설 경호원인 보안요원들을 고용해 치안을 유지하는가 하면, 입주민

전용인 단지 내 상가 건물에서 생활에 필요한 편의를 제공받았다. 그리고는 마침내 계급적으로 비슷한 사람들끼리 모여 산다는 안도감과 정신적 평온을 얻었다.

일제강점기와 이어진 한국전쟁, 그리고 산업화와 민주화 과정에서 벌어졌던 무질서한 사회 혼란과 극한 이념의 대립까지, 대한민국 근현대사의 끊임없는 혼란을 겪으며 어느 시점에선가 이 땅의 사람들에게는 나와 소중한 내 가족을 지켜줄 주거 공간이 절실해졌는지도 모를 일이다. 대한민국의 아파트들은 그러한 소비자들의 니즈를 훌륭히 메워왔고, 건축기술의 발달을 통한 버전 업을 거듭하며 아파트의 기능은 갈수록 더 공고해지고 있다. 그러니 이제 호주머니 속 아파트 카드만 있다면, 외부인은 절대로 들어올 일 없는 입주민들만의 은밀한 공간에서 그들끼리 커피를 마시고, 골프 연습과 사우나를 즐길 수 있게 된 것이며, 구차하게 경찰에게 이런저런 아쉬운 소리 하지 않더라도 부모는 집안 벽면 월 패드 터치 몇 번으로 단지 내 아이들의 위치를 실시간으로 확인하고, 놀이터에서 놀고 있는 모습을 모니터로 지켜볼 수 있는 세상이 오고야 만 것이다.

보기만 해도 힘이 드는 오르막에 가는 바늘 하나 꽂을 틈도 없을 듯 빼곡히 자리 잡은 키 작고 낡은 마을과, 그 한 가운데에 마치 중세시대 영주가 살았던 성처럼 고립되어 우뚝 서 있는 대단지 아파트 사이의 대조적인 모습을 본다. 어느새 희미해져 도대체 어디선가 무언가를 하고는 있는 건지 늘 궁금한, 그 이름도 좋은 도시재생 사업을 통해 1년에 저 백사마을 속 집 몇 채를 살기 좋은 집으로 탈바꿈시킬 수 있을 것이며, 그렇다면 모든 국민들이 녹물 좀 안 나오고, 웃풍도 없고, 연탄이나 기름 대신 도시가스로 난방하고 목욕하는 질 좋은 주거 환경에서 살 수 있으려면 앞으로 몇 년의 도시재생 사업이 진행되어야 한단 말인가?

어쩌면 한국인들은 허구한 날 지역구 의원들의 이해 관계와 선거철 헛공약의 도구로만 이용되는, 말만 무성할 뿐 지루하기만 한 거주 공간의 근대화를 일거에 해결하기 위해 대단지 아파트 단지로의 재개발을 바라는 것은 아닐는지 모를 일이다. 흉물스러운 낡은 동네 한가운데 투하되어 순식간에 그 공간의 구조를 바꿔버리는, 마치 단숨에 근대 문명을 퍼뜨리는 폭탄처럼 말이다.

낡은 집 거주민들을 향해 돌 던질 자 과연 누구인가?

30~40년 전 지어진 서울의 아파트들을 통해서도 한국인들의 근현대 생활모습을 엿볼 수 있다며 길고 긴 기다림 끝에 재건축하려는 단지에 기어이 옛 건물 한두 동을 알 박고, 새 아파트가 지어질 단지 중앙에 떡 하니 흉물스런 굴뚝을 남겨 서울의 미래유산으로 지정하겠나는, 이런 패악질들이 도대체 현실을 살아가는 사람들에게 있어 무에 그리 대단한 정의고 기품 있는 유산이란 말인가? 그들의 애환과 고통

을 두고서 누가 감히 도시의 옛 정취를 파괴하는 환경파괴자요, 눈앞의 이익에 눈이 먼 투기꾼이라 부를 수 있을 것인가? 누가 사람이 먹고사는 문제에 싸가지 없이 세상 홀로 개념 있는 척 고결한 가치의 잣대를 들이대는가 말이다.

혹여 대규모 뉴타운 개발과 대단위 아파트 단지에 대해 부정적인 시각의 배경에는 변화되기 이전의 모습이 원래부터 있던 자연스러운 서울 본연의 모습이라는 생각이 깔려 있을는지도 모를 일이다. 그렇다면 과연 아파트 단지가 들어서기 전의 서울은 자연스러운 것이고, 아파트 단지가 들어선 뒤의 서울은 인공적이라는 논리의 준거점은 무엇인가? 그들이 늘 입버릇처럼 말하는 그 잘난 '원래'의 기산점은 도대체 언제란 말인가? 아니, 그런 그들의 논리대로라면 통일 신라 시대의 가옥도 결국, 삼국시대의 가옥을 훼손한 것이요, 조선의 한옥도 고려 시대의 가옥을 훼손한 것이다. 그렇다면 1인당 국민소득 3만 5천 불을 넘긴 2022년 대한민국에서 서울 시민 모두가 기어이 기와집과 초가집에 들어앉아야 직성이 풀리겠는가? 그도 아니라면, 설마 60~70년대 석면 가득한 슬레이트 지붕을 머리에 얹은 집이나, 80~90년대 계획도 없이 다닥다닥 지어진 다가구, 다세대 주택을 서울의 그 잘난 '전통'이자, 보존해야 할 자산이라 생각하는 것인가? 팔자 좋은 고상함에 머리가 지끈거린다.

"추억은 가슴에 묻고,
지나간 버스는 미련을 버려."

영화 <내부자들>에서 상구의 대사 中

이제 그만 뉴타운과 아파트를 혐오하는 이들에게 고한다. 사람이 먹고, 입고, 사는, 그런 문제 앞에서 꼴같잖게 정의로운 척하지 말기를. 나 살기도 바쁜 세상, 남이야 자기 집을 허물든, 새로 짓든 세상 쓸데없는 참견 말고, 그렇게도 사무치게 그립고 애달픈 한국의 정취는 경기도 용인시에 있는 한국민속촌 민속마당에 가 자유이용권 하나 끊고서 실컷 만끽하시라.

남서울, 영동 I:
강남과 중산층

　누구에게나 내가 살 집 한 채는 필요하다. 여행을 계획할 때에도 교통편과 함께 가장 먼저 고려하는 것이 숙소이고, 하다못해 노지로 밤낚시를 한 번 가도 밤이슬 피해 잠시 눈 붙일 1인용 텐트 하나는 필요한 법이니 더 말하면 입만 아프다. 인간 생활의 세 가지 기본 요소라고 국어사전에 정의된 의식주 가운데 내가 입고 어디든 갈 수 있는 의복이나, 포장과 배달이 가능한 음식과 달리 유독 집은 한 번 자리를 잡으면 허물 때까지 그곳에서 움직일 수 없다. 그러니 아쉬우면 발 달린 내가 이사를 다녀야 하고, 또 그러니 발 없는 집은 입지가 스스로의 팔자를 좌우한다.

　서울은 인구 천만의 도시다. 2000년대에 들어 다소 감소하는 경향을 보이고는 있지만, 인구 1,200만의 경기도와 더불어 수도권은 이

나라 전체 인구의 약 40%가 집중된 곳이고, 서울시 단일 인구는 5개 광역시 인구를 모두 합친 것과 맞먹는 수준이다. 대전에 학교가 있거나, 광주에 직장이 있거나, 대구에서 사업을 하는 사람은 구태여 서울에 집이 필요하지 않을지 모른다. 하지만 전국의 고교생들이 열심히 공부해 가고 싶어 하는 대학은 대개 서울에 있고, 다시 그 대학을 나온 졸업생들이 들어가고 싶어 하는 직장 또한 대개 서울에 있다.

1972년부터 1978년까지 서울은 중대한 변화를 겪는데, 다름 아닌 강남의 탄생이다. 그리고 난 오늘날 이 나라 정치·경제·사회·문화, 그 밖의 모든 분야들과 더불어 부동산에서 서울이 갖게 된 견고한 위상의 중심에 바로 그 강남이 있다고 믿는다. 강남은 왜 탄생했는가? 누구는 당시 이미 포화상태에 이른 강북구의 인구를 분산시키기 위해서라고 하고, 누구는 다시 전쟁이 나면 또다시 한강을 건너지 못하는 시민들이 생길까를 우려한 국가의 친절한 배려라고 하며, 또 누군가는 부동산 개발을 통해 정치자금을 마련해야 했던 당시 권력층의 은밀한 속사정 때문이라고도 한다. 하지만, 오늘날 목도하다시피 강남 프로젝트는 규모와 내용 모두에서 그렇게 단순한 이유 한두 가지로써는 설명될 수 없으리라.

> "여기는 남서울 영동, 사랑의 거리
> 사계절 모두 봄봄봄 웃음꽃이 피니까
> 외롭거나 쓸쓸할 때는 누구라도 한 번쯤은 찾아오세요
> 아~ 여기는 사랑을 꽃피우는 남서울 영동, 사랑의 거리"
>
> – 문희옥, 〈사랑의 거리〉 가사 中

유행가 가사처럼 남서울 또는 영동이라 불리던 신개척지, 강남은 40여 년의 세월을 건너며 서울을 넘어 거의 모든 분야에서 이 나라의 중심으로 자리매김을 이미 마쳤다. 본격적인 강남의 개발에 앞선 1966년, '불도저'라 불렸던 김현옥이 서울시장으로 취임해 1970년 와우아파트 붕괴로 물러나기까지 5년 동안 서울이라는 도시공간은 질풍노도의 시기를 보내게 된다. 지금은 '서울로 7017'로 변모한 서울역 고가도로와 청계 고가도로도 모두 이 시기에 만들어진 것들이다. 하지만, 그것은 어디까지나 그 당시 서울의 중심이었던 강북지역에 국한된 것이었고, 훗날 강남의 그것처럼 대한민국 전체의 향방을 좌우할 정도의 파괴력은 지니지 못했다.

강남은 1968년, 우선 영동1지구부터 개발에 들어갔는데, 지금의 한남대교인 옛 제3한강교로부터 양재동 말죽거리에 이르는 경부고속도로 주변의 부지였다. 그리고 1970년 7월 7일, 경부고속도로 완전개통을 기점으로 오늘날 강남구 대부분에 해당하는 영동 제2지구 사업도 함께 속도를 내기 시작했다. 1971년 12월 논현동 공무원 아파트를 시작으로 영동지구 시영 단독주택 10개 단지가 차례로 준공되었는데, 남서울 아파트라고 불리던 지금의 반포 주공이 지어진 것도 이 무렵이었다. 1975년에는 당시까지 성동구였던 남서울 영동이 강남구로 분리돼 독립했고, 이어 1976년에는 경기고등학교가 지금의 삼성동 터로 이전하며 드디어 전설의 강남 8학군 서막을 올리기에 이르렀다. 이처럼 강남의 개발은 거침이 없었다.

한국감정원 토지 시가 조사표에 따르면 1960년대 서울의 토지가격 상승률은 연평균 27%를 상회했다. 전쟁의 상흔을 딛고 점차 인구와 재화가 모여드는 수도 서울의 물가와 부동산 상승은 어찌 보면 너무도 필연적이고도 당연한 수순이었다. 1965년 현재의 양화대교인 제2한강교가 뚫리자 마포와 합정이 뛰었고, 제3 한강대교(한남대교)가 놓이자 한남과 이태원, 영동(강남)이 날아올랐다. 60년대 중반까지 서울에서 제일가는 부촌이었던 중구 신당동과 현재 대한민국 최고 부촌인 강남구 압구정동을 비교해보면 격동의 시대, 서울 부동산의 흐름을 읽을 수 있는데, 1963년 신당동 땅값이 평당 2만 원 하던 시절, 압구정동은 기껏 평당 4백 원이었고, 1979년 신당이 평당 50만 원을 찍었을 때도 압구정은 35만 원에 머물렀다. 한 가지 얄궂은 건 1979년 당시 평당가로는 분명 신당동이 압구정동을 압도했으나, 1963년을 기준으로 1979년까지의 상승률을 계산해보면 신당동이 250배 오를 때, 압구정동은 875배가 뛰었다는 사실이다. 강북이 한창 끗발 날리던 그 시절조차 투자로는 강북이 강남을 이길 수 없었다.

강남 개발이 시작된 1960년대의 부동산 투자는 주로 기관이나 일부 특권층을 중심으로 이루어졌다. 당시는 부동산 구매자금을 은행으로부터 융통할 정도의 신용을 갖춘 중산층이 아직 등장하기도 전으로, 당장 먹고 살기도 빠듯한 세상에 땅이든 집이든 평범한 개인이 부동산으로 무언가를 도모하겠다는 개념 자체가 부재했던 시기였다. 그랬던 부동산에 대한 사람들의 생각은 1970년대에 접어들면서 급격히 바뀌기 시작했고, 그 중심에는 서서히 발동이 걸린 경제 발전과 함께 이 나라 반만년 역사에서 처음으로 등장한 중산층이 있었다. 안정적인 소득을 기반으로 이 사회에 자리 잡은 그들은 순식간에 부동산 투자를 평범한 개인의 영역으로 편입시키며 대중화시키기에 이르렀는데, 그런 중산층의 탄생과 남서울 영동의 개발은 절묘한 화학작용을 일으키며 그때까지 부동산을 바라보던 사람들의 관점을 근본적으로 변화시키는 계기로 작용한다.

한국의 현대사에서 중산층이라는 계층이 언제 처음 등장했는가에 대해서는 명확히 정의된 곳도 없거니와, 저마다 주관적 판단이 다를 수 있는 지점이 분명 존재하지만, 대략 1970년대부터라고 보는 편이 무난하다. 2차 세계대전 이후 중산층을 중심으로 경제적 풍요를 구가하던 1950년대 미국 사회를 롤모델로 삼은 아메리카니즘은 1960년대부터 한국 사회에 중산층이 탄생할 에너지를 축적하고 있었는데, 대학 교육을 받은 맞벌이 부부가 2층 양옥집에서 자동차며 텔레비전, 진공청소기, 세탁기 같은 문명의 이기를 누리며 살아가는 미국 중산층 가족의 모습은 그즈음 TV와 외화를 통해 한국에 전해지며 우리의 가슴속에 언젠가 우리도 저들처럼 살겠다는 환상과 희망의 불씨를 지폈다.

1970년대 중반 영동개발과 맞물려 부동산에 대한 한국 사회의 인식이 일대 전환을 맞이하게 된 것도 따지고 보면 본격화된 경제 호황에 따라 중산층이 경제활동의 주역으로 전면에 등장했기 때문인데, 달콤한 경제발전의 수혜는 지방보다는 도시, 그중에서도 특히 수도 서울에 집중됐고, 축적된 자산은 다시 화이트칼라와 중산층을 더욱 양산하는 동력으로 작용했다. 집이라는 의미가 60년대에는 그저 내 몸뚱이 하나 뉠 수 있는 공간에 머물러 있었다면, 70년대는 자식 세대의 미래를 보장해 줄 교육환경을 제공하는 수단이요, 불로소득을 통

한 자산 증식의 수단이자, 계급 상승의 사다리라는 사실을 비로소 깨
닫기 시작한 시기였다. 그리고 1970년대 중반을 지나며 서울의 도시
경관을 급격하게 변화시킨 가장 거대한 원동력은 바로 이들 중산층의
새로운 주거 공간에 대한 열망이었고, 그 중심에 아파트가 있었다.

사실 1970년대 후반까지도 서울 사람들의 아파트 선호도는 단독주
택에 비해 형편없는 수준이었다. 1979년 주거 선호도 조사에서도 단독
주택이 92.5%를 나타냈던 것에 비해 아파트는 고작 6.5%에 머물렀으
니 말이다. 아파트라는 플랫폼이 대중화되며 이 땅의 중산층에게 환영
받는 주거 공간으로 거듭난 건 80년대로 접어들면서부터. 1981년,
처음으로 신규주택에서 아파트가 단독주택을 추월하며 대한민국에 본
격적인 아파트 시대가 열렸는데, 그건 단순히 부동산 가격 폭등이라는
표면적 이유만으로는 설명될 수 없는 그 무엇이었다.

난 그 이유를 어렴풋이 이렇게 짐작한다. 저마다 비슷한 시기, 강
남 일대 한강변과 도심 곳곳에 앞다퉈 들어선 대규모 단지들은 앞으
로 다시없을 80년대 대한민국의 최대 호황기를 지나며 중산층과 상
류층에게 아파트라는 거주공간이 자신들과 계급적으로 동일한 사람
들이 집단적으로 모여 사는 곳이라는 안도감과 자부심을 선사했기 때
문이라고 말이다.

"정말 지지리도 못살았지 나 어릴 적엔 비가 내리면 비가 셌네 장마철엔
흙으로 지어진 우리 집이 쉽게 무너질까봐 기와지붕에 올라가 매년 했던 보수공사
그래도 없는 것 보다는 한결 낫다는 어머니의 말처럼
조금은 비좁은 앞마당 이곳저곳을 누비고 다니던 나는 진짜 골목대장
정말 탈 많았던 그때를 회상하면 가슴이 아파

어느 날 난 나의 아버지와 어머니를 도와 일을 하며 방과 후의 시간을 보내던 어느 날
친구들이 날 찾아와 대뜸 내게 물어봐 넌 어째서 함께 놀지 않고 일만하냐고
난 자리를 박차고 나와 길에서 엉엉 울다
다음날 등굣길에 그놈을 찾아 흠씬 두들겨 팼다
형편이 어려워 일을 도와야 하는걸 알면서도 평범하지 못한 가족사를 비관했던 나

그 이후로 고등학교 1학년 때까지도 친구들이 집에 오는 것도 꺼려했던 내가
감추려한 건 그때까지도 우리 집은 애들이 욕하는 지저분한 푸세식 화장실이었거든
기진 자는 절대로 몰라 쉽게 말하지 마라
가질 수 없는 것만이 보이는 지긋지긋한 가난은
어느 전과 죄수자의 주민등록증에 그어진 빨간 줄처럼 따라다니는 꼬리표 같으니까

그래, 가난해도 하나뿐인 나의 부모님 말 안 듣는 이아들을 그래도 사랑했는지
내가 늦잠을 자 지각이라도 할 때면 짐바리 자전거로 학교까지 날 데려다 주셨지

고등학교 2학년 1학기를 마친 어느 날 그리 완벽진 않았어도 정든 집을 떠나
어머니의 소원이라던 아파트로 이사 그날 밤 설레임으로 밤잠을 설친 나
따뜻한 물이 콸콸 쏟아지는 욕실에서 이를 닦고 샤워를 하며 느끼는 삶의 평화
어느새 어머니가 준비한 가족을 위한 만찬 근데 왠일인지 늦어지는 아버지의 귀가해가 미녁
미녁 지던 저녁 저 멀리서 들려오는 술 취해 흥얼거리는 아버지의 콧노래한손에 봉다리를 들
고 큰아들을 부르네 깊게 패인 주름살 사이로 나에게 미소를 보내

이 세상에 진 빚이 없는데 무엇이 두려우랴 행복의 척도는
돈이 아니라 소박함이라 말하는 엘리트 농사꾼의 철학을
한없이 배워왔던 이 아들은 지금까지도 그리 살려 합니다."

MC 스나이퍼 정규 4집 <How Bad Do U Want It ? > 9번 Track 「우리집」 가사 中

불혹을 한참 넘긴 나 역시도 아직 또렷이 기억한다. 초등학교 3학년이었던 1988년, 목동 아파트에 이사한 첫날, 연탄보일러 없이도 욕실 수도꼭지에서 콸콸 쏟아지던 따뜻한 물과 등하굣길 초등학생이던 내게도 깍듯이 목례를 해주시던 수위 아저씨를 말이다. 그리고 이내 깨달았다. 세상 행복의 척도는 빚 없는 소박함이 아닌 돈이란 사실을. 어린 내게 너무나 속물 같지만, 너무도 현실적인 그 사실을 체험을 통해 스스로 일깨워주신 부모님께 뒤늦은 감사를 드린다.

남서울, 영동 II:
자본의 세습과 학군:

1970년대 초까지만 해도 강남은 '이쓰(이쁜 쓰레기)'에 다름 아니었던 까닭에 강북 사람들로 하여금 철저히 외면받는다. 그런 강남으로의 유인책 중 하나로 정부가 꺼내든 카드는 명문 중·고등학교의 이전이었다. 혹자는 4.19 혁명 당시 중·고등학생들의 무서움을 이미 경험했던 권력층이 서울 사대문 안에 옹기종기 모여 앉은 중·고교를 부담스럽게 여긴 탓이었다고도 했지만, 어디까지나 억측일 뿐이다. 이미 언급했듯 70년대 후반에 이르러서도 강북 주요 도심의 집값은 강남의 집값보다 한참 우위에 있었는데, 그 중심에는 역시 교육문제가 자리잡고 있었다. 서울시는 강남을 밀어주기 위해 법원과 검찰청 등 주요 정부 기관들까지 줄줄이 이전시켰지만, 정작 사람들에게 더 중요한 문제는 내 자식이 다닐 학교였고, 때마침 1969년 중등 입시 폐지와 더불어 1974부터 단행된 고교 평준화 정책은 좋은 단초가 되었다.

고교 평준화 정책이 시행되기 전까지 서울에는 경기·서울·경복·용산·경동으로 이어지는 이른바 5대 공립과 중앙·양정·배재·휘문·보성으로 이어지는 5대 사립이라 불리던 명문 고등학교들이 있었다. 이 가운데서도 첫손가락에 꼽히는 명문고는 단연 경기고였는데, 그런 경기고가 강남 이전의 첫 번째 대상으로 지목된 이유도 대한민국 최고의 명문이란 상징성 때문이었다. 1972년 10월, 강남 이전 계획이 발표되자 경기고는 거세게 반발했다. 70년대 명문 고등학교의 위상은 지금의 자사고나 특목고 정도와는 비교할 수 없을 정도로 완전히 결이 다른 것이어서 재학생과 졸업생은 물론 심지어 해외에서도 이전에 반대하는 운동이 펼쳐질 정도였다. 서울시는 반발을 무마하기 위해 종로구 화동에 위치한 경기고 교사를 리모델링하여 도서관으로 사용하겠다는 타협안을 제시했고, 그래서 탄생한 것이 오늘날 북촌 한옥마을 부근 정독도서관이다.

이왕지사 내친걸음, 아예 대놓고 한 놈만 확실히 밀어주기로 작정한 서울시는 1972년 4월, 도심부 인구를 분산한다는 명분을 들어 종로구, 중구, 용산구, 마포구, 성동구, 성북구 등 전통적 구도심에 백화점과 시장 등의 신규시설 조성을 불허했고, 이어 1973년엔 강북 구도심의 건물에 대한 신축과 개증축까지 금지시켜 버린다. 반면 강남은 특정 지구 개발촉진에 관한 임시조치법까지 제정하며 취득세와 재산세를 면제시켜줬다. 그런 노골적인 조치들에도 불구하고 당시 서울 사람들에게 여전히 강남이란 강북을 떠나 이주할 만큼 주거지로서 매력적인 곳은 아니었다. 그깟 규제와 혜택 몇 개를 준다고 지금까지 지켜오던 삶의 터전을 대뜸 옮겨 강을 건너가기엔 한창 개발 중이던 강남이 아직 무언가 황량했던 탓도 있었겠지만, 마치 지금의 강남처럼 당시 서울 사람들의 정서 속에서 여전히 서울의 중심은 강북이라는 공감대가 형성되어 있었던 까닭이리라.

끝판왕 서울대가 1975년 관악구 신림동 부지로 이전한 것을 시작으로 76년에는 경기고, 78년에는 휘문고가 대치동, 정신여고가 잠실로 이전했고, 소위 명문고 가운데 경복고, 중앙고, 이화여고 등 소수를 제외한 대부분은 90년대까지 순차적으로 강남에 새 터를 잡았다. 학교들이 강남으로 속속 옮겨가자 그 학교에 다니던 학생과 다니고 싶던 학생, 그리고 그들의 식구들 역시 학교를 따라 한강을 넘었다. 마침 강남을 활성화하는 동시에 강북에 집중된 서울의 인구를 분산시키고 싶어 했던 당시 정부의 의도와도 정확히 부합되는 지점이었다.

1976년 경기고를 필두로 줄줄이 이어진 명문고 이전은 80년대에 이르러 소위 '강남 8학군'시대를 열어젖힌 일대 사변이었다. 마침 1974년 단행된 고교 평준화 정책과 함께 6개로 분할된 학군제가 도입됐을 때만 하더라도 서울 전체 고교의 절반 이상이 몰려있던 강북 도심은 학생들이 사는 거주지와는 하등의 관련이 없는 공동학군이었다. 지금처럼 집 가까운 학교로 자동 배정되는 시스템이 아니라, 오늘날의 특목고와 같이 내가 가고 싶은 학교에 시험을 보고 들어가는 시스템이었던 탓에 주로 중구와 종로구에 집중된 고등학교를 다니느라 먼 곳에 사는 고교생들이 등교를 위해 안내양과 싸우며 회수권을 내고 만원 버스를 타는 일은 자연스런 풍경이었다.

이후 1980년 2월에 이르러서야 비로소 거주지 중심의 완전 학군제가 시작되었고, 완전 학군제 아래서 고등학교에 입학한 첫 세대들이 대학에 진학한 80년대 중반 서서히 드러난 강남권 주요 명문고들의 진학 결과는 학구열로는 전 세계 최고인 대한민국을 충격으로 몰아넣었다. 애초부터 명문 고등학교에 들어갈 정도의 실력을 가진 우등생들이 신흥부촌 강남이란 공간에 자리 잡은 고학력 인텔리 부모와 결합해 일으켰던 화학작용은 실로 엄청났고, 대한민국 입시 지형을 송두리째 바꿔놓기에 부족함이 없었다. 이후 강남으로 이전한 기존 명문고에 더해 8학군의 엄호 아래 새롭게 지역에 신설된 학교들까지도 저절로 신흥 명문학교로 급부상했는데, 역시 뭘 해도 되는 집구석은 개똥을 깔고 앉아도 되는 법이니까 말이다.

교육이 계층 이동의 수단이자 신분 상승의 사다리로 간주되는 대한민국에서 강남 8학군이 재학생들에게 선사해 준 달콤한 프리미엄은 강남의 경제적 자본을 대대로 세습하고, 동시에 학력 자본과 사회 자본을 집중적으로 형성할 수 있는 지독히 특수하고도 은밀하며 차별적인 수단으로 자리를 잡았다. 고교 평준화와 명문 학교의 강남 이전, 그리고 완전 학군제로 이어진 이른바 학군 클린업 트리오는 부동산과 연결되며 지난 세월 강남의 특권화에 가장 큰 기여를 했던 셈이다.

사실 60년대생 이전 세대까지만 해도 학벌은 성공의 필요조건이었을지언정 충분조건은 아니었다. 물론 대학을 나왔다면 더 수월했겠지만, 그들의 선배 세대들은 굳이 대학을 나오지 않았거나 한두 번쯤 넘어졌어도 노력 여하에 따라 후반전 인생 역전이 가능했다. 근면 성실하게 허리띠만 잘 졸라매면 쥐구멍에 볕이 들고, 노력만 하면 안 되는 일 없이 쨍하고 해 뜰 날도 돌아왔다. 그러나 60년대생을 기점으로 사정은 달라졌다. 초근목피로 보릿고개를 연명하면서도 어떡하든 자식새끼들은 가르쳐 이 지긋지긋한 가난의 굴레에서 벗어나게 해보겠다는 부모 세대들의 헌신 덕분에 개나 소나 너도나도 대학을 나온 60년대생은 그렇게 이 나라 반만년 역사상 학력과 소득과 인맥을 모두 거머쥔 첫 번째 세대가 되었고, 세월에 의한 관성으로 콘크리트처럼 공고히 구축된 그들 스스로의 기득권을 이제는 다시 자신의 자녀들에게 대물림하려 안간힘을 쓰고 있다.

부모의 사회적 지위와 경제력의 차이가 자녀의 명문대 진학과 이후 직업을 결정짓는 요소라는 건 이미 이 사회의 공공연한 비밀이다. 엄마를 잘 둔 어떤 아들은 군대에 가서도 엄마의 보좌관이 대신 보내준 카톡 한 통으로 휴가를 연장할 수 있고, 아빠를 잘 둔 어떤 딸은 입학원서와 표창장을 위조해 의사도 될 수 있는 나라가 됐다. 기회를 돈과 권력으로 사재기할 수 있는 사회가 됐으니 뼈 빠지게 '노오력' 해도 늘 기회는 불평등하고, 과정은 불공정하며, 결과는 정의롭지 못하게 느껴지는 것이다. 이미 대한민국은 노력하는 흙수저가 노력하지 않는 금수저를 물리적으로 절대 이길 수 없는 나라가 됐다.

서울대 합격자의 절반은 65개 명문고 출신인데, 그 명문고의 대략 절반은 강남에 있다. 국가수준 학업성취도 평가에서 '보통' 수준 학생이 90%를 넘는 서울 25개 중학교 가운데 17곳도 강남에 있다. 번듯한 일자리의 기준을 월급 300만 원이라고 가정해보자. 매월 300만 원을 받는 20대 취업자는 20대 전체 취업자의 10% 수준이다. 반면에 매월

200만 원도 못 받는 20대가 절반이다. 15년 전만 하더라도 중소기업 근로자 가운데 3.5%가 입사 1년 후 대기업으로 이직했지만, 5년 전 조사에선 그 비율이 2.2%로 떨어졌다. 아마 지금은 1%나 되는지 모르겠다. 비정규직이 정규직으로 올라서는 비중은 같은 기간 10.8%에서 4.2%로 반 토막이 났다. 명문중이 명문고생을, 명문고가 명문대생을, 명문대가 대기업, 공무원, 전문직을, 그리고 바로 그 첫 일자리가 그 사람의 평생 신분을 결정짓는 세상이 오고야 만 것이다.

**"붙여만 주시면
이기고 지는 건 제가 알아서 합니다."**

영화 <주먹이 운다>에서 상환의 대사 中

모든 기회가 서울에 몰리고 수도권으로 집중되니 구직 청년들에겐 서울에 사는 것도 스펙이다. 좋은 대학과 좋은 직장에 가기 위해선 서울에 살아야 하고, 그렇게 들어간 좋은 대학과 직장도 대개는 서울에 있으니 수도권 인구가 전체 인구의 50%를 넘기며 부동산값은 계속해 천정부지로 치솟는다. 세월을 거듭하며 더욱 진화한 86세대는 외고, 과학고, 자사고와 같은 명문 시스템을 만든 걸 넘어 이제는 아예 어려서부터 자녀들의 인생을 설계하고 있다. 남녀가 만나 결혼하고, 아이를 낳아 양육하고, 주택을 사고, 재산을 모으며 살아가는 것은 동서고금의 보편타당한 모습이다. 그리고 대한민국에서도 지금까지는 많은 사람들이 비교적 이런 정상 궤도의 삶을 살아왔다. 하지만 386이 586으로 진화하면서부터, 8.2 대책이 나오면서부터, 강남좌파란 변종들이 생겨나면서부터, 이제 정상적인 가정을 이루기 위해서는, 아니 가정 이전에 한 인간으로서 정상적인 삶을 살아가기 위해선 부모의 지원이 필수적인 세상이 됐다.

부모의 지원 없이는 좋은 학군에서 공부할 기회도, 그래서 명문대에 갈 기회도, 그래서 대기업, 공무원, 전문직과 같은 양질의 직장을 가질 기회도, 그래서 집을 살 기회도, 그래서 사랑하는 사람을 만나 결혼하고 아이를 낳을 기회도 가질 수 없다. 마치 그것은 자신의 능력이나 노력에 따라 후천적으로 결정되는 '변수'가 아니라 그냥 태어날 때부터 선천적으로 결정지어진 '상수'의 문제가 돼버린 것이다. 자신이 가진 능력으로만 데뷔할 수 있었던 신인전도, 한 번 패해도 다시 궤도에 진입할 수 있었던 패자부활전도 이 사회엔 더 이상 존재하지 않는 것이다. 우린 언제쯤 신인전과 패자부활전의 링 위에 다시 오를 수 있는 것일까?

남서울, 영동 III:
서울, 서울, 서울

1970년대는 앞서가던 강북과 뒤따르던 강남의 위상이 역전된 분기점이자, 서울로의 쏠림 현상이 심화된 시기였다. 지금에 비할 바는 아니지만, 70년대 단 10년 동안 일어난 서울의 변화는 일제강점기를 포함해 그 전 반세기를 통틀어 일어난 그것보다도 더 폭넓고 빨랐다. 강남처럼 황무지에서 중산층과 고위층이 모여 사는 고급 아파트 단지로 변모한 곳도 있었고, 여기저기 산재해 있던 논이며 밭들이 택지로 변한 곳도 있었으며, 이른바 위성도시들이 생겨나면서 수도 서울을 중심으로 한 수도권이라는 새로운 공간의 개념도 탄생한다. 그리고 그 모든 급신적 변화의 귀결은 지역과 지역, 동네와 동네, 그리고 그 안에 사는 사람과 사람 간에 생겨난 계급적 서열과 위계화다.

1973년 '시'로 승격된 성남을 시작으로 부천과 안양이 주거와 공업을 분담하는 위성도시로 성장했고, 80년대에는 광명, 구리, 시흥, 군포, 의왕, 하남 등이 시로 추가 승격되었는데, 1974년 서울 최초로 개통된 서울역–청량리역 구간 전철은 기존에 있던 인천, 수원에 더해 의정부까지 연결되며 수도권을 아우르는 대중교통의 일대 전환점이 되었다. 아이러니하게도 서울로 들고 나가는 교통망이 생겨날수록 서울에 대한 위성도시들의 경제적, 심리적 종속은 한층 더 가중되었고, 이는 곧 서울이 주변 위성도시 위에 본격적으로 군림하는 지역 간 계급화의 시작을 알리는 신호탄이기도 했는데, 내가 매번 GTX와 3기 신도시들을 대수롭지 않게 보는 까닭이기도 하다.

빛과 어둠이 공존했던 격동의 70년대 서울, 계급투쟁의 시대상을 보여주는 백미는 단연 조세희의 연작소설『난장이가 쏘아올린 작은 공』이다. 그 이름부터 반어적인 서울특별시 낙원구 행복동에 사는 난쟁이 가족에게 어느 날 재개발로 인한 철거 계고장이 날아드는데, 아파트 입주권이 나오긴 했어도 입주할 돈이 없는 그들은 입주권을 헐값에 넘기고 떠날 수밖에 없다. 지금 사는 집과 같은 크기의 집을 다른 곳에 구하려면 못해도 130만 원은 필요했지만, 입주권을 넘긴 대가로 받은 22만 원에서 그나마 전세금을 제하고 나니 7만 원이 남는다. 130만 원짜리 집을 빼앗기고서 7만 원을 받고 쫓겨난 셈인데, 설상가상으로 난쟁이는 다니던 공장에서마저 해고된다.

입주권 투기업자를 따라 집을 나갔던 난쟁이의 딸, 영희가 몸까지 팔아 되찾은 입주권을 들고 집으로 돌아왔을 땐 이미 난쟁이는 투신해 자살한 뒤였고, 나머지 가족들 역시 어디론가 홀연히 사라진 것으로 소설은 막을 내리는데, 영희가 입주권을 되찾아 집으로 돌아오는 길에 기술된 장면은 자못 비장하고 음습하다. 개발의 시대 경제성장의 온갖 혜택이 집중된 서울, 그리고 같은 서울 안에서도 공간적으로 부의 분배가 불평등하게 이루어지면서 일어나는 계급적 갈등은 그때나 지금이나 다르지 않은데, 얄궂게도 그 시절 빈민들의 판잣집과 구별되며 새로이 지어진 당시 중산층들의 고급 주택들은 세월의 무게 앞에 시나브로 낡은 서민층의 주택으로 전락해 재개발의 대상이 된 지 오래고, 그 주변엔 이미 재개발을 마친 거대한 최신식 아파트들이 마치 중세 영주들의 성곽과 같은 모습으로 우뚝 섰다. 그리고 서울 안에서 벌어진 그 같은 공간적 계급화는 규모를 확장해 도시와 도시 간에도 적용되기에 이른다.

70년대부터 생겨난 서울의 위성도시는 날로 팽창해 더 이상 수용할 수 없을 정도로 과밀화된 서울의 인구·주택·공장들을 분산시키기 위한 목적이었는데, 그런 위성도시들은 80, 90년대 개발된 1기 신도시들과 더불어 오늘날의 거대한 수도권을 형성했다. 하지만 위성도시와 신도시들이 늘어가고 그래서 수도권이 거대해질수록 수도 서울에 대한 갈망과 욕구는 오히려 더 짙어졌으니 이 또한 지독한 아이러니다. 2016년을 기점으로 인구 천만 선이 무너지긴 했으나, 그럼에도 수도 서울은 그 스스로가 메가시티이자, 대한민국 메트로폴리탄의 리더로서 건재하다. 하기야 서울의 인구가 점차 감소하고 있는 이유도 딴은 서울이 살기 안 좋아져서가 아니라 도리어 갈수록 살기 좋아지는 까닭인데, 서울을 떠난 이들은 살기 싫어 스스로 떠났다기보단 살고 싶었으나 떠밀렸다는 편이 더 정확한 표현이리라.

세상이 좋아져 평균 시속 110㎞로 내달리는 '기차'를 타고 일산과 송도와 남양주와 의정부에서도 30분 안에 서울 도심으로 진입이 가능하다는 허위 과장 광고를 이제는 나라에서 나서 버젓이 하고 있다. 그래도 난, 서울에 살고 싶지만 어쩔 수 없이 경기도로 가는 사람은 봤어도, 경기도에 살고 싶은데 어쩔 수 없이 서울에 사는 사람은 생전에 보지를 못했으니 세상만사가 이렇게 얄궂다. 아니, 이왕지사 GTX 타고 경기도에서 서울 도심까지 30분이면 해결된다고 국민을 현혹할 거라면 KTX로 서울역까지 48분이면 닿을 수 있는 청주시 오송은 어떤가? 따지고 보면 3기 신도시들보다 물 맑고, 공기도 더 좋으면서 누가 교육도시 아니랄까봐 초·중·고교도 단지에 잘 붙어있는 오송역 초역세권 국평을 5억이 채 안 되는 가격으로 골라 들어갈 수 있으니 말이다. 왜? GTX 타고 30분은 괜찮고, KTX 타고 48분은 안되는가? 서울에 살고 싶은 사람들이 서울에 집이 없다는데, 어차피 서울이 아닌 바에야, 경기도와 인천에 만드는 3기 신도시는 고상한 피조물이요, 그 외 지방은 철없는 딴지라고 생각하는 순간 서로 감정만 상할 뿐이다.

세상엔 GTX 티켓도, KTX 티켓도 있지만, 서울로 진입할 수 있는 황금 티켓도 있다. 서울역행 GTX 티켓은 매일 사야 하는 티켓이지만, 서울행 황금 티켓은 한 번 사면 좀처럼 더 살 필요가 없는 티켓이다. 서울행 황금 티켓을 살 것인지, 서울역행 GTX 티켓을 살 것인지는 개인의 자유다. 하지만 말이다, 서울역행 티켓은 한 번 정해지면 같은 요금으로 무한히 발행되지만, 서울행 티켓은 그럴 수 없다는 것쯤은 미리 좀 알아두어야 신상이 피곤하지 않을 게다.

사람들은 아버지를 난장이라고 불렀다.

사람들은 옳게 보았다. 아버지는 난장이었다.

불행하게도 사람들은 아버지를 보는 것

하나만 옳았다.

그 밖의 것들은 하나도 옳지 않았다.

나는 아버지, 어머니, 영호, 영희, 그리고 나를 포함한

다섯 식구의 모든 것을 걸고 그들이 옳지 않다는 것을 언제나 말할 수 있다.

나의 '모든 것'이라는 표현에는 '다섯 식구의 목숨'이 포함되어 있다.

천국에 사는 사람들은 지옥을 생각할 필요가 없다.

그러나 우리 다섯 식구는 지옥에 살면서 천국을 생각했다.

단 하루라도 천국을 생각해 보지 않은 날이 없다.

하루하루의 생활이 지겨웠기 때문이다. 우리의 생활은 전쟁과 같았다.

우리는 그 전쟁에서 날마다 지기만 했다.

그런데도 어머니는 모든 것을 잘 참았다.

그러나 그날 아침 일만은 참기 어려웠던 것 같다.

조세희 중편 연재소설, 『난장이가 쏘아올린 작은 공』 도입부 中

목멱산에 올라 한강 너머 강남을 본다.

해방과 전쟁이라는 혼돈의 시대를 지나며 이촌향도의 꿈을 가지고 고향을 떠나 서울로 향했던 상경민과 월남민의 절박함은 문화와 경제에 대한 갈망을 가진 기존 서울 시민들과 만나 세계사에 유례없을 화학작용을 만들어냈는데, 그 이전 반세기의 흔적들을 철저히 지우리라 독한 다짐이라도 한 듯 70년대 남서울 영동을 중심으로 진행된 서울의 개발은 어쩌면 필연적인 사변이었으니, 역시나 운명이란 준비된 사람에게 하늘이 내려준 우연의 사다리가 아니던가. 이제 어느덧 또 한 번의 반세기를 맞은 70년대의 피조물들은 이어 80~90년대에 탄생한 신도시와 2000년대부터 등장한 뉴타운들이 함께 이룬 마천루와 묘한 대조를 이루며 조용히 사라질 뒤안길의 끝자락에서 오늘의 우리와 공존하고 있다.

70년대 남서울 영동의 개발이 반세기가 지난 지금에 와 단순히 부동산의 영역을 넘어 대한민국의 정치와 경제, 사회와 문화 트렌드 전반에 지대한 영향력을 가지게 된 건 결코 우연이 아니다. 그건 당시 초법적인 국가권력에 의해 새롭게 창출된 강남이 단지 기존의 강북구 도심이 담당했던 기능과 역할을 새로운 공간에 옮겨놓은 것에 그친 게 아니라, 이제껏 감히 경험해보지 못했던 새로운 도시 경관과 생활양식을 이식했다는 점인데, 그렇게 만들어진 남서울 영동은 마침 그즈음 탄생한 중산층이 그토록 갈구해 마지않던 니즈를 정확하고도 충실히 충족시켰다.

그렇게 서로가 서로에게 필연적이었던 강남과 중산층은 50년 가까운 세월을 함께하며 사람이 필요한 건 도시가 채워주고, 그렇게 채워진 도시를 통해 다시 사람의 만족도는 높아지는 선순환의 관계를 유지했다. 그리고 강남 1세대가 탐닉했던 아찔하고 달콤한 그들만의 시크릿 가든은 어느새 다시 그들의 2세와 3세로 대물림되며 더욱 세련되고 보다 공고해지고 있다. 그 시절보다 아파트와 건물은 더 높아졌고, 문명의 이기는 더 발달했으며, 세상에 온갖 재화는 차고 넘쳐나는데, 70년대 중산층을 잉태했던 서울은 이제 중산층의 몰락을 걱정해야 하는 시대를 맞았고, 70년대 구성원들에게 자수성가의 희망을 주었던 터전엔 고단한 일상을 살아가는 소시민들의 가쁜 숨소리만 남았다. 이 드넓은 도시에 아직 얼마나 많은 '난장이' 가족이 더 남아 있는가. 해질녘, 남산을 내려오는 발걸음은 한없이 무겁고, 강남의 불빛은 밝은데, 한강은 말없이 잘만 흐른다.

●

너에게 쓰는 편지:
누구나 알지만, 누구나 담을 수 없는 다섯 가지 조건

"이 아파트를 팔아야 하느냐, 말아야 하느냐? (혹은)
저 아파트를 사야 하느냐, 말아야 하느냐?"

적어도 부동산과 관련해 내가 주변인들로부터 받는 질문은 대개 이
두 가지로 귀결된다. 미천한 깜냥에도 불구하고, 늘 그들의 질문에
응대하는 내 기조는 의외로 간단하다.

첫째, 무조건 서울에 사라.

수도권이란 수도를 중심으로 인접 도시와 함께 이룬 대도시 지역이
다. 내가 지어낸 말이 아니라 국어사전에 그리 쓰여 있다. 결국, 태생
적으로 수도권은 아무리 좋아져 봐야 그저 수도를 오매불망 바라보는

수도권일 뿐, 그 스스로 수도가 될 수는 없는 팔자이다.

생각해 보라. 지하 50m에서 시속 200㎞로 내달리는 GTX를 그 비싼 요금을 물어가며 타겠다는 이유도 결국에 따지고 보면 경기도에서 서울로 좀 더 빨리 들어가기 위함일진대, GTX가 생겨났으니 이제는 경기도가 서울보다 유망하다거나, 이제 굳이 서울에 살 필요가 없다는 주객전도식의 논리 비약과 천진난만함이 세상 어디 있는가 말이다. 그러하니, 그 저의조차 가늠할 수 없는 GTX 나부랭이로 경기도가 서울보다 살기 좋다는 희대의 어불성설은 그만 집어치우기 바란다. 매번 말하거니와, 모르는 무식은 죄가 아니지만, 알면서 우기는 징징거림은 참으로 볼썽사납다.

둘째, 무조건 비싼 물건을 사라.

당장에는 가벼운 주머니 사정으로 저렴한 물건에 눈이 돌아가는 것이야 인지상정이요, 그저 인생 살면서 빚이야 없을수록 좋다는 것도 모르는 바 아니다. 하지만 그럼에도 말이다. 극복이 가능한 범위 내에서 물리적으로 가능한 레버리지를 최대 한도로 활용하여 손에 닿는 물건 중 가장 비싼 물건을 사는 게 신상을 피곤하게 하지 않는 길인데, 이마트 고객센터에서는 영수증만 있다면 단순 변심이라도 환불을 쉽게 해줄는지 몰라도, 이 인정머리 없는 부동산 바닥에서는 일절 환불이나 교환 따위가 없기 때문이다.

거듭 말하거니와, 굳이 몰라도 될 정보조차 낱낱이 공유돼 싫어도 알아야 할 수밖에 없고, 전 국민이 시장의 참여자로 이미 완전 경쟁 시장에 접어들어 과불급이 없는 이 바닥에서 말이다. 나만 알고 너는 모르거나, 너만 알고 나는 모르는 특급 비밀이란 애초부터 존재하지 않으니, 유독 내가 사려는 물건만 저평가되어 싸다는 애잔한 자기합리화는 그만 집어치우기 바란다. 부동산에선 저평가와 고평가란 없는 것이고, 그저 생긴 대로의 평가만 존재할 뿐이다.

세상 비싸고 안 좋은 물건은 더러 있어도, 싸고 좋은 물건은 절대 없다는 것쯤은 만고의 진리니, 비싸면 비싼 대로, 싸면 싼 대로 다 합당한 이유가 있는 것이고, 싼 게 비지떡이란 사실은 오다가다 다이소에서 산 프라이팬에 계란말이 하나만 뒤집어 봐도 금세 알 수 있다.

셋째, 무조건 역세권을 사라.

내가 원하는 시간에 내 맘대로 어디든 갈 수 있는 내 차를 제외하고서, 적어도 대한민국에 현존하는 대중교통수단 가운데 누구도 따라올 수 없는 독보적 프리미엄을 지닌 것은 단연 서울의 지하철이다.

그 이유는 아무리 버스에게 전용차로가 있고, 베테랑 택시기사의 운전 실력이 출중한들 버스와 택시가 절대 범접할 수 없는 정시성이 첫째요, 버스나 택시에 비해 비교할 수 없이 저렴한 운임이 둘째며, 촘촘한 배차 간격과 더불어 적으면 4량에서 많게는 10량에 이르는 편성이 가져다주는 수송능력이 셋째요, 노선별 일부 구간을 제외하고서는 어지간하면 지하로 다니는 까닭에 비가 오나 눈이 오나, 더우나 추우나 일단 한 번 내려가면 바깥 신경 안 쓰고 쾌적하게 다닐 수 있다는 편의성이 넷째다.

연도별로 다소 차이를 보이고는 있지만, 통상 노선별 서울의 승객 수만을 기준으로 보자면 2 - 7 - 4 - 3 - 5 - 6 - 1 - 9 - 8 순이지만, 노선별 이용객 숫자야 서울 메트로 사장에게는 의미가 있을는지 몰라도, 적어도 아파트 팔자를 고쳐주는 데 있어서만큼은 지하철이라고 다 같은 지하철이 아니니 또한 아이러니다.

복잡하고 모르겠으면 그저 외워도 그만이다. 아파트와 인연이 닿아 팔자 좀 고칠 수 있는 지하철은 '2-3-4-5-7-9-신분당-수인분당-신안산선'이다.

넷째, 1급지가 아니라면 무조건 뉴타운을 사라.

우선 오늘날 우리가 뻔질나게 쓰고 있는 '뉴타운'이란 단어와 그것의 원래 기원인 19세기 말 영국의 '전원도시론' 간에는 상당한 개념적 괴리가 존재할뿐더러 난 개인적으로도 영혼 없이 대충 지어 붙인 듯한 뉴타운이란 표현을 별반 선호하지 않는다.

하지만 동시에 난 한 지역을 깡그리 밀어버리고 들어서는 건립 과정과 도시의 곳곳을 중세적인 구조로 단절시켜 버리는 단지 개념도 문제라던 어느 중견 건축가의 일갈에도 불구하고, 그 방식만큼은 인구 천만이 하루하루를 부대끼며 살아가는 오늘의 대한민국 서울에서는 최소한의 필요악이자 공동선이라 생각한다. 그런 관점에서 대한민국의 뉴타운이란 흉물스러운 낡은 동네 한가운데 투하되어 순식간에 그 공간의 구조를 바꿔버리는, 마치 단숨에 근대 문명을 퍼뜨리는 일종의 핵폭탄이다. 그래서 난, 뉴타운을 싫어하지만 좋아하는 모순에 사로잡혀 산다.

다섯째, 무조건 완장 찬 대장을 사라.

팔에 두른 완장은 그저 어느 날 갑자기 거저 생겨난 것이 아니다. 적어도 하나의 구획을 평정한 대장 아파트는 나름의 분명한 이유와 객관적 사실관계들을 기반으로 시장에 존재하는 수많은 이해 당사자들로부터의 냉혹한 검증과 주변 단지들과의 치열한 경쟁이라는 담금질을 통해 비로소 인정을 받기 마련이다. 그렇기 때문에 대장이라는 건, 이미 주변의 단지들에 비해 여러 가지 평가 요소들에 있어 객관적 비교우위에 있다는 방증이기도 하다.

그러니 관심 있는 지역에 가 굳이 어느 아파트가 역부터 가까운지, 어느 아파트가 대단지인지, 어느 아파트의 브랜드와 조경이 좋고, 어느 단지의 학군과 통학이 우수하고 편한지를 따져 볼 필요도 없는 것이다. 그런 모든 평가 요소들이 융합되고 스며들어 지역 내부와 외부 모두로부터 공인된 것이 바로 완장 두른 대장이니 그저 고민 없이 대장을 사면 어지간해서 실패할 일이 드물다. 생각해 보라. 대장을 사서 실패했다고 말할 정도의 상황이라면, 하물며 대장보다 비교열위에 있는 주변의 다른 아파트들을 샀었더라면 어떻게 됐다는 것인가 말이다.

"글쎄요. 나도 왜인지 그 이유는 모릅니다.
살다가 생기는 많은 일들 중 왜 생기는지
이유를 알 수 있는 일이 얼마나 되겠습니까?!"

드라마 <사랑의 불시착>에서 단이의 대사 中

너에게 전하는 내 편지는 일단 여기까지다. 혹여 네가 이 편지를 읽고 난 뒤, 너무도 당연하고 뻔한 걸 적었다 타박할는지도 모를 일이다. 집을 가진 이들은 최근 몇 년 뜨거운 랠리를 거듭한 덕택에 애초에 매입한 가격에서 단기간 내 수억 원이 붙었지만, 거래량이 줄고 호가가 꺾이니 불안해지는 게 인지상정인데, 이상하게도 그럼 지금이라도 가진 집을 급매로 던지고 영혼의 안식을 구하겠느냐는 물음에는 손사래를 친다.

아직 집을 가지지 못한 이들은 최근의 상황을 보며 그때 사지 않은 스스로의 판단이 옳았다고 자위하면서도, 여전히 마음 한구석은 편하지 않다. 굳이 누가 나서 더 얘기해 주지 않아도 지금의 이 상황이 영원할 것도, 또한 언제까지나 집 없이 전·월세나 전전하며 살아갈 수는 없음을 스스로 알고 있기 때문인데, 그럼 지금이라도 지역별 급매물을 잘 살핀 후 괜찮은 물건 하나를 추천해주면 매입하겠느냐는 물음에는 역시나 오늘도 망설인다.

그런데도 계속해서 가진 자는 팔아야 하느냐를 묻고, 못 가진 자는 사야 하느냐를 물으니 요지경 세상이다. 하긴, 살다가 마주하는 세상의 많은 일 중 그 이유를 알 수 있는 일이 얼마나 되겠는가 말이다. 대답은 이미 각자의 마음속에 있고, 팔든 사든 언제나 결과에 대한 책임은 본인이 지면 그뿐이니 이제는 그만 어젯밤 너에게 한 글자, 한 글자, 꾹꾹 눌러 쓴 내 마음의 편지를 전하며 쉬이 유람이나 떠나 볼까 싶다.

"새로운 시작을 두려워하지 말기를. 다가올 일에 미리 걱정하지 말기를. 그러나 지금 너의 결정이, 훗날 떠올릴 때 후회 없는 끝맺음이기를. 그리고, 눈부시게 아름다운 우리였다는 것을 잊지 말고 살아가기를."

Part 04

현장을
둘러보다

좋은 터 잡으러 가야지.
사람을 묻을 땅이 아니라, 사람을 살리는 땅,
세상을 구할 수 있는 좋은 터…
이제 그런 땅을 찾고 싶네.

영화 <명당>에서 재상의 대사 中

난 땅에도 온도가 있다고 믿는다. 이상하게 들리겠지만, 그건 마치 우리가 알고 있는 대기의 온도와는 조금 다른 것이다. 어느 동네는 제법 그럴싸한 마천루와 인프라를 지녔으면서도 좀처럼 땅의 온기를 느낄 수 없는 반면, 어느 동네는 비루한 다가구와 다세대뿐일지라도 따뜻함을 느낄 수 있는, 공식과 논리로는 설명할 수 없는, 말하자면 그런 것이다.

내가 평일 짬짬이 굳이 나와 상관없는 동네를 지도를 통해 수없이 들여다보고, 주말이면 아이들과 나들이 삼아 살아본 적도, 살아볼 일도 없는 동네를 여기저기 헤집고 다니는 것도 따지고 보면 오롯이 그 땅의 온도를 몸과 눈으로 느끼기 위함이다. 그렇게 한참을 땅과 함께 느끼며 호흡하다 보면, 누군가 나서 일러주지 않아도 절로 알게 되는 것들이 있다. 그리고 그렇게 스스로 알게 되는 것들 대부분은 글이나 영상을 통해 얻은 누군가의 경험담보다 늘 곧고 강해 흔들리지 않는 여운을 남긴다. 내가 직접 보고 만지고 밟아 본 뒤에도 여운이 남는 곳이라면, 그곳이 바로 내게 있어 좋은 집터요, 명당이 아니겠는가

이 터는 내가 가져야겠소:
서울 서북과 동북, 그리고 도심

며칠 전, 너에게 편지 한 장을 보냈더랬다. 꼭꼭 눌러 담은 진심을 모아 부쳤던 편지였건만, 예상했던 대로 누구나 알고 있는 그따위 당연한 얘기를 하려 뭐 굳이 편지까지 보냈느냔 볼멘 핀잔도 적잖게 들었던 터다. 그럼에도 난, 너에게 결연한 의지와 그에 상응하는 능력만 있다면 여전히 지난 편지에서 일러준 조건들에 맞는 곳을 권하고 싶다. 머지않은 훗날 혹여나 작은 태풍이 오더라도 그때 그곳들의 저점이 지금의 고점보단 그래도 결코 낮지 않을 것임을 믿기 때문이다.

미리 기별한 것처럼 지난 주말엔 아이들을 데리고 서오릉에 간다는 핑계로 고양과 은평을 둘러봤다. 일산이란 버릇내감이 있어도 현시점으로 고양에서 대기의 온도가 가장 높은 곳은 단연 원흥과 삼송, 그리고 지축으로 이어지는 3호선 라인이다. 하지만 난 대덕산을 등지고 한강을 바라다보는 덕은에서 가장 따뜻한 땅의 온도를 느꼈다.

은평에선 명불허전 구파발 역세권 중심의 은평뉴타운의 공기 온도가 가장 높다. 고양에서 발원한 원·삼·지(원흥·삼송·지축) 트리오 기운이 3호선 라인을 따라 그대로 전해지니 두고두고 나쁘진 않을 게다. 하지만 정작 내가 은평에서 가장 따뜻한 땅의 온기를 느낀 곳은 서대문, 마포와 마주한 수색과 증산이다. 불광천을 사이로 마주한 가재울과 철길 너머 상암, 그리고 고양의 덕은이 전해주는 온기는 원·삼·지에 결코 뒤지지 않으니 훗날을 도모할 수 있을 것이다.

저 멀리 하늘공원과 월드컵 경기장이 보이는데, 16개에 이르는 행정동을 품은 마포구의 시작이다. 90년대 중반까지 서울 시민들이 내다 버린 9,200만t의 쓰레기가 쌓여 100m 높이의 거대한 산 2개가 되어버린 난지도가 하늘과 노을이 될 만큼, 돌아보니 세월은 참으로 무던히도 흘렀다. 들어서는 길, 은빛 억새로 물든 하늘공원에 올라 조용히 마포를 내려보며 옛 번영의 기억을 더듬어 본다.

밤섬 옆, 지금의 마포대교 북단에 있었던 마포나루는 불과 한 세기 전까지만 하더라도 조선팔도를 주름잡으며 전국에서 모여든 배와 사람들로 북적였던, 그야말로 도성 한양의 핫플이었다. 시간은 흘렀어도 흔적은 켜켜이 남았으니, 하기야 본디 도시란 시간과 공간이 만나 벌이는 아찔한 그 무엇이 아니던가. 전국에서 모여든 소금쟁이들부터 저 아래 삼남에서 올라온 해산물이며 곡식을 팔고 사는 상인들로 북새통을 이룬 마포나루는 특히 새우젓이 유명했는데, 파장 후 이들이 삼삼오오 모여 굽던 고기들은 그 이름도 유명한 '마포갈비'가 되었고, 반세기가 지나 80년대 중반 그들의 후배들이 경원선 굴다리 밑에 모여 또다시 굽던 가로막살은 그렇게 '마포갈매기'가 되어 오늘의 우리에게로 전해진다.

　남으로는 서쪽의 가양대교부터 동쪽의 마포대교까지, 이미 품고 있던 5개의 한강 다리에 더해 가장 늦게 개통한 월드컵대교는 서북권의 흐름에 힘을 보태는데, 북으로는 서대문, 동으로는 용산구와 접해 있어 신촌로, 마포대로, 강변북로를 통해 서울역, 시청, 종로, 을지로, 상암DMC 등 중심업무지구가 한달음 거리다. 당산역을 지난 2호선은 합정과 홍대를 돌아 신촌, 이대, 아현을 통해 을지로로, 여의도를 지난 5호선은 마포, 공덕, 애오개를 스쳐 광화문과 종로로 이어지는데, 예나 지금이나 교통으로 먹고 살며 사람 꼬일 이놈의 팔자는 도무지 변함이 없다.

"이제 이 터는 내가 가져야겠소!"

영화 <명당>에서 흥선의 대사 中

2대천자지지(二代天子之地)에 부친인 남연군묘를 이장시켜 아들을 보위에 앉힐 정도로 풍수에 능했던 흥선이 말년을 보낼 요량으로 택한 염리동 옛 아소당(我笑堂) 터엔 저녁 햇볕만이 뉘엿뉘엿 기우는데, 마포대교 한편 한강 삼성 터에 있었던 흙담 움막집에서 살았다던 지함선생은 이곳에서 대체 어떤 기운을 받아 토정비결을 썼단 말인가.

하늘공원을 내려와 월드컵로를 따라 가양대로로 접어드니 이내 마포의 서쪽 끝, 월드컵파크가 눈에 든다. 월드컵북로를 따라 길게 늘어선 월드컵파크 12형제 중에선 그나마 매봉산 자락에 붙어 철도와 연이 닿은 2단지와 4단지, 그리고 알토란 같은 휴먼시아 자매 정도가 눈에 드는데, 규모나 확장성 면에서 무언가 끌림은 없다. 또 한 번 저 철길 건너 수색증산뉴타운이 눈에 꽂히는데, 진즉에 자리 잡은 수색 4구역 DMC 롯캐퍼를 필두로 9구역 SK뷰에 이어 벌려놓은 1군 공사 현장만 네댓 곳이니 공사 먼지 좀 가라앉고, 수색역세권 개발에 변전소까지 땅에 묻을 때쯤이면 땅 모양처럼 승리의 V자 새길 날 오지 않겠는가 말이다. 몇 해 뒤, 불광천을 사이에 두고 가재울뉴타운과 수색증산뉴타운이 보일 찰떡 케미는 분명 서울 서북권에서 또 하나의 작지 않은 울림이 되리라.

종암교 사거리를 지나니 이내 성산동이다. 유원·선경·대우로 이어지는 성산시영 3남매는 3,700세대를 가뿐히 넘기는 규모를 자랑하며 단박에 강북 최대 재건축 단지로 연일 몸값을 키우고 있는데, 방향과 무관하게 어느 곳에서나 남쪽으로 한강을 조망할 수 있으면서도 공원과 철도도 빠지지 않은, 가히 천혜의 입지다.

"저 재를 넘어가는 저녁 해의 엷은 광선들이 섭섭해 합니다. 어머니, 아직 촛불을 켜지 말으셔요. 그리고 나의 작은 명상의 새 새끼들이 지금도 저 푸른 하늘에서 날고 있지 않습니까? 이윽고 하늘이 능금처럼 붉어질 때 그 새 새끼들은 어둠과 함께 돌아온다 합니다."

– 신석정 作, 「아직은 촛불을 켤 때가 아닙니다」 中

그저 이방인으로서 바라건대 공공 재건축이라는, 그 어원조차 불분명한 새빨간 유혹에 부디 넘어가지 않기를, 이 악물고 버티다 보면 이윽고 하늘이 능금처럼 붉어질 때 분명 올 테니 말이다.

마포의 중심으로 가는 길, 마침 허기도 달랠 겸 잠시 망원시장에 들러 닭강정 한 입 베어 무니 바로 마포의 아픈 손가락 망원동이다. 그 옛날 끗발 날리던 대군들이 먼 경치도 잘 볼 수 있다며 별장까지 지었다는 이곳, 이름 그대로 망원(望遠)이다. 서쪽은 홍제천, 남쪽은 한강과 접하며, 왼편으로는 강변북로와 내부순환로에 곧장 오를 수 있고, 다시 오른편으로는 합정을 거쳐 여의도가 한달음인데, 지형조차 평탄해 얼핏 보면 저 멀리 중랑천변 '핵인싸' 성수동이 오버랩되는 일견 최고의 입지다.

"근데 뭔가 이상하지 않은가?
이미 왕이 되고 나서 왕이 될 상이라니…
그건, 왕이 되기 전에 해야 할 말이 아닌가?"

영화 <관상>에서 수양의 대사 中

원·삼·지로부터 3호선 라인을 따라 은평뉴타운의 박석고개를 넘어 응암·녹번을 돌아 나오는 또 하나의 거대한 흐름은 수색증산뉴타운과 가재울뉴타운을 거쳐 성산시영을 통해 망원까지 이어지며 서울 서북권 퍼즐을 맞춘다. 비록 쪼개진 골목에 빽빽이 비집고 들어선 다가구와 다세대에 숨이 목까지 차지만, 망리단길에서 시간 좀 죽이다 보면 또 언젠가 때는 올지니, 하기야 왕이 되고 나서 왕이 될 상이라고 뒷북친 게 어디 한두 곳이더냐.

서대문구와 마포구에서 땅의 온도가 가장 높은 곳은 단연 신촌로를 사이로 마주한 북아현과 아현이다. 마침 이 둘은 일찍부터 땅의 온도를 잘 찾았으니 시장에서도 매사 불화 없이 그저 순탄한 것이고, 그저 사람이나 땅이나 제 갈 길 알아서 가는 놈한텐 당해낼 재간이 없다. 종로구는 집을 짓기엔 적합하지도 않고, 그럴만한 땅도 없으니 끄트머리 경희궁자이가 천상천하 유아독존 나 홀로 외로운 것이고, 아래 중구도 사정은 비슷한데, 그래도 왕십리, 금호와 맞닿은 신당동

청구역세권은 땅 모양만큼이나 온도도 제법 후덥지근하니 완성되면 어쨌거나 옆 동네 경희궁자이 부럽진 않을 게다.

늘 말해왔듯 용산구는 언젠가 먼 훗날 대한민국 부동산 패권을 두고서 저 강 너머 강남구와 대차게 건곤일척을 벌일 곳이다. 용산구에선 한남의 온도가 가장 높지만, 서빙고와 보광도 못지않다. 한강과 압구정, 반포를 동남으로 내려다볼 수 있다는데 나머진 아무렴 어떻겠냐는 말이다. 그저 돈 있으면 썩다리 빌라나 다가구라도 들어가 '존버'하는 게 상책이다. 이미 성숙기에 접어든 왕십리와 옥수가 있다지만, 그래도 성동구에서 땅의 온도가 가장 뜨거운 곳은 뭐니 뭐니 해도 단연 성수동이다. 강남 못지않은 곳이니 지금이라도 들어가 사두면 대대손손 물려가며 죽어서도 때마다 4대 봉사는 너끈히 받아먹을 입지다.

난 동대문구에 대해선 크게 할 말이 없다. 허구한 날 청·마·용·성이 어쩌고 수선을 떨지만, 따지고 보면 다 한 줌도 안 되는 메아리다. 청량리는 서울역·용산역·영등포역으로 이어지는 서울의 철마(鐵馬) 트리오와 더불어 그 위치와 태생이 도심 내 이동을 염두에 둔 지하철보다는 지역 간 이동을 위한 철도의 개념이 강한 역인데, 얼핏 무언가 많아 보여도 KTX, ITX-새마을/청춘, 무궁화, 경춘선을 빼고 나니 도심 내 이동이 가능한 지하철로써는 적어도 이미 서울 안에서는 시하철의 기능을 거의 상실한 1호선과 기다리다 지쳐 매번 속만 타는 경의중앙선, 그리고 최근 연장됐다고 하지만 평일에는 하루 아홉 번, 그나마 주말과 공휴일에는 불러도 오지 않는 분당선뿐이니, 내부에서 들려오는 제2의 삼성역을 향한 외침은 그저 아련하기만 하다.

세상이 변했다지만, 본디 관문이란 예나 지금이나 주요 지점과 지점을 연결해주는 길목이자, 통로로서의 수단인 나룻배 팔자지, 그 스스로 주요 지점은 될 수 없는 태생적인 한계를 지니고 있는 곳이다. 그것은 그저 내가, 우리가 무엇이 모자라고 부족해서 그런 거냐며 따지고 들면 서로 답답한 문제인데, 주연과 조연, 그리고 수많은 단역들이 한데 모여 완성되는 한 편의 극에서 조연보다 잘나 주연을 하는 것도, 주연보다 못나 조연을 하는 게 아님에도, 잘난 조연이 나서 왜 내가 주연일 수는 없는 것이냐 따지는 공허함에 지나지 않기 때문이다.

주야장천 청량리의 빨대효과를 외쳐대는 이들에게 감히 묻겠다. 그 실현 가능성은 우선 접어두고서라도, 청량리역에 들어선다는 GTX B, C는 의정부, 금정에 사는 사람들이 삼성에 편히 출퇴근하기 위함인가? 아니면 청량리 주민들이 송도 센트럴파크에 있는 G타워 전망대에 편히 놀러 가기 위함인가? 어지간하면 웬만한 곳 어디든 대형 마트와 영화관, 쇼핑몰이 넘쳐나는 지금, 송도와 금정, 과천과 의정부, 그리고 부평에 사는 사람들을 빨대로 빨아들일 만큼의, 꼭 반드시 청량리가 아니면 안 될 만한 엔터테인먼트와 양질의 일자리는 가지고 있는가? 이도 저도 아니라면, 설마 65층짜리 SKY-L65 건물 4개 동을 구경하러 저 멀리 송도와 의정부에서 오리라는 낭만적인 생각을 하고 있는 것인가?

그렇다면 68층의 송도 랜드마크 포스코타워는 접어두더라도, 이미 10년 전 입주를 마친 67층짜리 송도 더샵퍼스트월드 4개 동부터 보고 오시라. GTX와 멀티플렉스 쇼핑몰, 그리고 초고층 주복 열댓 개로 신분 상승을 꾀하기에 오늘날의 대한민국 서울은 너무도 편의와 비주얼의 인플레가 극심하다. 굳이 동대문구에 들어가겠다면 말이다, 다들 청량리 주복에 넋이 나가 있을 때 나 같으면 차라리 왕십리에 붙어있는 성북천변 용두동에 자리 잡겠다.

성북구에선 길음뉴타운의 공기가 가장 뜨겁다. 하지만 땅의 온도는 장위뉴타운이다. 안암동 산다고 애들 고대 들어가는 것도 아니고, 정릉동 산다고 북한산이 너희 집 뒷산 되는 것도 아니니, 굳이 성북구에 가려거든 장위로 가라. 노원구에선 미성·미륭·삼호 3·4차로 이어지는 미·미·삼 중심의 광운대역세권과 상계주공 중심 노원역세권의 공기가 가장 뜨겁다. 애써 권하고 싶진 않지만, 이제 와 굳이 노원에 들어가겠다면 상계주공 앞 단지 중에 손에 닿는 걸 사둬라. 미·미·삼이야 월계센트럴아이파크를 보면 느끼는 바가 있을 테니 땅의 온도는 그래서 과불급이 없는 법이다.

도봉구와 강북구는 그래서 차라리 쉽다. 도봉은 또 공기가 좋네, 녹음이 좋네, 주책없이 산으로 가지 말고, 굳이 가려거든 창동역 밑으로 가라. 강북구야 말하나 마나 4호선 길 따라 어떡하든 아래로 붙어야 길음뉴타운 참기름 냄새라도 맡지 않겠나. 그래도 삼양로와 솔샘로 너머는 차가우니 그저 영훈고 주변으로 붙으면 손해는 안 볼 거다.

광진구야 황금 지하철 3개에 한강까지 가졌으니 딱히 부러울 게 없는 땅이다. 뭐 깊게 생각하나 마나 지하철역 하나 끼고 한강 보이는 곳이면 아무 데나 등기치고서 느긋하게 놀러나 다니면 그뿐인 건데, 지금이야 구획정리가 잘 된 광나루역+천호대교 조합이 개중에 제일 잘 나가지만, 강변역+올림픽대교 조합과 뚝섬유원지역+청담대교 조합도 포텐은 무한대다. 혹여 진입장벽이 넘사벽이라 엄두가 안 나거든 뚝섬유원지역 서쪽 자양2동에 미리 장화 신고 들어가 기다려도 좋다. 광진구에서 한강 프리미엄을 뺀 남은 원석 중 내가 가장 땅의 온도를 느낀 곳은 오히려 구의역 뒤편 구의1동이다. 대통령, 시장 선거도 끝났으니 잊은 듯 그저 묻어두면 네 자식 결혼할 때쯤엔 제법 요긴할 거다.

이왕에 나선 길, 한강을 건넌다.

찐, 찐, 찐:
강남 3구와 강동, 그리고 동작

서울의 동쪽 끝, 강동구는 강남4구라는 타이틀 앞에서 언제나 일부의 이견이 생기게 만드는 계륵 같은 묘한 존재다. 현재 강동구에서 가장 뜨거운 곳이라면 단연 그라시움을 필두로 한 고덕과 래미안솔베뉴를 중심으로 한 명일이다. 이 두 동네는 서북의 대척점에 있는 마포와 더불어 비강남 국평 20억에 근접할 만큼 규모와 인지도 면에서 결코 손색이 없다. 하지만 그리 뜨거운 온도와 실존하는 실거래가에도 불구하고 시장에서의 평가는 마포나 서대문의 그것과는 조금 결이 다른데, 이전의 편지에서 말했듯 난 그 이유가 바로 공기의 온도와 땅의 온도가 일치하지 않는 데 있다고 믿는다.

강동구의 흐름은 올림픽공원을 사이로 크게 두 갈래로 나뉘는데, 3·5호선 라인을 따라 서편의 강남구 도곡, 대치, 개포에서 발원한 흐름이 탄천을 건너 송파구 가락동과 방이동을 거쳐 둔촌까지 이어지는 게 첫 번째요, 2·8호선 라인을 따라 강남역에서 시작해 삼성과 종합운동장을 거쳐 풍납, 성내를 지나 천호와 암사까지 이어지는 흐름이 그 두 번째다. 그리고 그런 강동구에서 땅의 온도가 가장 뜨거운 곳은 바로 이 두 갈래 흐름이 닿는 곳이다. 비록 한 송이 국화꽃을 피우기 위해 소쩍새가 저리도 힘들게 울고 있다지만, 아마도 1만 2천 세대 둔촌주공이 완성되는 시점에 강동구는 이 바닥에서 일약 재평가를 받으며 그제야 비로소 서북의 마포와 서대문처럼 제 갈 길을 갈 것이다. 그저 부질없는 가정이나마, 만약 지금의 솔베뉴와 그라시움이 명일과 고덕이 아닌 풍납과 천호에 서서 천호역을 끼고 한강을 바라다보고 있었다면, 아마 강동구는 지금과는 또 다른 길을 걷고 있을는지도 모를 일이다.

강동구에서 말했던 두 갈래의 흐름은 역으로 거슬러 올라가면 결국 송파구에도 똑같이 적용되는 것이니 송파구 1타는 엘리트파레와 잠실주공 5단지가 버티고 선 2호선 종합운동장역부터 잠실나루역 사이에 포진된 6개의 잠실동이요, 2타는 3호선과 5호선 라인 따라 헬리오와 올훼, 올선으로 이어지는 가락과 오륜이다. 송파구야 분당이고 일산이고 이런 거 없던 쌍팔년도 이전부터도 원래 제 갈 길 알아서 가는 우등생이었고, 메이저 지하철 5개 노선에 한강과 강남까지 끼고 있으니 대물림할 땅으로는 딱히 흠잡을 데 없다.

오히려 송파구에서 고민할 게 있다면 압도적 1타와 2타를 따를 상비군을 어디로 정하느냐 정도인데, 위례가 송파구냐 아니면 하남, 성남이 맞는 거냐 같은 세상 부질없는 논쟁에 괜한 힘 빼지 말고, 장지

동보단 거여·마천 땅이 뜨거우니 거기로 가라. 한때 다단계에 심취해 SKY도 못 이기는 '거마대학생'도 좀 키워냈다지만, 그래도 뉴타운 호적에 이름을 올렸으니 마천4구역을 중심으로 일찌감치 들어가 있으면 10년 후쯤엔 좀 비빌 언덕이 될 거다.

탄천을 건너니 강남구다. 구룡산과 대모산 자락 아래로 개포동이 보이는데, 개포주공 1~4단지와 개포시영으로 이어지는 터줏대감 개포 5남매는 이미 '디퍼아·개래블·개디아·개프자·개래포'라는 세상 유니크한 이름으로 재건축을 마친 뒤 압도적 규모의 힘을 바탕으로 또한 번의 반세기 여정에 나서고 있다. 하기야 태종 이방원과 그의 부인이 일찌감치 자리 잡았을 정도로 터 좋은 명당에 1군 하이엔드 신축 1만 5천 세대인데 뭐가 더 거칠 것이 있겠는가 말이다.

양재천을 건너니 대치동과 도곡동이 보인다. 개포가 신축발로 뜨겁다지만, 원래 땅속 온도야 대치만 못한 것이고, 래대팰은 평당 1억을 넘긴 지 오래인데, 오히려 단일 3,002세대 도곡렉슬과 남부순환로 건너 한물간 부의 상징 타워팰리스가 힘에 부친다. 그나저나 대치의 아픈 손가락 '은마'는 정녕 오지 않는가?

"왜 나한테 이래?"

영화 <은마는 오지 않는다> 中

은마의 변(辯)이다.

테헤란로를 건너 삼성동으로 간다. 세계문화유산에 당당히 등재된 선정릉과 코엑스 스타필드를 좌우에 두고 삼성로를 따라가다 보니 학동로 청담공원 사거리와 7호선 청담역을 통으로 먹으며 삼성동 터줏대감 옛 상아2차 터에 들어선 래미안라클래시가 눈에 드는데, '도심 속 아파트란 피조물도 이렇게 아름다울 수 있구나'를 느끼기에 부족함이 없다. 영동대로를 등지고 조용히 한강과 탄천을 조망하며, 매번 대한민국에서 제일 비싼 아파트 순위에 이름을 올리고 있는 삼성동 아이파크는 적당한 세월의 주름이 더해져 언제나 홀로 고상한 자태가 일품이다.

선릉로를 건너자 강남의 희망, 압구정이 보인다. 압구정 센터에 자리 잡은 현대를 필두로 한강변을 따라 신현대, 성수현대, 한양, 미성으로 이어지는 클린업 라인은 굳이 어느 곳을 따로 떼어 낼 필요가 없는 명실상부 대한민국 슈퍼특급이다. 언젠가 대한민국 부동산 패권을 두고 한남, 용산과 대차게 한 판 겨루게 될 건곤일척에서 범강남권을 대표할 상비군으로 조용히 운기조식 중인데, 1976년에 준공된 현대 1·2차가 곧 지천명이니 결정의 시간은 그리 많이 남지 않았고, 그때가 되면 문자 그대로 하늘의 뜻을 알 수 있지 않겠는가 말이다.

강남대로를 건너면 서초구다. 서초구 또한 구 전체가 흐르는 용암처럼 뜨거우니 각론은 별반 의미가 없다. 강남구에 개포, 대치, 압구정이 있다면 서초구엔 방배, 서초, 반포가 있는데, 방배는 일단 5구역이 돼야 좀 얘기가 될 것 같고, 서초동에선 서초2동과 4동 가운데 원명초·서일중 학군의 서초 4동보단 옛 우성 1·2차와 무지개가 있었던 자리를 서초그랑자이·래미안리더스원·래미안에스티지S로 이어지는 3대장이 대신한 서이초·서운중 학군의 서초 2동의 지열이 더 뜨겁다.

그리고 반포 말이다. 처음으로 말하거니와, 난 반포를 훗날 압구정, 한남과 더불어 대한민국 부동산 패권을 다툴 전국구 3대장의 후보군으로 본다. 지금은 9호선 신반포역 아리팍과 반래퍼부터 고터역 반센자를 지나 사평역 반자와 반리체에 이르는 반포1·2·3동의 기세가 매섭지만, 진정한 서초구의 중심은 조용히 가부좌 틀고 때를 기다리며 운기조식 중인 반포본동의 구반포다.

반포주공1단지가 어떤 곳이더냐? 총사업비 10조 4천억 원으로 단군 이래 대한민국 최대 재건축 사업인 '반포대전'이라 불리며 GS를 제친 현대건설에게 단순한 재건축을 넘어 단번에 회사의 브랜드 가치 자체를 한 단계 업그레이드할 수 있는 일대 전환점을 안겨준 곳이자, 범서방파 김태촌이와 양은이파 조양은이가 와도 못 이길 입지깡패, 조망깡패 노른자위에 단일 5,300가구가 넘는 신축이 일시에 조성되는 사업이다.

조금 늦게 가지만 그래도 언젠가는 완성될 반포3주구의 2,190세대까지 포함해 1·2·4주구 5,388가구의 퍼즐이 맞춰지는 날, 기존의 아리팍과 우측의 원베일리까지 더해지며 한강변 스카이라인 자체가 바뀌는 것은 물론 좌측의 동작대교와 우측의 반포대교, 그리고 하단의 반포천으로 둘러싸인 반포동 자체가 하나의 신도시처럼 변모하며 반포를 등에 업은 서초구가 강남구를 상대로 재평가받는 일대 변곡점이 될 것이다.

이수교차로를 건너니 어느새 동작구다. 북쪽의 북한산, 서쪽의 덕

양산, 동쪽의 용마산, 남쪽의 관악산은 조선의 500년 도읍, 한양의 바깥 4개 산인 이른바 외사산(外四山)이다. 외사산은 다시 북악산·인왕산·낙산·남산으로 이어지는 안쪽의 4개 산, 내사산(內四山)과 절묘한 대칭을 이루는데, 이 내사산에서 각기 발원한 물줄기가 한데 모여 내수(內水)인 청계천을 이루고, 청계천이 다시 중랑천과 만나 서울의 외수(外水)인 한강으로 이어진다. 불의 기운이 강한 관악산을 등지고 서울의 외수(外水)인 한강을 마주하는 배산임수(背山臨水)의 전형인 동작구는 지식 없는 문외한이 봐도 풍수지리로는 명당 중의 명당이요, 좌우로 여의도, 서초와 맞닿아 있으면서 동서를 잇는 9호선과 7호선을 모두 지녔으니 부동산 공학적으로도 도무지 거칠 것 없는 땅이다.

몇 해 전 둘러볼 때만 하더라도 잠잠했던 이수교 KCC 2차와 사당 3구역은 세월의 흐름 따라 이수스위첸포레힐즈와 이수푸르지오더프레티움이란 쓸데없이 긴 이름으로 변모했지만, 현충원 자락 밑에서 4·7호선에 둘러싸인 사당2·3동은 분명한 한계가 존재하는 지형이니 난 이곳에서 그다지 큰 온기를 느끼지 못했다. 제아무리 금수저 집안 동작구에 호적을 파고, 방배본동과 구반포를 마주한다고 해도 태생적 장애는 극복될 수 없는 법이니 사람이나 땅이나 헤어 나오기 힘든 뒤웅박 팔자란 바로 이런 걸 두고 하는 말이 아니더냐.

동작에서 땅의 온도가 가장 높은 곳은 알다시피 흑석과 노량진이고, 그중에서도 난 노량진에서 가장 뜨거움을 느꼈다. 아니, 노량진의 그것은 단순한 뜨거움 이상의 것이었는데, 근자에 서울 그 어디에서도 느껴보지 못했던 온도였다. 흑석이야 대찬 '독고다이' 아리하가 박카스 한 박스 원샷이라도 한 듯 각성해 소년 가장 역할하며 집안을 끌고 간다지만, 현충원과 서달산 구릉으로 궁뎅이 붙일 땅떵이 자체가 경사지고 좁은 데다 중앙대까지 알박고 있어 잘게 쪼개지는데, 속도까지 더디니 오히려 땅의 온도를 공기의 온도가 따라가지 못하는 형국이다.

8구역은 됐고, 3구역은 돼가고, 11구역은 될 거지만, 누가 뭐래도 흑석의 퍼즐은 한 전직 청와대 대변인께서도 반했다던 9구역이다. 잠깐 숨 고르고는 있지만 아리하는 25억을 찍었고, 뒤쪽 나 홀로 구축들도 20억에 근접하고 있으니, 일단 완성만 되면 아현, 옥수, 왕십리는 능가할 곳이다. 그러니 그때까지 100년 전 목하영이가 서달산 꼭대기에 명수대 짓고 그랬듯 유유히 흐르는 한강이나 즐기면 그뿐이다.

노량진은 도심 속 뉴타운을 넘어 그 자체로 하나의 새로운 신도시이자 범강남권과 한남, 성수에 이은 한강변 3대 입지가 될 땅이다. 지금껏 난 5년 전 마포에 들어가지 않은 걸 후회해 본 적은 없다. 하지만 그때 노량진에 들어가지 않은 건 후회한다. 이미 성숙기에 접어든 상권과 학원가를 바탕으로 강남 10분, 여의도와 용산 3분 컷이 가능한 1·9호선 2개 급행역에 7호선과 간선-지선-광역-마을로 이어지는 20개 이상의 버스노선을 기본으로 바닥에 깔고 들어서는 1만 세대 하이엔드 신축이라는 단편적 편의성은 우선 차치하고서라도 노량진이 던지는 의미는 대략 다음 2가지 정도로 요약해 볼 수 있을 것이다.

하나는 서울 서남권 벨트가 잠시 부진했던 2010년대, 마포와 성동에 의해 급격히 잠식됐던 강남 차하급지로서의 위상이 노량진의 등장을 기점으로 다시금 이동할 수 있다는 점이다. 여의도를 정점으로 일자리의 마곡과 교육의 목동, 그리고 서남부 최대 뉴타운 신길로 이어지는 노들길 라인 흐름은 선명한 역할분담 아래 제법 밀도가 있는데, 노량진의 등장으로 이 흐름은 단절됐던 흑석과 연결되며 곧장 반포로 향한다. 특히 2·7·9호선으로 원활한 동서 이동에 비해 상대적으로 단절되어 있던 남북 이동이 신안산선과 신림선의 등장으로 메워지면서 서남권의 신길·노량진·흑석 뉴타운 벨트는 대척점에 선 마포와 서대문의 공덕·아현·북아현 벨트를 압도하며 향후 용산과 여의도 개발 수혜를 가장 많이 보게 될 것이다.

또 다른 하나는 2002년 은평과 왕십리를 시작으로 3차에 걸쳐 지정된 서울 뉴타운 사업이 거의 마무리 돼가는 시점에서 민간의 재개발과 재건축이 위축된 틈을 공공이란 이름이 잠식하고 있는 이때, 노량진뉴타운은 어쩌면 이 시대의 마지막 기회이자, 아이러니하게도 앞으로 도심의 재개발로써 어떤 개념과 방식이 옳은 것인지를 증명하는 기준점이 되었다는 점이다. 대중이 원하는 방식은 LH의 공공 주도가 아닌, 조합원에게 하이엔드를 안길 수 있는 민간이 주도하는 방식이요, 대중이 살고 싶은 곳은 왕복 만원이 넘는 금액을 내며 50m 지하에서 시속 200㎞로 내달리는 GTX가 있는 지방이 아니라, 좀 서서 가도 좋으니 직장까지 데려다줄 수 있는 평범한 지하철이 있는 곳이라는, 그 불편하지만 선명한 사실 말이다.

계속 가보자.

각자의 길을 가다:
신길과 당산, 그리고 여의도

동작구에서 여의대방로를 건너면서부터 영등포구다. 영등포구이면
서 영등포구 아닌 여의도부터 밟아본다. 절대권력자 박정희에 대한
충성경쟁이 한창이던 60년대, '불도저'라 불린 사나이 하나가 있었으
니 바로 서울시장 김현옥이다. 그는 주군 박정희에게 내보일 가시적
성과물이자, 전쟁 후 부족하고 낙후된 서울의 주택문제를 일거에 해
결하기 위한 방책으로 여의도를 집어 들었다. 자신의 별명대로 밤섬
을 폭파하고 불도저로 밀어낸 후 나온 돌이며 자갈로 강변에 제방을
쌓아 모래벌판이던 여의도를 신식 택지로 조성했는데, 이것이 대한
민국 최초의 신도시, 여의도의 시작이다.

애초의 계획은 여의도를 절반으로 나눠 서편에는 국회와 외교부,
동편에는 서울시청과 대법원을 배치해 명실상부 나라의 정치, 외교,

행정, 사법의 심장으로 조성시킨다는 것이었지만, 불도저의 아드레
날린이 너무도 과했던 탓이었는지, 1970년 4월 8일, 6개월에 만에 준
공시킨 와우아파트와 함께 그도 붕괴하며 유야무야됐다. 불도저 김
현옥이 가파른 경사임에도 불구하고 와우산 중턱에 아파트를 지은 이
유는 자신의 업적을 청와대에서 잘 보이게 하기 위함이었는데, 정작
그 덕택에 붕괴사고 처리 과정을 청와대에서 잘 모니터링할 수 있었
다니 역사의 아이러니는 끝이 없다.

여의도에는 1971년 입주해 올해로 지천명을 넘긴 장남 시범이와 장
녀 초원이를 비롯해 서울·수정·공작·목화·삼부·장미·화랑·대교·진주·
한양·삼익·은하·미성·광장으로 이어지는 16남매가 있는데, 역시 오
늘날과 같은 저출산 시대에서는 좀처럼 찾아볼 수 없는 다산의 시대
답게 이름은 시골스러워도 스케일은 남다르다. 1978년생 막내 광장
이가 올해로 마흔하고도 다섯 살로 나보다도 형님이니 반백 년 가까
이 산 큰형과 큰누나들은 슬슬 재건축을 하려는데, 주민들은 세월의
무게 앞에 한 해 한 해가 아쉬워 조금이라도 속도를 내고자 신탁방식
까지 들고 나왔건만, 박원순의 서울시가 그렸던 여의도 마스터플랜
이란 도대체 손에 잡히는 게 없었다. 저 멀리 용산과 압구정이 그랬
듯이 여의도는 섣불리 함부로 건드리면 안 되는 곳이니 그냥 그런 줄
알고 넘어가면 된다. 어차피 이제는 외부에서 안으로 들어가기도, 반
대로 안에서 밖으로 빠져나오기도 힘들어진 곳이니 차라리 편한 마음
으로 그저 지켜보면 될 일이다.

영등포구로 들어가기 전에 혹여 언급이 없다고 궁금해할까 미리 말
해두거니와, 난 아크로타워스퀘어가 터 잡고 선 영등포뉴타운엔 분

명한 한계가 있다고 본다. 본래 땅이 타고난 팔자가 무언가 깎고 두들겨 만들거나 사고파는 장사와 연이 닿은 까닭인데, 그러니 사람이 들어가 사는 아파트와는 궁합이 맞지 않는 것이고, 회사나 백화점이 내 집에서 가까운 것과 내 집이 회사나 백화점 한복판에 있는 것과는 완전히 결이 다른 문제인 것이다.

여의도를 뺀 영등포구에서 공기의 온도가 가장 뜨거운 곳은 당산과 신길이다. 두 곳 모두 땅의 온도 또한 뜨거우나, 난 신길에서 더 뜨거움을 느꼈다. 그러고 보니 당산에도 몇 년 새 꽤나 많은 변화가 있었더랬다. 그 사이 당센아는 자리를 잡아 독야청청 대장질을 해 먹고 있고, 길 건너 유원 형제도 끝내 신축한 조선선재를 극복하고 한 송이 국화꽃 피울 날을 사이좋게 기다리고 있으니 말이다. 하지만 당산은 땅이 좁고 거친데 느리다. 느리니 쪼개지고, 좁고 거친데 쪼개지기까지 하니 군불을 땠음에도 좀처럼 온도가 올라가지 않는 것이다.

당산의 핵심이라고 할 수 있는 당산 2동은 가뜩이나 엉덩이 붙일 땅덩이도 좁은데, 영등포뉴타운을 제외한 영등포역 위쪽 지역이 모두 준공업 지역인 탓으로 물류센터와 자동차 정비소에 이제는 기어이 15층짜리 아파트 10여 미터 앞에 20층짜리 산업센터까지 들어앉을 기세다. 중간의 메인 도로인 당산로는 2호선 지상 구간이 단절시키는데, 유원1·2차를 다시 지어봐야 1,300세대에 조금 못 미치는 수준이고, 그나마 1990년 이전으로 재건축을 바라볼 수 있는 현대3차나 저 아래 한양은 준공업 용적률에 앞이 막히거나, 워낙에 바닥이 좁다.

그러니 여의도와 한강을 품고서 9호선 급행과 2호선의 절묘한 골든 크로스를 가지고도 대장 당센아는 20억 허들에 갇혀있고, 덩치 큰 래미안4차와 두 동짜리 롯데캐슬프레스티지는 대장 위아래에서 갈피를 못 잡고 있다. 내 누차 네게 말했거니와, 그래서 재개발이나 재건축과 같은 도심의 리뉴얼은 템포 못지않게 설령 단지가 쪼개지더라도 합쳐서 일정한 규모를 이룰 수 있는 동시성이 중요한 것이고, 또 그래서 내가 하늘에서 폭탄 서너 발을 동시에 떨군 후에 깡그리 밀어버리고 처음부터 다시 시작하는 뉴타운을 맨날천날 좋다고 편애하는 것이다.

서쪽으로 가는 길, 잠시 발걸음을 멈추고 영등포구 한복판 샛강변에 우뚝 선 아타스를 무심히 바라본다.

"외롭다."

영등포 아크로타워스퀘어

딴은 그렇다. 세상에는 강력한 존재감과 범접할 수 없는 아우라를 바탕으로 주변 아파트와 경쟁을 통해 스스로의 존재를 부각시키는 유아독존(唯我獨尊) 팔자의 아파트가 있는가 하면 주변 단지들과의 합심을 통해 서로 부족한 부분을 채워주며 다 같이 살길을 열어야 할 화기치상(和氣致祥)의 팔자도 있는데, 당장에는 유아독존이 멋지고 강해 보일는지는 몰라도 대개 길고 오래가는 쪽은 화기치상이니, 살아 움직이는 사람이나, 가만 서 있는 집이나 세상의 깊은 이치 앞에선 별반 다름이 없다.

영등포뉴타운의 아크로타워스퀘어는 전자요, 신길뉴타운의 래미안에스티움은 후자인데, 2002년 은평뉴타운을 시발점으로 3개 차수에 걸쳐 26개 지구에 34만 7,600여 세대를 공급하겠다는 서울시의 야심찬 뉴타운 계획 가운데 태생부터 돈의문뉴타운과 더불어 가장 작은 규모를 다투었던 영등포뉴타운이니 그저 안타까운 건 주변에 좋을 때나 힘들 때나 함께해줄 변변한 친구가 없다는 것이다. 반면에 신길동에 일찌감치 터 잡고 진즉부터 완장을 차고 있는 에스티움은 주변에 유쾌하고 즐거운 친구들이 그득하다.

잠시 신길뉴타운으로 가본다. 에스티움보다 조금 더 일찍 태어나 그 외롭던 시절에도 든든히 곁을 지켜주었던 949세대 친형 11구역 프레비뉴를 시작으로 좀 작아도 살림꾼인 612세대 14구역 아이파크는 물론 단일 1,546세대 5구역 보라매SK뷰와 1,008세대 12구역 센트럴자이까지, '팀 신길'의 붙박이 센터 에스티움을 기준으로 바야흐로 트로이카의 완성인데, 에스티움 후면으로 1,476세대 9구역 힐스테이트 클래시안과 641세대이 마지막인 8구역 파크자이까지 따르니 이것이 바로 신길 뉴타운의 실체다.

내가 신길뉴타운에서 4년 전부터 뜨거운 땅의 온도를 느낀 건 단순히 뉴타운이거나 새로운 지하철 노선이 뚫려서도 아니고, 허구한 날 여기저기서 짱깨, 조선족 소리나 듣고 다니는 어수룩한 신길동을 좋아해서는 더더욱 아니었다. 그건 바로 여의도와 한강의 배후에서 마곡과 목동으로부터 발원한 흐름을 노량진과 흑석으로 잇는 절묘한 연결지점에 자리하면서 1만 세대 신축을 동시성 있게 조성한 뉴타운이란 교집합 때문이었다. 다들 신길뉴타운의 황금기를 신안산선의 개통과 연결 짓지만, 난 신길의 진정한 전성기는 노량진 재개발과 여의도 재건축 시작 무렵으로 본다.

다시 영등포뉴타운을 본다.

아타스 옆에 붙은 1-3구역 포레나센트럴은 그나마 296가구 중 오피스텔 111실을 빼고서 지상 30층 3개 동에 남는 건 185세대뿐이니 여전히 무언가 아쉽고, 또 외롭다. 답답한 마음에 1-12구역이 총대를 매고 1-14와 1-18까지 합심해 무언가를 도모해 보겠다는데, 각각의 사안 모두 일정 비율 이상의 조합원 동의가 수반돼야 하니 그 성사 여부야 시간을 두고서 조금 더 지켜볼 일이다. 하지만 그럼 또 뭐하냔 말이다. 주변 구역들에 아타스와 포레나센트럴까지 더한들, 한강 넘어 3,885세대 마래푸에도 미치지 못하니 그저 지정 해제된 구역들이 눈앞에 삼삼할 뿐이다.

영등포뉴타운과 신길뉴타운을 보고 있자면, 문득 강 건너 돈의문뉴타운과 아현뉴타운이 겹쳐진다. 영등포뉴타운보다도 더 작은 규모인 돈의문뉴타운은 3호선과 5호선을 기반으로 전면의 안산과 후면의 경희궁을 품으며 통일로를 끼고 경희궁자이가 들어앉았는데, 이곳에선 광화문도, 종로도 한달음이다. 마치 아타스로부터 여의도가 그러듯 말이다. 그런 경희궁자이는 마·용·성의 상징과도 같은 마래푸도 아직 넘을 수 없는 철옹성인데, 바로 아타스와 에스티움의 관계가 묘하게 오버랩되는 지점이다. 명실공히 강북 통합대장인 경자는 적어도 현 시점에서는 이름만큼이나 고상한 자태를 뽐어내며 천상천하 유아독 존이지만, 주변에 함께할 친구가 없고, 그러니 또한 외롭다.

아현뉴타운에 들어앉은 '마래푸'는 우선 군이 친구가 필요할까 싶을 정도로 스스로의 덩치도 크지만, 누가 슈퍼스타 아니랄까 봐 같은 소 속사 멤버마저 화려하다. 염리3구역 마포프레스티지자이와 대흥2구역 신촌그랑자이는 모두 분양 시장을 한 번쯤은 들었다 놓은 이력이 있는 전국구 스타니 굳이 설명을 더 할 필요가 없는데, 바로 위에는 아직 아 현2구역이 남아있고, 다시 아래쪽 대흥역과 공덕역 주변으로도 공덕 SK리더스뷰를 비롯해 우정을 나눌 지긋한 친구들이 참 많다. 영등포 와 신길이든, 아현과 돈의문이든 유아독존과 화기치상 팔자 중에 누구 팔자가 마지막에 웃는 상팔자일는지는 그저 지켜보면 될 일, 하지만 언젠가 웃는 편은 아마도 유아독존보단 화기치상 팔자일 것이다.

영등포구청역에서 당산로 따라 10분도 채 못 걸었는데 이내 문래역 이 나온다. 문래동에 들어서니 문래역 끄트머리에, 이쪽 동네에서는 좀 처럼 쉬이 찾기 힘든 덩치 하나가 보이는데, 단일 1,302세대로 약관을 넘긴 문래자이다. 별도의 행정동 분할 없이 그 자체로 법정동이자 행징 동인 문래에서는 문래역을 중심으로 문래동 3가 정도가 눈에 드는데 땅 모양은 평평하고 반듯해도 무언가 도모할 만한 온도는 느끼지 못했다.

　부동산 문제에서 잠시 비켜서자면 사실 문래동의 원조는 뭐니 뭐니 해도 그 옆에 붙어있는 문래동 4가다. 지명에 평평하다는 한자를 쓰는 양평동과 마찬가지로 지형 전체가 평탄한 문래동 중심에는 여전히 그 모습을 온전히 가진 문래동 4가의 영단주택 단지가 있는데, 근처 높은 빌딩에 올라가 4가 일대를 내려다보고 있노라면 마치 도심 속 섬과 같은 느낌이다.

　태평양전쟁이 한창이던 1937년, 다시금 중·일 전쟁을 일으킨 일본 제국은 식민지였던 조선반도 곳곳에 군수물자를 대기 위한 병참기지를 설치했는데, 대규모 방직공장이 있던 문래동도 그 운명을 피해갈 수 없었다. 문익점이 목화를 전래했다는 것에서 유래된 문래동(文來洞)이란 지명처럼 결국 또 옷감으로 먹고사는 방직공장인데, 역시 동네의 팔자는 좀처럼 바꿀 수 없는 그 무엇이다.

공장이 들어서고, 기계가 돌아가니 작업장에서 일하는 노동자들을 거주시킬 주거 공간이 필요해졌는데, 이를 위해 1941년 조선총독부는 특수법인인 조선주택영단을 설립하고, 보다 많은 인원을 수용할 수 있도록 폭 6~8m 폭의 격자형 도로망으로 바둑판처럼 빼곡히 배치된 대규모의 영단주택 단지를 조성하기 시작한다. 전국적으로 보면 저 멀리 함흥과 청진부터 저 아래 부산과 진해까지 총 19개 도시에 2만 호를 건설하겠다는 복안이었는데, 이 가운데 문래동에는 약 690호의 영단주택이 조성됐다.

여의도가 격동의 70년대, 1인자 박정희와 불도저 김현옥의 손으로 탄생한 대한민국 최초의 신도시였다면, 그보다 30여 년 앞서 조성된 문래동 4가 영단주택 단지는 조선 최초의 계획도시였던 셈이다. 해방되어 일본도 물러가고, 조선 대신 대한민국이 건립되었지만, 항상 그렇듯 부동산은 터를 남기니 6.25 난리 통에도 영단주택은 건재했다. 6.25 직후 격동의 고단한 서울살이에 지친 사람들 중 상당수는 그나마 경사 없이 평탄한 터에 주택이 건재하면서 노동집약형 산업의 상징인 방직공장이 돌아가던 영등포 문래동으로 몰려들었는데, 여전히 문래동 골목에는 다양한 연령대가 한데 섞여 살고 있다.

해방 이후 영단주택으로 집을 구해 들어온 이른바 '문래동 1세대'인 소상인과 방직공장 노동자들은 그렇게 할아버지가 되었고, 그들의 아들이자 60~70년대 문래동과 영등포 일대를 작은 철재 공장으로 개조한 '2세대' 기계금속 노동자들은 또 그렇게 이 시대의 우리네 아버지가 되었으며, 마지막으로 2000년대부터 노후된 빈 공장에 작업실을 구해 예술세계를 펼친 '3세대' 예술인들은 그런 그들의 손주요, 아들과 딸이다. 그렇게 반세기가 넘는 시간을 켜켜이 한 장소에서 견딘 그들 '수난삼대(三代)'가 만들어낸 문래동 뒷골목은 지금에 와서 서울 속 색다른 즐거움을 선사하는 예술촌으로 거듭났다. 마치 노후된 중화학 단지였던 영국의 게이츠헤드처럼 말이다.

100년을 이은 노포(老鋪)처럼 이제는 마치 예술가의 작업실을 닮은 공장 안에서 기계금속 가공을 하는 소공인(小工人)들, 그리고 그런 소공인들의 고집을 닮은 예술인들. 서로가 있어야지만 완성되는 문래동 골목이다. 하기야 매번 부동산도 좋고, 아파트도 좋고, 다 때려 부수는 재개발 얘기도 좋지만, 마음속 한 켠에 아스라이 사라져가는 추억 하나쯤은 간직하고 살아야 또 사람이 아니겠는가 말이다.

이제 그만 다음 동네로 떠난다.

내가 만만해?:
관악과 금천, 그리고 구로

신길뉴타운에서 신길로를 따라 내려오다 보니 대림3구역 이편한세상영등포아델포레가 보이는데, 이곳에 대해서는 별로 할 말이 없고, 차라리 바로 옆에 자리 잡은 한 붉은 벽돌 건물에 시선이 꽂힌다.

'태양의 집', 일명 '썬프라자'는 작고한 유명 근대 건축가 고(故) 김중업 선생이 곡선과 직선, 그리고 원이라는 세 가지 요소를 모티브로 1979년 설계해 3년 뒤인 1982년 준공한 작품인데, 지금도 건축학도들 사이에서는 한 번쯤은 가봐야 할, 꽤나 의미 있는 성지로 꼽힌다.

어릴 적 신대방역 근처에 있던 큰집과 신림역 근처 고모 댁에 놀러 갈 때, 형들과 찾은 썬프라자 옥상에서 100원짜리 동전을 넣고 났던 동물 모양의 놀이기구며 당시로는 제법 고급스러운 미니 백화점 콘셉트에 에스컬레이터까지 갖춘 실내는 아직도 생생한 기억이건만, 사람이든 건물이든 흐른 세월만큼이나 여기저기 노쇠한 모습은 감출 길이 없다.

썬프라자는 그간 몇 차례나 없어질 위기를 맞았지만, 우여곡절 끝에 변신에 변신을 거듭하여 아직도 그 명맥을 유지하고 있다. 1934년 4월 일본 건축가 타마타 키즈지가 바로크 양식에 따라 설계하여 '명치좌'라는 이름으로 개관한 이래 근현대 한국 공연예술의 구심점이었던 명동예술극장이나, 1919년 9월 강우규 의사가 조선총독부 총독에게 폭탄을 투척한 연유로 1925년 준공되어 근 100년간 한국인들과 영욕을 함께 한 서울역만큼의 무게감은 아닐지 몰라도, 현재 5개 분야 461개의 서울시 미래유산에는 충분히 포함될 만하다.

서울시 중구 명동길35 명동예술극장과 서울시 용산구 한강대로405 서울역 전경

기왕에 말이 나왔으니 말이다. 30~40년 전 지은 서울의 아파트들이며, 이전한 구치소 감시탑을 통해서도 한국인들의 근현대 생활 모습을 엿볼 수 있다며 길고 긴 기다림 끝에 재건축하려는 개포4단지 58개 동 가운데 기어이 2개 동을 남기고, 원래 15층인 잠실5단지 523동의 4개 층과 단지 중앙의 굴뚝을 남겨 서울의 미래유산으로 지정하겠다는, 지금은 고인이 된 전임 시장 시절의 서울시가 내놓았던 정책들은 이념과 진영을 떠나 더 이상 나오지 못하도록 이제라도 우리 모두가 정신을 차리고 감시해야 한다고 생각한다. 정책이 보편타당한 상식의 선을 넘는 순간, 그때부턴 정책이 아닌 몽니가 되는 까닭이다. 늦게나마 다른 길을 찾았다니 참 다행스러운 일이다.

영등포구에서 보라매공원 넘어 2호선이 지상으로 지나는 도림천을 건너니 곧바로 관악구로 접어든다. 서울 25개 자치구 가운데 가장 적은 법정동 수를 자랑하는 관악구는 행정 편의와 함께 오랜 세월 켜켜이 쌓여 좀처럼 지워지지 않는 낙후된 이미지를 벗기 위해 3개의 법정동을 기반으로 저마다의 이유 있는 이름을 지어 붙인 행정동 쪼개기에 나서는데, 단출한 법정동에 한이 많아서였는지, 봇물 터진 듯 갈라져 나온 행정동만 무려 21개에 이른다.

그 가운데는 기존 신림4동의 첫 글자 '신(新)'과 숫자 '4(四)'를 선비 '사(士)'로 바꾸는 기막힌 창의력을 뽐내며 탄생한 관악구 신사동과 느닷없이 저 멀리 안양시와의 경계 부근에 있는 삼성산에서 따온 관악구 삼성동, 동작구에 속한 보라매공원에서 가져온 관악구 보라매동도 보이는데, 오리지널 삼성동과 신사동을 가진 강남구와 보라매공원을 보유한 동작구로부터 권한쟁의 청구까지 받았으니, 그 와중에 서울대가 있다고 지어 붙인 관악구 대학동은 차라리 마냥 순수하고 해맑다.

넓디넓은 관악구에서 볼 것이라곤 쑥고개 길목 봉천 12·13구역과 저 아래 신림뉴타운 정도다. 난 신림뉴타운 1구역에서 관악구의 제일 높은 온도를 느꼈지만, 구태여 네게 이제 와 들어가라 권하고 싶진 않다. 관악구는 넓은 면적만큼이나 무어라 한마디로 단정 짓기 힘든 곳이다. 마치 알래스카 북부 한대부터 멕시코만 연안의 아열대까지 넓은 스펙트럼을 보이는 미국의 기후처럼 서쪽의 금천, 구로부터 동쪽의 동작, 서초까지 다양한 생활권이 혼재된 것에 더해 서울 25개 자치구 가운데 인구 대비 노년층과 청년층의 비중이 가장 극단화된 독특한 인구구조에서 비롯된 것이 아닐까 하는 추측만 그저 어렴풋이 할 뿐인데, 다채롭다는 건 어쩌면 섣부르게 다가갔다가는 낭패를 보기 십상인 곳이란 뜻도 될 것이다.

관악구를 뜨는 길, 이왕에 온 김에 섭섭함이나 남지 않도록 핫스팟 샤로수길을 본다. 상권 수명이 짧아진다는 얘기야 딱히 새삼스러울 게 없지만, 이제 그 흥망성쇠의 주기가 아파트 전세 한 바퀴 정도인 2년 안팎이라니 덜컥 숨이 막힌다. 어느새 한물간 이태원 상가 공실률은 25%에 육박해 이미 서울 평균 공실률인 7.5%의 세 배를 웃돈 지 한참이고, 코로나까지 힘을 보태니 이태원 옆 경리단길은 건물마다 빈 가게가 수두룩하다.

입소문을 타고 반짝 뜨면 임대료가 급등하고, 오른 임대료를 감당 못해 정작 그곳을 유명하게 만들어준 터줏대감들이 떠나가면 그 뒤로 아무도 들어오지 않으니 곧 그 이름도 유명한 젠트리피케이션이다. 본디 상품을 파는 곳이 상권인데, 상품에 대한 소비 속도가 빨라지니 그 상품을 파는 상권도 덩달아 빨리 소비되고, 싫증 나면 버려지는 더러운 세태다. 이 샤로수길도 앞으로 얼마나 SNS 사진 재료로 이용된 뒤 싫증나 버려질는지 나로서는 알 길이 없다. 선배들이 찾던 신림동 녹두거리 녹두집이나 우리들이 찾던 신촌 훼드라처럼 매번 사진 찍기에만 바쁜 저들도 훗날 가슴속 저 한 켠 어딘가에 아련히 남아 있는 술집 하나 정도는 있으려나 모를 일이다.

관악구를 나서 남부순환로를 따라가다 신림푸르지오1차 건너편 옛 금천경찰서 자리를 지나면서부터 금천구로 접어드는데, 남북으로 뻗은 시흥대로와 동서를 가르는 남부순환로가 교차하는 시흥IC를 기준으로 관악구와 구로구, 그리고 금천구가 경계를 이룬다. 멀쩡하던 백화점이 하릴없이 무너지고, 땅 밑 지하철 공사장에서 가스가 폭발해 50m까지 불기둥이 솟구치던 27년 전 그해, 구로구에서 떨어져 나와 독립한 금천구는 북쪽의 구로구, 동쪽의 관악구, 남쪽의 안양시, 서쪽의 광명시와 경계를 두는데, 전체적으로 길쭉한 모양의 구의 정중앙은 시흥대로가, 왼편은 중앙의 시흥대로와 나란한 경부선 철도가 관통하고 있다.

등록된 인구수는 서울 25개 자치구 가운데서도 손꼽힐 정도로 적지만, 그에 비례해 땅도 좁은 데다, 산 떼고, 천 떼고, 공장에 사무실까지 떼고 나니 인구밀도는 오히려 빡빡한데, 시흥대로변으로 가로 뻗은 오르막 내리막에 뒤엉킨 건축물들과 함께 가뜩이나 산만한 동네 분위기를 고조시키기에는 전혀 부족함이 없다. 27년 전, 새롭게 태어나기 훨씬 전부터 '불알친구' 가리봉, 구로와 함께 의기투합해 미싱,

봉제와 인쇄업 등 저부가가치 제조업을 기반으로 그 어렵던 시절, 일찍이 나라에 충성하는 산업 역군이자 수출의 선봉장에 섰지만, 이미 지하철역 이름에서조차 지워진 '구로공단'과 함께 역사의 뒤안길로 사라진 지 한참이다.

달면 삼키고, 쓰면 뱉는 게 세상인심이라지만, 이 정도로 국가에 헌신했으면 9호선 급행역은 아니더라도 그 흔한 경전철이나 나랏돈 안 들어가고 생색낼 수 있는 뉴타운 하나 정도는 지정해줄 법도 한데, 토사구팽이나 다름없으니 그저 요즘은 한낱 개 팔자도 사냥개보다는 애완견이 갑이다. 그래도 죽으란 법은 없으니 2000년대부터 본격화된 IT와 벤처 열풍을 타고 그 바닥의 명망가와 젊은이들이 약속이나 한 듯 속속 모여들었지만, 마곡 사이언스파크, 판교 테크노밸리 같은 신세대에 밀려 그마저도 행색이 궁색하다.

교통은 어떤가? 지하철은 관두고서라도 중앙을 관통하는 시흥대로와 왼편의 서해안고속도로, 서부간선도로 외에는 딱히 제대로 된 도로조차 눈에 들어오는 게 없는데, 그나마 구의 상단을 스치듯 지나는 남부순환로를 빼고 나면 동서로 횡단할 길은 없으니, 관악산을 넘을 터널 하나가 아쉬운 마당에 느닷없이 저 필요 이상으로 화려한 오버스펙의 금천구청 청사가 오늘따라 더 야속하기만 하다.

지하철도 그렇다. 구 상단 핵심지역에 위치해 1호선과 7호선이 교차하는 가산디지털단지역 정도만 눈에 들어올 뿐, 적어도 이미 서울 안에서는 지하철의 기능을 상실한 1호선의 쓰러져가는 독산역과 금천구청역, 단둘뿐인데, 그마저도 구의 왼편에 완전히 치우치다 보니 대다수의 주거 지역으로부터 접근성이 떨어지고, 그러니 동편에 사는 사람들은 더럽고 아니꼬워 차라리 버스 타고 구로디지털단지역이나 신림역으로 나간다.

상황이 이렇지만 그렇다고 딱히 당장에 뭐 하나 나아질 희망조차 보이지 않으니, 그 결과는 매년 그들끼리 꼴찌 순위만 엎치락뒤치락할 뿐, 그새 미운 정, 고운 정 다 들어버린 소울메이트 노·도·강, 중랑과 더불어 서울 25개 자치구 중 최하위에서 헤어날 기미가 없다. 매번 안에서도, 밖에서도 타박만 듣고 살다 보니 서럽기 그지없는데, 오히려 안양천 건너 경기도에 속했으면서도 더 팔자 좋게 살고 있는 광명이 주는 거 없이 야속하기까지 하다.

"왜 맨날 내 말은 안 듣는데?
왜 맨날 나한테만 그래? 내가 만만해?
난 뭐 아무렇게나 해도 되는 사람이야?
왜 나만 계란 후라이 안 해줘?
내가 계란 후라이 얼마나 좋아하는데…
맨날 나만 콩자반 주고… 나도 콩자반 싫어하거든?!"

드라마 <응답하라 1988>에서 덕선의 대사 中

늘 서러운 금천의 변(辯)이었다.

남부순환로를 건너니 구로구다. 요즘 세대라면 몰라도, 88올림픽 마스코트 호돌이도 반갑게 알아보고 2002월드컵 대표팀 얼굴도 좀 구분할 줄 아는 정도의 나이라면 '구로'라는 낱말에서 가장 먼저 연상되는 것은 단연 구로공단일 게다. 양질의 저렴한 노동력을 토대로 일으킨 노동집약형 제조업이며 중화학공업으로 60~70년대 너 나 할 것 없이 배고팠던 대한민국을 튼실히 먹여 살렸던 구로공단은 우리나라가 1971년 수출 10억 달러에 이어 1977년 수출 100억 달러의 금자탑을 달성할 때 혼자서만 11억 달러 수출을 담당한, 문자 그대로의 전진기지였다.

동시에 구로공단은 격동의 80년대에 접어들면서는 청계천 평화시장의 전태일과 더불어 1985년 구로동맹파업으로 상징되는 인권과 노동운동의 태동지이자 성지이도 했다. 6.25 직전 월북해 인민군 복장을 하고서 노동상과 최고인민회의 상임위원회 부위원장까지 역임한 김원봉조차 대통령이 현충일 기념사에서 언급하고 추앙하는 마당에 이 나라 수출산업의 역군이요, 최저시급 1만 원을 주지 못해 전임 정부가 그리도 안타까워하는 노동인권의 본산이었던 그들이었건만, 흐르는 세월의 뒤안길에 잊혀진 그들을 기억하는 이 아무도 없으니 37년 만에 구로동맹파업이라도 한 번 더 해야 할 판이다.

금천과 달리 상하보단 좌우로 길쭉한 지형을 가진 데다, 동쪽으로부터 구의 3분의1 지점을 종단하는 안양천이 흐르는 탓에 관내에 거주하는 외국인들만큼이나 다양한 생활권을 가진 구로구는 제법 많은 10개의 법정동을 가지고 있다. 18㎞가 넘는 인천대교와 3.7㎞의 해저

침매터널로 바다도 건너는 세상이라지만, 정작 구로구를 동서로 가르는 안양천의 심리적 배리어는 생각보다 공고한데, 구로구의 중심은 안양천 서측보단 동측이고, 그 한복판에는 구로구인 듯 구로구 아닌 구로구의 자랑 신도림이 있다.

그런 신도림을 또한 먹여 살리는 건 역시나 38년 전 문을 열어젖힌 1·2호선 환승의 신도림역이다. 1호선으로만 치자면 훨씬 더 유명한 한 정거장 전 영등포역도 있었고, 한 정거장 다음 구로역도 있었지만, 그 무슨 운명의 장난으로 2호선과 합궁을 하게 되었으니, 38년이 지난 지금 신도림역은 하루 이용객 50만을 가뿐히 넘기며 대한민국 모든 지하철 노선과 모든 역사(驛舍)를 통틀어 가장 환승 인구와 혼잡도가 높은 '헬도림'이 되었다. 애초에 신도림역은 오로지 1호선과 2호선 간의 환승을 위해 조성됐을 뿐, 역을 품은 신도림동 자체는 부모 격인 원조 도림동과 더불어 불과 2000년대 초중반까지만 해도 준공업 시설이 난무한, 그야말로 별 볼 일 없는 곳이었다. 그러던 것이 2007년 테크노마트에 이어 2011년 서울 서남권의 핫스팟 중 하나인 디큐브시티가 들어서면서 교통과 유동인구, 그리고 주변의 편의시설들을 기반으로 제법 안정적인 주거지역으로 변모해 지금의 모습을 갖추게 된 것이다.

디큐브시티 한 켠, 해바라기 공원을 딛고 신도림역에서 정확히 직각으로 교차하는 1호선과 2호선 지상 구간을 바라보며 잠시 생각에 잠긴다.

"나는 나룻배 당신은 행인.

당신은 흙발로 나를 짓밟습니다.

나는 당신을 안고 물을 건너갑니다.

나는 당신을 안으면 깊으나 얕으나,

급한 여울이나 건너갑니다.

만일 당신이 아니 오시면

나는 바람을 쐬고, 눈비를 맞으며

밤에서 낮까지 당신을 기다리고 있습니다.

당신은 물만 건너면

나를 돌아보지도 않고 가십니다 그려.

그러나 당신이 언제든지

오실 줄만은 알아요.

나는 당신을 기다리면서

날마다 날마다 낡아갑니다.

나는 나룻배 당신은 행인."

「나룻배와 행인」이라는 만해의 시다. 애초 신도림역은 그 태생부터 자체적인 승·하차보단 1호선과 2호선 간의 환승을 염두에 두고 설계된 곳이었는데, 역사(驛舍)의 다소 기형적 구조와 출구가 그것의 방증이다. 너도 이미 알고 있고, 내 말에서도 짐작했겠지만, 구로구에서 공기가 가장 뜨거운 곳은 신도림인데, 옛날에도 그랬고, 지금도 그러하며, 앞으로도 그러할 것이다. 하지만 난 유독 그곳의 땅에선 공기만큼의 온도를 느끼지 못했다. 앞서 청량리에서도 이야기했지만, 환승에 방점이 찍힌 곳들은 얼핏 교통이 좋은 듯 보여도 지역과 지역을 이어주는 관문이자 그저 수단인 나룻배 팔자일 뿐, 태생적인 한계가 분명한 곳이기 때문이다.

안양천·도림천에 1호선 철길과 서부간선도로로 둘러싸여 옴짝달싹하기도 힘든 지형에 기계상가까지 거들고 나섰는데, 구로차량기지 직전 1호선 경인선과 경부선 분기점까지 경혈에 박혔으니 안 그래도 좁은 바닥이 도무지 숨 쉴 틈 없는 도심 한복판 맹지다. 그러니 내가 신도림 293 보기를 청량리 588 같이 하는 것이다. 열심히 애썼으되, 그렇다고 모두가 대단한 무언가를 이룰 수 있는 건 아니니, 삶이든 땅이든 얄궂은 건 매한가지다. 그럼에도 지금까지 그러했듯 앞으로도 신도림은 또한 제 갈 길을 찾아갈 것이다. 하지만 용적률 꽉 찬 신도림이편한 7남매 중 첫째가 이제 막 약관을 넘긴 마당에 GTX 도입으로 신도림의 상전벽해가 가능할는지, 난 도통 그림이 그려지지 않았다.

신도림을 나와 지하차도를 건너니 곧장 다음 동으로 접어드는데, 꽤 넓은 구로구에서도 가장 넓은 면적을 자랑하는 구로구의 상징이자, 아래로 다섯 개의 행정동을 거느린 구로동이다. 구로동 5형제 중 돋보이는 건 2·4동보단 그나마 홀수로 이어지는 1·3·5동이지만, 세월의 고된 무게와 철길로 둘러싸인 고립감 앞에서 땅의 온기를 느끼기란 애당초 쉽지 않은 일이다. 구로3동이야 그 옛날 구로공단 시절부터 일자리로 먹고산 팔자였는데, 깔깔거리 후면으로 2호선 구디역과 7호선 남구로역으로 둘러싸인 디지털 국가산업단지는 제법 잘 정돈된 격자형 도로망을 따라 늘어선 현대식 업무단지들이 풍기는 아우라로 안에 들어가 있자면 여의도 어디쯤인가라는 착각이 잠시 들 만큼 공단의 선입견을 깨기에 부족함이 없다. 그야말로 정해진 운명과 팔자를 거스르지 않으면서도 바뀐 시대에 잘 적응한 모범의 전형인데, 깔깔거리를 중심으로 곳곳에 숨어든 맛집과 유니크한 카페들은 70년대 구로공단이 시공간을 넘어 오늘의 젊은 세대에게 전하는 일종의 오마주이자, 나 아직 죽지 않았다는 일성이리라.

안양천을 건너기 전 잠시 아래쪽에 길쭉하게 붙은 구로의 아픈 손가락, 가리봉을 본다. 고단한 70~80년대 구로공단의 배후지로서 여공들이 옹기종기 모여 살던 가리봉동 쪽방촌은 다닥다닥 생긴 모양 그대로 벌집촌이라 불렸는데, 시대가 변해 여공들이 떠나간 그 터는 낮은 임대료를 등에 업은 조선족들로 속속 채워졌다. 조선족의 메카 영등포구 대림동을 중심으로, 금천구 독산동과 안산시 원곡동과 더불어 가리봉동은 조선족이 가장 많이 거주하는 동네로는 매번 선두를 다툰다. 고대구로병원부터 구로동로를 따라 하나둘씩 보이기 시작하는 중국어 간판은 남구로역 3번 출구를 기점으로 가리봉 시장에 이르러 정점을 이루는데, 우마길이 갈라지는 시장 삼거리부터 디지털단지 오거리까지 약 300m에 이르는 길은 연변 거리로 불릴 정도다. 연길명태어옥, 동북삼성반점, 두만강식당, 도문반점 같은 음식점까지는 이제 서울에서도 흔한 축에 든다지만, 직업소개소와 환전소, 중국

식료품 가게 정도는 또 좀 있어 줘야 진정 현지인이 산다는 차이나타운인 법이다.

1992년 한·중 수교를 기점으로 하나둘 유입되기 시작했던 조선족들은 김대중 정부 시절이던 지난 2002년, 자진 신고한 외국인들에게는 6개월에서 1년간의 출국 준비 기간을 부여한다는 정책을 기점으로 급격하게 불어나기 시작했는데, 의도와 달리 합법적으로 한국에서 일할 수 있는 기회를 부여해준다는 잘못된 신호가 전달되며 그전까지 뿔뿔이 음지에 숨어있던 그들이 양지로 나오면서 하나의 거대한 세를 형성하기에 이른 것이다.

7호선 대림역과 2호선 구디역이라는 양대 축선을 기준으로 이미 신흥 주거단지로 탈바꿈을 마친 상단의 신길로 인해 보증금 100에 월세 20을 전전하는 그들로써 넘을 수 없는 가격의 배리어로 앞이 막히니, 오히려 아래쪽의 가리봉으로 급격히 쏠리기 시작했는데, 이번에는 주객이 전도되어 그사이 얼마간의 부를 축적한 그들이 가리봉이 살기 불편하다며 구디역에서 2호선에 몸을 싣고 신대방, 신림, 낙성대, 그리고 건대입구까지 흩어지고 있다. 난무하는 계획들로 부침만 반복될 뿐, 뭐하나 손에 잡히는 게 없으니, 그나마 앞서가는 '불알친구' 구로와 가산을 지켜보는 가리봉이 그저 애잔하기 그지없다.

이제 그만 안양천을 건너 모교와 동네 친구들이 있는 목동으로 간다.

또 하나의 창이 열리다:
양천구, 목동

애초에 누가 시킨 것도 아니건만, 잠시 휘이 돌아볼 요량으로 떠났던 길이 머릿속 어딘가의 기억을 통해 손으로 쓰인 행간을 따라 여기까지 왔는데, 어느새 정든 마음의 고향, 양천구다.

안양천 건너 구로구와 양천구는 크게 서편의 매봉산 자락 남부순환로와 동편의 계남공원 옆 중앙로로 연결되는데, 이미 잘 알려진 대로 구 전체의 모습이 스코틀랜드에서 온 강아지 '스코티시테리어'를 닮은 까닭에 반려견 문화축제까지 개최하고 나서는 순수함을 간직한 양천구는 '목동·신정동·신월동'으로 이어지는 3개의 법정동과 더불어 무려 18개의 행정동을 거느리고 있으면서 인구밀도로는 대한민국 모든 지자체 가운데 선두를 달리고 있다.

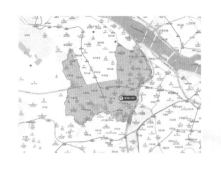

유명한 큰 산까지는 아니더라도 보통 야트막한 동네 뒷산 한두 개나, 그도 아니면 유휴지라도 좀 어지간히 손에 쥐고 있는 다른 자치구들과 달리 부천시와 경계를 이루는 구의 서편 끝자락 일부를 제외하고서는 지역구 전체가 말 그대로 모두 사람 사는 집들로 빼곡히 들어찬 특성 때문인데, 그럼에도 다가구와 다세대들이 주류를 이루는 구 안의 다른 지역들은 몰라도 막상 목동 신시가지를 중심으로 한 중심부는 대부분이 아파트와 고층 건물들로 이뤄진 까닭에 인구밀도 전국 1위라는 타이틀이 무색할 정도로 막상 안에 들어앉아 있으면 또꽤 쾌적하니 요지경이다.

신정로를 따라 중앙로와 목동로를 번갈아 가니 어느새 목동 오거리 너머로 옛집 7단지가 눈에 든다. 지나오는 길, 빼빼 마른 찬규가 살던 10단지, 늘 공부 잘하던 얼굴 뽀얀 귀공자 현철이가 살았던 9단지, 그리고 엄마 친구의 딸이자 내 친구이기도 했던 효진이가 살았던 8단지도 진즉 눈에 담은 터다. 우리가 살 부대끼며 그때 그 시절을 살아낸 집과 놀이터와 길가의 가로수는 크게 변한 바 없이 그대로이건만, 그저 흐른 건 시간이요, 바뀐 건 사람이다.

사실 양천구의 모체인 강서구조차 영등포구로부터 갈라져 나오기 전인 60년대까지만 해도 지금의 양천구 일대에 터 잡고 살던 사람들의 생활은 비참하기 그지없었다. 먼저 개발되기 시작한 인근 지역에서 하릴없이 이주한 철거민들이 도착해 처음으로 맞닥뜨린 것은 무심히 펼쳐진 갈대밭과 남루한 판잣집, 그리고 매번 넘쳐대는 야속한 안양천뿐이었다. 특히나 목동은 낮은 지대로 곁에 있는 안양천이 매번 범람했던 탓에 지금은 같은 양천구로 묶인 신정동이나 신월동보다도 뒤처진 채 철저히 방치됐는데, 우울하기만 했던 팔자는 80년대부터 일대 변혁을 맞게 된다.

1970년 도시지역 주택 부족률은 46.3%에 달했고, 도시 가구의 절반이 넘는 51.6%가 셋집에 살고 있었는데, 그 와중에 서울시 전체 주택의 25%가 무허가 불량주택이었다. 이에 박정희 대통령은 1972년 10월 유신 직후 열린 국무회의장에서 향후 10년간 250만 호 주택 건설계획을 전격발표하는데, 60년대 12.6%에 불과했던 공공주택 공급 비율을 44%까지 끌어올리겠다는 실로 야심 찬 계획이었다. 하지만 유신에 대한 대중의 반발을 무마시키겠다는 선심성 의도가 깔려 진정성이 부족했던 데다, 중화학공업 육성을 최우선 국가과제로 삼았던 박정희 정부로서는 현실적으로도 주택건설에 필요한 재원을 마련하는 데 한계에 부딪힐 수밖에 없었다.

당시 대규모 주택건설은 모두 정부가 주도했던 방식이었는데, 더 이상은 감당할 수 없는 재원 부족 문제를 해결하기 위해 주택건설 절차를 간소화했다. 민간 건설사들에게 각종 인센티브를 제공하는 방식으로 주택건설을 유도함으로써 주택건설은 민간자본이 주도하고, 정부는 주택 배분이라는 정책적 문제만 담당하는 시스템이 만들어진 게 바로 이때다. 오늘날 우리에게 익숙한 방식이기도 하거니와, 주택건설을 정부가 아닌 민간이 주도하는 방식은 이미 50년 전 태동하여 자리 잡은 지 오래이건만, 정작 인권을 존중하고 독재를 혐오한다는 문재인 정부가 유신 시절 이전으로 회귀해 주택의 공급과 배분을 넘어 수요조차 정부에서 통제하겠다며 5년 내내 그 난리였으니, 역사란 아이러니 그 자체이며, 지하의 박정희도 울고 갈 일이 아니던가 말이다.

뒤이은 전두환 정권은 1980년 9월, 5공화국 500만 호 건설계획을 전격 발표하는데, 박정희 정부의 250만 호의 두 배에 달하는 파격 그 자체였다. 그러나 취약한 정통성과 권력 기반에 대한 국민적 지지를 얻기 위한, 순수하지 않은 정치적 동기에서 출발했다는 점에서는 박정희 정부의 250만 호 건설계획과 크게 다르지 않았고, 특히나 당시 전국의 주택 수가 530만 호였다는 점을 감안하면 애당초 이 계획이 얼마나 무리였는지 알 수 있다. 실제 1982년부터 1986년까지 5공화국 기간 중 지어진 주택이 176만 호에 그쳤다는 사실도 당시 계획이 정권 초기 민심 회유용이었음을 말해준다.

86아시안게임과 88올림픽이라는 국가의 중대사를 앞두고 김포공항에서 잠실 주경기장으로 가는 길가에 방치된 안양천변 무허가 판자촌들은 전두환 정부의 눈엣가시였다. 이에 1983년 7월 14일, 목동·신정동 신시가지 개발 계획이 전격 발표됐는데, 지구 내 일방통행과 국내에서 처음으로 시도된 지역난방이라는 최첨단을 탑재하고서

430만㎡ 부지에 14개 단지, 2만 6,629가구로 조성된 목동 신시가지 아파트는 당시 송파구 잠실주공 5개 단지를 합친 1만 9,180가구를 뛰어넘는 국내 최대 규모였으며, 엇비슷한 시기 조성된 371만㎡의 노원 상계지구, 314만㎡의 강동 고덕지구, 그리고 242만㎡의 강남 개포지구는 물론 서울 동남권 대척점에 놓인 143개 동 5,930세대의 둔촌주공의 4.5배에 이르는 엄청난 규모였다.

목동의 개발은 결과적으로 목동과 양천구를 넘어 서울 서남권 전체의 명운을 고치게 된 일대 사변이자, 지역의 한복판에 투하되어 비루하기만 했던 신분을 단박에 역전시킨 일종의 핵폭탄이었는데, 신시가지를 앞세운 목동은 기세를 몰아 신정과 신월을 데리고서 1988년 아예 강서구에서 양천구로 분리 독립되기에 이른다. 지금 목동의 한자 표기는 '나무 목(木)'자를 사용하지만, 조선 시대 너른 평지에 목초가 무성해 말을 방목했던 탓에 옛 표기는 가축을 기를 때 사용하는 '칠 목(牧)'자를 사용했었는데, 목동 1·2단지와 인공폭포 사이에 위치한 용왕산 일대를 '달거리 마을'이라고 칭했고, 다시 그것의 한자식 표기인 월촌(月村)이란 지명이 아직까지도 지역 내에서 널리 쓰이고 있을 만큼 목동 일대에는 유독 옛 지명이 많다. 특히 현재 목동아파트 주변 지역에는 예로부터 '천호지(千戶地)벌'이라 하여 앞으로 수천 호가 들어설 땅이라는 예언이 전해졌다는데, 땅이든 사람이든 이름과 팔자는 도무지 바뀔 수 없는 그 무엇이다.

1세대 소나타가 세상에 출시된 1985년 11월 1단지를 시작으로, 탈주범 지강헌이 '유전무죄 무전유죄'를 울부짖던 1988년 10월까지, 입주하는 데만 꼬박 3년이 걸린 목동아파트는 14개 단지, 2만 6,600여

세대라는 규모에 걸맞게 법정동으로는 목동과 신정동, 행정동으로는 목1동·목5동·신정1동·신정6동·신정7동 등 무려 5개 동에 걸쳐져 있다. 37개 동으로 가장 많은 2단지부터 가장 적은 12개 동 8단지까지, 1단지 101동부터 시작된 목동아파트는 2호선 지선 옆 14단지 1434동까지 무려 392개 동으로 이루어져 있다. 122개 동 올림픽선수기자촌은 물론 아파트 규모의 상징으로 자리매김한 35층 84개 동으로 구성된 헬리오시티를 기준으로 층수를 보정해 건물 수에 곱하기 2를 한다고 해도 두 배가 넘는 엄청난 물량이자, 바로 서울 서남권 부동산의 패권을 쥐고 때를 기다리고 있는 목동의 잠재력을 엿볼 수 있는 지점이기도 하다.

하릴없는 세월 앞에 낡고 지쳐 비록 공기는 좀 식었을지언정 양천구를 넘어 서울 서남권을 통틀어 내가 가장 뜨거운 땅의 온도를 느낀 곳은 단연 목동이다. 그건 올림픽이 개최됐던 34년 전에도 그랬고, 지금도 그러하며, 어지간해선 앞으로도 또한 쭉 그러할 것이다. 혹여 요즘 트렌드인 뉴타운도 아니고, 지하주차장도 없이 불혹이 다 돼가는 썩다리인데다, 뭐 우주최강 GTX나 9호선 급행도 아닌 고작 5호선 하나 지나는 곳을 두고서 옛 동네라는 이유로 너무 팔을 안으로 굽히는 거 아니냐 따지지 마라. 우리 부모님도 진즉에 집 팔고 이사 나오신 마당에 이제 와서 안 좋게 말한다고 나한테 손해될 것도, 좋게 포장한다고 득 될 것도 없으니 말이다.

목동이 왜 그런지 일일이 여기서 설명하자면 지금부터 다시 편지를 써도 한참은 더 써야 하니 관두자. 목동은 2만 6천 6백여 세대다. 세대당 세 식구로만 셈해도 8만, 네 식구면 당장 10만이 넘어가는 숫자인데, 규모로는 동쪽의 대척점 송파구 5대장 엘리트파레에 잠실주공 5단지까지 모두 합세해도 따라오지 못하며, 강동구 고덕동과 상일동의 모든 아파트를 더한 것보다도 많다. 그 언젠가 14개 단지의 재건축이 완료되는 날, 1군 하이엔드 신축 5만 세대를 넘기며 잠실 전체 아파트에 가락동 헬리오시티와 방이동 올림픽선수기자촌을 모두 합친 것보다 덩치 큰 거물이 되리라. 난 그 시점에 양천구 목동이 서초구 서초와 강남구 개포는 몰라도 송파구 잠실 정도는 충분히 압도할 수 있으리란 발칙한 상상을 한다.

"꿈을 아느냐 네게 물으면, 플라타너스
너의 머리는 어느덧 파아란 하늘에 젖어 있다.

너는 사모할 줄을 모르나 플라타너스
너는 네게 있는 것으로 그늘을 늘인다.
먼 길에 올 제, 홀로되어 외로울 제, 플라타너스
너는 그 길을 나와 같이 걸었다.

이제 너의 뿌리 깊이 나의 영혼을 불어넣고 가도 좋으련만,
플라타너스 나는 너와 함께 神이 아니다!

수고로운 우리의 길이 다하는 어느 날 플라타너스
너를 맞아줄 검은 흙이 먼 곳에 따로이 있느냐?

나는 오직 너를 지켜 네 이웃이 되고 싶을 뿐,

그곳은 아름다운 별과 나의 사랑하는 窓이 열린 길이다."

– 김현승 作, 「플라타너스」

　어릴 적 뛰놀던 나와 친구들에게 그늘이 되어 준 단지 곳곳의 플라타너스가 그 소임을 다 하는 어느 훗날, 또 하나의 맑은 창이 열리리라 믿으며 이제 그만 발길을 돌린다.

뒤웅박 팔자:
강서구 마곡, 그리고 가양

오목로를 따라 7단지를 끼고 오른쪽으로 돌아서니 목동로로 접어드는데, 국회대로가 끝나고 경인고속도로가 시작되는 홍익병원 사거리를 지나자 이내 강서구로 접어든다. 태생은 경기도 김포였으나, 60년대 영등포구에 편입되며 서울로 팔자를 고쳤고, 그 여세를 몰아 70년대에는 아예 지금의 이름으로 분리 독립하며 한창 기세등등했으나, 올림픽이 열리던 그해 알토란같은 '애완견' 양천구가 못 살겠다 떨어져 나간 뒤, 벙어리 냉가슴으로 지는 해나 바라보며 조용히 죽어 산지도 어언 삼십 년 세월이다. 그렇게 떨어져 나간 양천구와 동측과 남측의 경계를 이루는 강서구는 위로는 한강을 사이로 마포와 고양을 마주하며, 다시 서측으로는 경기도 김포, 부천과 지경선을 두고 있는데, 양천구를 독립시켰음에도 서울 25개 자치구 가운데 면적으로는 서초구에 이어 두 번째를 자랑하니 오죽하면 서쪽 일부에서는 아직도 농사까지 부쳐 먹는 여유도 부리고 있다.

목동로 따라 올라가던 길, 어린 시절 오가면서도 늘 빨간 벽돌이 인상 깊었던 대일고 뒤편 매봉산 자락에 잠시 올라 강서구를 내려본다.

강서구에서 현시점을 기준으로 공기가 가장 뜨거운 곳은 단연 마곡일 것이다. 마곡은 태생부터 상처의 땅이다. 서울에서 마곡만큼 도시개발의 생채기를 고스란히 간직한 곳도 드문데, 역대 민선 서울시장들이 마곡을 대한 태도를 보면 도시개발과 토목사업에 대한 그들의 철학을 알 수 있다는 말이 그냥 나온 게 아니다. 초대 민선 서울시장 김상돈 이후 35년 만에 2대 민선으로 당선된 조순은 여러 업적에도 불구하고 유독 마곡을 대하는 태도에 있어서만큼은 별종이었는데, 그는 후세들에게 물려줄 땅은 남겨둬야 한다는 이유를 대며 이원종의 5대 거점 계획에서 대차게 마곡을 날렸으니, 그래서 애면글면 눈치 보며 버텨온 마곡의 세월은 뒤웅박 팔자다.

이후 10년간 주화입마(走火入魔)에 든 마곡을 구한 이는 단연 '토건의 지존', 이명박이다. 제32대 서울시장에 취임하고 몇 달 뒤, 그는 돌연 마곡을 한국 대표 산학 R&D 단지로 만들겠다 공언했는데, 더 큰 그림을 그리고 있던 MB가 청와대로 들어가기 전 마곡을 그냥 두지 않으리란 건 시기의 문제였을 뿐, 이미 당시 지역민들 사이에서는 누구나 알았던 공공연한 비밀이었으니, 천을귀인(天乙貴人)이 사주원 냉(四柱原命)에 는 것 또한 일찍이 서쪽에 터 잡은 마곡의 팔자가 아니던가 말이다.

솔직히 말해 그 시절 5호선과 9호선도 무정차 통과하던 마곡의 벌판을 바라보며, 박정현과 솔리드의 R&B는 들었어도 미국의 벨연구소와 일본의 이화학연구소를 유치해 R&D를 하겠다니, 저게 무슨 귀신 씻나락 까먹는 소린가 생각하곤 했다. 사업을 주관한 SH공사는 빚더미에 앉아 서울시의 숨통을 하루하루 죄고 있는데, 집요한 유치 노력에도 김포공항 옆 논 농사짓던 자리로 연구소를 옮겨 줄 외국기업도 마땅치 않아 산업단지 분양률이 30%를 밑돌고 있으니 터무니없다고 생각했던 것이다. 이때만 해도 난 큰 그림을 보지 못했던 것 같다. 그런데 2008년, 12년의 무정차 흑역사를 청산하고 5호선 마곡역에 보라돌이가 서기 시작하더니 2014년엔 마곡나루역에도 누런 황금마차가 서기 시작했다.

이즈음 마곡에는 아파트들도 들어서기 시작했다. 2014년 M1부터 M7, 그리고 M14와 M15까지 6,700세대를 조금 넘겼던 M시리즈는 M9까지 가세하며 1만 세대 퍼즐을 완성했는데, 그야말로 1978년 BMW 첫 M시리즈를 디자인했던 '쥬지아로'도 울고 갈 일이었다. 서울 서북권의 맹주, 마포가 행동대장 공덕을 길라잡이 삼아 서울 도성으로 들고 나는 관문으로 거듭났다면, 이제 마곡은 9·5호선이란 원투펀치를 기반으로 여의도와 강남, 광화문이 한달음인데, 아니 그보단 114개 필지에 들어앉은 대기업과 중소기업이 100곳을 넘으니 누가 뒤웅박 팔자 아니랄까 봐 마곡은 스스로 꽃이 되었다.

그래, 분명 마곡은 공기만큼이나 뜨거운 땅이다. 하지만 그건 어디까지나 돈 버는 회사의 입장에서 느끼는 온도지 거주하는 아파트에게는 좀 다른 문제인데, 그래서 난 마곡에 들어앉은 기업은 몰라도 아파트에는 일정한 한계가 있다고 본다. 매번 말하거니와 회사나 백화점이 내 집에서 가까운 것과 내 집이 회사나 백화점 한복판에 있는 것과는 완전히 결이 다른 것이고, 그러니 사람이 들어가 사는 아파트와는 궁합이 맞지 않는 것이다. 혹여 잘못된 직주근접의 개념에 매몰돼 네게 마곡을 판교나 여의도에 비유하거나, 마곡이 목동의 대체지라며 침 좀 튀기는 사람이 주변에 있걸랑 가까이 둬봐야 평생 보탬 안 되니 서둘러 손절해라.

급행이 서는 9호선 마곡나루역의 위치만 보더라도 마곡의 특성을 읽어내기엔 부족함이 없는데, 정작 그보단 지금은 신축발에 살짝 가리어져 있어도 단지마다 50%를 넘나드는 소셜믹스의 배려어는 매우 공고하니 그건 하다못해 단지 내 커뮤니티센터에 있는 러닝머신 하나만 고장나도 수리비 n분의 1에서 금방 체감되는 부분이고, 그래서 강남의 내로라하는 재건축 단지들이 현수막까지 내걸며 지구단위계획을 결사반대하는 데는 다 그만한 이유가 있는 것이다. 완장 찬 M7을 기준으로 인근 단지들의 편차 큰 매매가 패턴은 좀 뜬금없어도 동탄이나 광교의 그것과 흡사한데, 그럼에도 마곡 또한 제 갈 길을 가겠지만 네게 침 좀 튀기며 그가 말했다는, 마곡이 판교와 목동을 넘어 성층권에 닿을 일은 LG가 삼성을 이길 일처럼 오지 않을 미래다.

딴은 그렇다.

애초에 판교가 뜬 건 회사가 많이 들어서서였기도 했지만, 그보단 서울 어지간한 곳도 넘을 수 없는 수준의 강남 접근성과 함께 마침 재건축을 목전에 둔, 노후한 천당 아래 분당의 대체재로서의 역할분담 때문이다. 그러니 단순한 입주 기업의 숫자로 논리를 치환해 판교가 그랬으니 마곡도 그렇게 될 것이고, 기업의 규모가 더 크니 마곡이 도리어 판교를 넘어설 거란 주장을 난 합리적이지 않다고 본 것이다. 그랬다면 구디와 가디도 진즉에 강남 되고 판교가 됐어야 옳지 않겠는가 말이다. 오히려 마곡 대장 M7이 입주 10년으로 치닫는 이 시점에서 소셜믹스의 한계는 점차 체감될 것인데, 전에도 말했듯이 판교 테크노밸리에 입주한 중견기업 회사원 중에 30평대 20억, 40평대 25억 가는 봇들마을과 판푸그에 사는 이 과연 몇이나 될 것이며, 역삼에 있던 LG가 마곡으로 이전했으니 이제 그 임직원과 딸린 가족들 모두 줄줄이 살던 곳을 떠나 엠벨리로 이사할 것이란 해맑은 생떼를 어떻게 소주 한 잔 안 걸친 맨정신으로 받아 줄 수 있겠느냐 말이다.

마곡나루에서 9호선 급행을 타고 강남에 빠르고 쉽게 갈 수 있단 주장에는 역삼 사옥 시절 인근에 살던 LG 임직원들이 그 루트 그대로 강남에서 마곡 신사옥으로 드나들기에도 쉽다는 역논리도 성립되는 법이니, 그저 한두 명의 자녀들을 키우며 얼추 부부합산 연봉 1억 대 중후반에 걸쳐진 마곡 직장인들이 굳이 강남 언저리 살던 곳을 버리거나, 전국 3대 학군에 천지개벽을 앞둔 목동과 주변 대중교통 30분 컷 바운더리 내의 무수한 뉴타운들을 놔두고 10년 차에 접어드는 소셜믹스 50% 단지에 구태여 발을 담글는지 판단은 너의 몫이다.

> *"그립다 말을 할까 하니 그리워 그냥 갈까 그래도 다시 더 한 번*
> *저 산에도 까마귀, 들에 까마귀, 서산에는 해진다고 지저귑니다.*
> *앞 강물, 뒷 강물, 흐르는 물은 어서 따라오라고 따라가자고*
> *흘러도 연달아 흐릅디다려."*

「가는 길」이라는 소월(素月)의 시다. 그래, 내가 강서구에서 가장 뜨거운 지열을 느낀 곳은 따로 있으니 바로 잊혀진 가양이다. 본디 한강변 뻘이라 근근이 논이나 부쳐 먹고 살던 가양동은 80년대 중반 올림픽대로가 조성되며 별 볼 일 없던 팔자를 고치는데, 그렇게 습지를 메워 택지가 된 땅에는 90년대 중반까지 가양지구 개발사업이란 이름을 빌려 속속 아파트들이 들어섰고, 동의보감 허준의 시조인 허선문이 났다는 허가바위 곁 탑산을 기준으로 좌우 격자 형태로 늘어선 가양 9형제는 허준로 건너편 등촌주공 11형제와 어언 30년 세월을 깐부 맺고 동고동락 중이다.

9호선 급행에 한강은 이미 가졌으니 가양·등촌 연합의 최대 변수는 CJ부지 개발인데, 그러고 보니 유휴부지 한 켠에서 일찌감치 성형을 마치고 세상 해맑게 웃고 있는 강서한강자이가 작아도 참 예쁘다. 앞 강물 한강과 뒷 강물 마곡, 든든한 두 뒷배가 어서 따라오라고, 따라가자고 손짓하는데, 알토란 같은 CJ까지 품었으니 가양과 등촌은 흘러도 연달아 흐른다. 강변6·강변3·성지2 삼각편대에 더해 조용히 귀퉁이에서 운기조식 중인 동신대아와 한강타운은 누가 뭐래도 가양에서 꼭 주워 담을 보배다. 지금이라도 들어갈 수 있다면 가라.

갈 길이 멀다:
경기 서북과 일산, 그리고 동북

서울을 한 바퀴 돌았으니 잠시 경기도도 둘러본다.

나야 원래 서울은 썩어도 준치, 경기도는 빛 좋은 개살구로 여기고서 사는 놈이니 그 정도 노골적인 선입견만 감안을 해준다면야 피차 얼굴 붉힐 일은 없을 것이고, 복잡한 서울과 달리 31개 시군에 1,350만이 거주하는 경기도에서 더러 좀 특수한 경우는 있을지언정 적어도 부동산 공학적으로 따질 건 딱 두 가지뿐인데, 서울과의 접근성과 관련된 교통이 그 하나요, 규모와 연식이 그 둘이다.

난 서울에 살고 싶은데 어쩔 수 없이 경기도로 떠나는 사람은 봤어도, 경기도에 살고 싶은데 어쩔 수 없이 서울에 산다는 사람은 생전에 보지를 못했다. 그러니 경기도에다 아파트 살 땐 4차 산업혁명 시대 거점이 어디로 옮겨가네, GTX가 어디로 새로 뚫리네, 그딴 뜬구름 잡는 소리일랑 다 집어치우고 그저 서울까지 연결된 지하철역 옆에 있는 대단지 새 아파트 사면 좀처럼 낭패 볼 일 없이 대개는 편안한 것인데, 누구나 알다시피 현시점을 기준으로 경기 서북권에서는 킨텍스 사거리 주변과 원·삼·지 트리오, 덕은·향동과 골드라인 걸포역 일대, 그리고 남북로에 붙은 운정 신도시 서측 정도가 여기에 들 것이다.

일산이란 터줏대감이 노쇠해버린 지금, 고양에서 가장 돋보이는 곳은 단연 원흥과 삼송, 그리고 지축으로 이어지는 3호선 라인이다. 하지만 이미 말했듯이 난 좀 작아도 대덕산을 등지고 한강을 바라다보는 덕은에서 더 큰 가능성을 봤다.

아무리 미우니 고우니 해도 1기 신도시 5남매 중 평균 용적률이 164%로 제일 낮은 일산은 언젠가 훗날을 기약할 순 있을 것이다. 하지만 말이다. 붙잡을 거라곤 강남까지 30개 역을 지나야 하는 3호선 종점에 불러도 오지 않는 경의중앙선뿐이고, 출퇴근길 자유로며 강변북로 타고서 애면글면 서울 들어가기란 수십 년을 겪어도 좀처럼 적응이 되지 않는 일이니, 그나마 완장 찬 문촌마을 16단지 뉴삼익도 대척점 분당의 반값에 근근이 턱걸이하는 것이다.

대한민국 어디에서든 지금에 와 6~7년 전 분양가를 따지는 게 도대체 무슨 의미가 있겠는가마는 한 6년 전쯤, 킨텍스 주변 원시티 3형제를 분양한다고 했을 땐 말이다, 언젠가 GTX가 뚫릴 거란 기대는 있었어도 제대로 된 인프라도 변변치 않던 입지에 당시를 기준으로 고양에서 심리적 저지선이라 여겨지던 1,500을 깨고 분양가가 평당 1,600을 상회한다는 사실 앞에선 분명 이견이 분분했더랬다. 그 당시 고양에서 가장 비싼 아파트는 막 입주를 마친 삼송아이파크로 30평대가 5억 중반에 걸쳐 신길, 답십리 국평들과 '야자'하고 있을 때였으니, 부동산 랠리가 막 불붙기 시작할 무렵 일단 2,000세대 넘는 신축발에 휘뚜루마뚜루 말장난 치기 좋은 GTX로 적당히 밀면 삼송 대장 정돈 깔고 시작해도 완판될 거란 판단이 섰을 것이다.

작년 가을 무렵, 굳이 방 네 칸을 국평이라 부르는 원시티 1단지가 17억에 손바뀜됐어도 막상 길 건너 꿈에그린은 13억 대로 주저앉았는데, 300세대도 안 되는 덩치로 17억 아니라 20억을 찍은들 위로는 장항과 마두 큰 형님들을 머리에 이고, 아래로는 원·삼·지와 박석 고개 은평뉴타운을 허리춤에 묶고 가는 마당에 주변과는 무관한 이런 디커플링 현상이야 이미 광교에서도, 인덕원에서도, 그리고 동탄에서도 익히 봐 온 터에 딱히 더 새삼스러울 것도 없는 일인 것이다.

오지 않을 GTX에 매몰됐다 영문도 모른 채 김부선에 귀싸대기까지 한 방 후려 맞고 잠잠해진 김포는 걸포역 주변으로 한강메트로자이 3형제가 그나마 숨 가쁜 인공호흡기를 대고 있는 형국인데, 지하철 한두 정거장 차이로 2배씩 차이가 나는 이런 전형적인 패턴은 이제 거의 경기도식 국룰로 자리를 잡은 듯하다. 파주 운정은 먼 훗날 남북통일이 성사되면 한 번 돌아볼 예정이다.

경기 동북부야 비무장지대까지 닿아 있으니 땅덩이는 넓디넓고, 위로는 동두천, 포천, 연천에 옆으로는 가평까지 있지만, 직선거리로 서울보다 북한이 더 가까운 곳들 빼면 적어도 아파트로서 그래도 뭔가 말을 섞을 수 있는 심리적 한계는 양주시까지다.

또 한 번 말하거니와, 이쁜 쓰레기 GTX 말고 그나마 경기 동북권에서 바라볼 건 암사역부터 기존 8호선이 연결되는 별내선 정돈데, 그러니 지하철길 따라 서울까지의 거리 순으로 구리부터 남양주·의정부·양주가 칼같이 나름의 가격 차를 보이며 일렬종대로 헤쳐 모인 것이리라. 아니 그보단 말이다, 경기도 끄트머리에다 아파트 한 채 사면서 제발 뭐 크고 복잡한 의미부여일랑 말고, 그저 들어갈 생각 있으면 현재 내 수중에 쥔 돈에 맞춰 형편대로 들어가면 그뿐인 것이다.

그나마 경기 동북 방면에서 제일 위치가 나은 구리에선 남으로 한강이 보이는 토평역 부근 교문동부터 구리역 일대와 갈매역 일대 순서로 신축과 구축에 따라 중첩되며 엎치락뒤치락하는 것인데, 입지로야 교문이 제일이라지만, 그리 큰 거리 차이 아니니 그래도 나 같으면 중심인 구리역 근처 신축에다 터 잡겠다.

구리 위에 붙은 남양주엔 다산과 별내가 있는데, 같은 다산이라도 역이 없는 지금보단 역이 생길 진건이 1장 정도 더 비싼 것이고, 똑같이 역이 생길 곳이라도 서울과 조금이라도 더 가까우면서 들고나기 수월한 다산이 별내보다 또 1~2장 더 비싼 것인데, 그러니 이런 문제를 두고서 같은 남양주시 신축인데 GTX 들어온다는 별내가 왜 다산보다 싼 것이고, 명색이 신축인데 왜 구리시 교문동 썩다리들이 다산과 별내보다 비싼 건지 머리 움켜쥐고서 세상 억울하다는 듯 여기저기에 하소연 해본들 애초부터 인건비도 안 빠지는 일인 것이다. 곧 죽어도 꼭 다산과 별내에 들어가야 한다면, 그래도 개중엔 다산 진건이 나을 텐데, 무수히 많은 대체지를 놔두고서 나 같으면 그 돈에 거기 안 간다.

의정부는 1호선 의정부역 인근 구도심과 7호선이 연장되는 탑석역 일대, 그리고 고산과 민락2지구 정도가 아롱다롱인데, 아마 의정부역 센트럴자이와 탑석역 센트럴자이가 앞서거니 뒤서거니 대장질하며 지낼 터지만, 의정부 입장권으로 10장을 태우는 걸 차마 주변에 권하지 못하는 건 내가 아직 악인이 덜 된 까닭이다.

서울보다 나은 상팔자도 있다:
경기 동남, 분당

　X자의 꼭짓점에 있는 4개 대척점에 중부까지 더해 경기도를 대강 5개 권역으로 나눴을 때 가장 비교우위에 있는 곳은 단연 동남권이다. 그리고 그건 누구나 알고 있듯 강남과 물리적 접근성이 양호하다는 선천적 수혜 때문인 것이고, 아이러니하게도 또 그렇기 때문에 경기도란 태생적 핸디캡에도 불구하고 어지간한 서울보다 나은 대접을 받으며 사는 것이다. 경기 동남부에서 그래도 뭔가 얘기가 되는 곳은 하남과 성남, 그리고 용인, 광주 정도다. 개중에 용인과 광주야 그저 복잡할 거 없이 내 돈에 맞춰 꼿발대로 들어가면 그만인 것이고, 그러니 당연히 처인보단 기흥이, 기흥보단 수지가, 저 어디 산골짜기보단 그래도 철도라고 경강선이라도 붙들 수 있는 역 언저리가 나은 것이다.

　하남이야 남한산 줄기로 집터는 빤한 것이고, 고덕 옆 미사, 마천위 감일, 그리고 송파와 마주한 위례 정도가 보이는데, 앞으로 9호선이 어디로 연장되고, 3호선이 어떻게 더 뚫리든 그건 제발 땅 파는 굴착기 소리 들릴 때 다시 얘기하자. 안 그래도 사는데 피곤한 세상, 각자의 일기장에나 적어야 할 법한 상상의 나래까지 일일이 응대하는 건 이미 GTX로도 충분하니까 말이다. 일단 아쉬운 대로 1번 위례, 2번 미사, 3번 감일 정도로 정리하고서 예산과 취향에 맞게 들어가 앉으면 어디 가서 호구 잡혔단 소리는 안 들을 게다. 위례는 태생부터 아픈 손가락이다. 경기도 주제에 깝친다고 서울에 까이고, 서울이라고 눈꼴사납게 유세 떤다며 경기도에도 까이는 더러운 뒤웅박 팔자지만, 그저 위례중앙로 부근으로 바싹 붙어 앉으면 자식새끼 시집, 장가갈 때까지 살아도 어지간한 서울 뉴타운 부럽지 않을 게다.

이제 성남이다. 판교와 분당으로 들어가기 전, 잠시 구 성남을 바라보며 이런 생각에 잠긴다. 1973년 시(市)로 승격된 성남을 시작으로 부천과 안양 등이 주거와 공업을 분담하는 위성도시로 성장하고, 80년대에는 광명·구리·시흥·군포·의왕·하남 등이 시로 추가 승격되었는데, 1974년 서울 최초로 개통된 서울역−청량리역 구간 전철은 기존에 있던 인천, 수원에 더해 의정부까지 연결되며 수도권을 아우르는 대중교통의 일대 전환점을 맞이하게 된다. 얄궂게도 서울로 들고 나가는 교통망이 생겨날수록 서울에 대한 위성도시들의 경제적, 심리적 종속은 한층 더 가속화되었고, 이는 곧 서울이 주변 위성도시 위에 본격적으로 군림하는 지역 간 계급화가 시작됨을 알리는 신호탄이기도 했다. 그리고 이것이 바로 내가 매번 GTX와 3기 신도시들을 대수롭지 않게 보는 까닭이요, 서울에 가기 쉬워졌으니 이젠 서울보다 더 좋다는 희대의 말장난이 대체 어디 있는가를 따져 묻는 이유다.

70년대부터 생겨난 서울의 위성도시들은 날로 팽창해 더 이상 수용할 수 없을 정도로 과밀화된 서울의 인구·주택·공장들을 분산시키기 위한 목적이었는데, 그런 위성도시들은 80~90년대 개발된 1기 신도시들과 얽히고설키며 오늘날의 거대한 수도권을 형성했다. 하지만 위성도시와 신도시들이 늘어가고 그래서 수도권이 거대해질수록 수도 서울에 대한 갈망과 욕구는 오히려 더 짙어졌으니 이 또한 지독한 아이러니다.

70년대 생겨난 서울의 위성도시들 가운데 가장 상징적인 곳은 단연 성남이다. 60년대 후반, 서울 시내 무허가 판잣집으로 골머리를 썩이던 정부는 경기도 광주군에 일명 광주 대단지를 조성해 철거민 10만 명 집단 이주를 감행한다. 처음에 정부는 이주민들에게 2년 거치 3년 상환을 조건으로 평당 2천 원씩 계산해 땅값을 빌려주기로 했지만, 아무것도 없던 허허벌판에 갑작스레 수요가 몰린 탓으로 땅값이 천정부지로 치솟자 일방적으로 말을 바꿔 땅값을 4배에서 8배까지 올려붙이고는 일시불로 상환할 것을 종용한다. 거기에 취득세며 재산세, 소득세 같은 세금으로 들들 볶으니 그저 나라가 국민들 상대로 부동산과 세금 가지고 장난질 치는 행태란 50년 전이나 지금이나 다를 게 없는 것이고, 그러니 또한 역사란 시차를 두고서 무한히 반복되는 그 무엇이 아니겠는가 말이다.

이주하라고 해서 영문도 모른 채 막상 이주는 했건만, 생전 처음 와본 타향에서 직업도 변변할 리 없고, 평당 1만 원이 넘는 땅값을 당장에 일시불로 내라니 배고파 못 살겠다며 일으킨 게 결국, 1971년 8월의 광주 대단지 사건이다. 속절없는 시간은 흐르고 흘러 그 시절 광주군 중부면은 경기도 성남시 수정구와 중원구로 바뀌었지만, 여기저기 난개발된 땅에 일찍이 터 잡고 수십 년을 버텨낸 80~90년대의 흉물스러운 피조물들은 그사이에 드문드문 들어선 신·구축 아파트들과 묘한 대조를 이루며 오늘도 고단한 공존을 이어가고 있다.

어찌 됐든 구 성남 언저리도 슬슬 몸을 푸는데, 산성대로 위쪽 수정구에선 왼쪽부터 태평2·3·4, 수진1·2, 신흥1·2, 그리고 산성구역, 아래쪽 중원구에선 대로변부터 도환중1·2, 상대원2·3구역, 그리고 그 이름 한번 길기도 긴 신흥역하늘채랜더스원과 이편한세상금빛그랑메종이 각각 들어선 중1구역과 금광1구역이 있다.

내 번번이 말하거니와, 재개발이나 재건축 같은 도심의 리뉴얼은 템포 못지않게 설령 단지가 쪼개지더라도 합쳐서 일정한 규모를 이룰 수 있는 동시성이 중요한 것인데, 그런 견지에서 구 성남은 아쉬움이 짙은 것이고, 분당과 판교보다 서울에 더 가깝다느니, 송파구 턱 밑이라느니, 신축발로 떠들어 댄들 천당 아래 분당의 30년 내공 앞에선 그저 공허할 뿐이다. 그럼에도 약속이나 한 듯 초등학교와 지하철역을 하나씩 나눠 품고서 들어선 랜더스원과 그랑메종은 신축에 목말랐던 구 성남에 문명의 이기를 선보이며 그간 중원구에서 대장질 해먹던 센트럴타운 정도는 가볍게 누를 테지만, 완성된 시점을 기준으론 산성대로 아래보단 위쪽이 좋은 것이고, 또 돌아서 송파로 가는 8호선을 잡은 오른쪽보다야 곧장 강남으로 가는 분당선을 붙잡은 왼쪽 구역들이 나은 것이다.

1989년 계획돼 1992년 말 차례로 입주를 마쳤으니 1기 신도시 5형제는 나란히 올해로 꼭 30년이 되었다. 사람으로 치면 서른 살, 이립 (而立)인 셈이고, 문자 그대로 확고하게 서서 움직이지 않는다는 것이 니 그저 사람이나 아파트나 세상의 이치는 거스를 수 없는 법이다. 30년 세월의 내공으로 저마다 지역별 거점 노릇을 톡톡히 하고 있는 1기 신도시들 가운데 예나 지금이나 가장 돋보이는 건 단연 분당이 고, 그건 마치 서울에서 강남이 차지하는 위상과 같이 이견과 주관적 입장을 초월하는 팩트의 영역인 것이다.

나는 대한민국 부동산 역사를 통틀어 남서울 영동, 강남의 탄생 과 더불어 최대의 이벤트이자, 가장 성공적인 사업은 노태우 정권의 1기 신도시 조성이라고 본다. 한때 평촌이 송파, 목동과 함께 버블 세 븐에 이름을 올린 적도 있었고, 중동이 서울보다 잘나가던 시절도 있 었다지만, 30년이 흐른 지금, 5곳의 1기 신도시들 가운데 강남을 제 외한 서울의 어지간한 뉴타운들과 그나마 무언가 말을 섞을 수 있는 곳은 이제 와 분당만이 유일하다. 그리고 지난 30년간 분당이 그러 한 위상을 유지하며 천당 아래 분당이란 오글거리는 말을 스스로 입 에 올릴 수 있게 된 것도 따지고 보면 오롯이 강남과의 물리적 접근 성 때문인 것인데, 결국엔 강남이 있었기 때문에 30년째 분당이 건재 할 수 있었던 것이고, 또 그런 분당이 있었기 때문에 지금의 판교가 생겨날 수 있었던 것이다.

그렇다고 분당의 가치를 온전히 강남으로만 치환하는 건 또한 섣부 르다. 분당의 30년 내공은 그 자체로도 상당히 공고하며 밀도가 있는 데, 정자를 중심으로 미금부터 서현을 거쳐 야탑으로 이어지는 균질 한 인프라와 경기도 3대 학군은 어지간한 서울의 뺨을 후릴 정도요,

애초부터 1기 신도시 가운데서 일산과 더불어 인구밀도도 절반 수준에 이를 만큼 녹지 또한 풍부하니 뭣도 모르는 사람들이 바깥에서 낡았다느니 오래됐다느니 아무리 호들갑을 떨어도 정작 안에 있는 사람들이야 그냥 살면 그만일 정도로 주거 가치 자체가 양호한 것이고, 그러니 가격의 하방 경직성이 강한 것이다.

내 매일같이 예로 들곤 하는 저 동탄이나 마곡처럼 완장 찬 대장을 중심으로 인근 단지들의 편차 큰 매매가 패턴 없이 국평 15억대의 두터운 스펙트럼을 가진 곳은 경기도에서 분당이 유일무이한데, 아무리 서울 입장권이 10억인 부루마불 시대라지만 사실 자세히 들여다보면 25년을 넘긴 구축을 기준으로 국평 15억을 넘긴 동네는 서울 안에서도 강남을 빼면 실상 손에 헤아릴 정도로 몇 곳이 남지 않는 것이다.

역사는 시차를 두고 반복되는 그 무엇이니, 그 옛날 분당이 성남을 밑으로 깔고 봤듯 이제는 판교가 분당과 섞이기 싫어한다지만, 분당 재건축이 완성되는 날 그 얄궂은 뒤웅박 팔자는 또 한 번 돌고 돌 것이고, 판교·분당·구 성남 모두 사이좋게 지내며 그저 느긋하게 기다리면 그뿐 아니겠는가 말이다. 10만 세대에 육박하는 분당은 단독과 다세대를 뺀 아파트만 9만 세대인데, 목동의 3배가 넘는 규모로 어지간한 뉴타운 예닐곱 개에 이르는 수준이다. 되니 안 되니 말도 많지만, 그 언젠가 대한민국 신도시의 상징인 분당 재건축이 완료되는 날, 1군 하이엔드 신축 15만 세대를 넘기며 지난 30년을 넘어 또 한 번의 50년을 이어갈 것이다. 난 그 시점에 분당이 경기도 통합 원탑으로 목동과 잠실은 몰라도 고덕과 마곡 정도는 압도할 수 있으리란 발칙한 상상을 한다.

빈 수레가 요란하다:
경기 중부, 과천과 인덕원

경기도를 권역별로 어떻게 나누고 구분할지에 대해 어디로부터 정해진 바는 없다. 그러니 누구는 직관적으로 열십(十)자나, 엑스(X)자 모양으로 4분할을 하기도 하는 것이고, 또 누구는 서남권을 좀 더 세분화시켜 다시 중부와 서남부로 나눈 뒤 총 5개 권역으로 보기도 하는 것이다. 이때 경기 중부라면 위로는 서울과 인천 사이에 끼인 부천시부터 아래로는 수원 위쪽, 그러니까 군포와 의왕 정도까지 보면 적어도 어디가 개념 없이 쪼갰단 얘기 들을 일은 없을 게다.

그렇게 나눈 경기 중부에서 돋보이는 원탑은 단연 과천이고, 광명, 안양, 의왕, 부천, 군포 정도가 중간일 것이며, 시흥과 안산이 밑이라고 보면 될 텐데, 앞서 경기 서북과 동북에서도 누차 언급했거니와, 결국 경기도는 서울로부터의 거리순으로 칼같이 신분과 계급이 정해지는 법이고, 그러니 얽히고설켜 따질 게 많은 서울과 달리 31개 시군에 1,350만이 거주하는 경기도는 간혹 좀 특수한 경우는 있을지언정 적어도 부동산 공학적으로 따지고 챙길 건 오로지 서울과의 접근성, 그 하나뿐인 것이다.

과천은 부동산으로 수다 좀 떤다는 호사가들 사이에선 이미 오래전부터 어지간한 서울을 능가하는 탈 경기도로 불렸던 곳이다. 당장에 아파트 몇 개만 샘플링 해봐도 누구도 그 말에 딱히 반박할 수 없음을 알 수 있는데, 그럼에도 유독 과천의 포지션과 위상에 대해 늘 언쟁이 따라붙는 건 필시 너나 할 거 없이 과천이 좋다니 좋다는 건 대충 알겠지만, 도대체 거기에 뭐가 있고, 도대체 뭐가 그리 좋기에 그 가격이냐는 의문 사이의 괴리와 충돌 때문이리라.

작년 세밑, 과천역을 양분하고 있는 푸르지오써밋 국평이 21억을 넘겼으니 경기도는 말할 거 없고, 서울에서도 강남3구가 아닌 바에야 어지간한 뉴타운도 오징어를 만들어 버릴 수준인데, 인구 7만의 과천에게 오늘날 이런 위상을 선사해 준 일등공신은 단연 80년대 이전한 정부청사다. 지리적으로 서측의 관악산과 우측의 청계산을 사이로 둔 분지와 같은 완전 평지에다 남태령을 넘어 서울로 들어가는 길목에서 매사 과격하거나 모남이 없으면서도 안정적인 수입에 그렇다고 딱히 처질 것도 없는 공무원과 그 가족들이 30년 터 잡고 살았던 땅이었으니 자연스레 유해시설과는 거리가 멀면서도 학군이며 인프라는 평타를 치고도 남았을 것이고, 청사와 집이 중앙로를 사이로 지척이었으니 그야말로 직주근접의 교과서적 표상이었던 셈이다.

하지만 난 과천의 공기와 다르게 진즉부터 땅에선 조금 다른 온도를 느꼈는데, 세종시가 생겨나고 자리했던 대부분의 청사가 각지로 흩어진 지금이 어찌 보면 과천에겐 양날의 검일 수도 있는 것이다. 부자 망해도 3년은 가는 법이요, 앞서 분당과 일산이 그러했듯 켜켜이 쌓아온 30년 내공과 관성으로 아직은 그 명성이 공고하다지만, 지정타 같은 말 잔치나 GTX만으로 자족 기능 없이 잠만 자고 집을 나서는 베드타운이란 그림자를 지울 순 없는 것이다.

그나마 비슷한 처지의 다른 곳들보단 제법 시의적절하게 신축으로 체질 개선을 끝낸 덕분으로 한창 신축발 오르던 시기에 지난 5년 대세 상승기를 맞이했으니 타이밍이 나쁘지 않았던 것이고, 서울도 가까우면서 대한민국에서 제일 넓은 공원까지 곁에 두었으니 앞선 공무원 세대들이 곳간에 차곡차곡 쌓아둔 학군이며 환경으로 그들만의 아늑하고 은밀한 세상을 이어왔을 테지만, 서울 도심 철도 가운데 상대적으로 낡고 핵심지 접근성이 떨어지는 4호선과 1년 365일 상습 정체 구간인 남태령 앞에서 국평 21.5억으로 선택할 수 있는 서울 대체지는 갈수록 점점 많아질 것이다. 그래서 난 훗날 경기도의 원탑은 닫힌 과천이 아닌, 재건축 이후의 열린 분당이 되리라 상상한다. 이래서 또한 부동산이란 아찔하지만 재밌는 것이 아니겠는가 말이다.

과천을 빼고도 경기 중부에는 제법 많은 동네가 남지만, 늘 그렇듯 막상 한 꺼풀만 들춰봐도 말 잔치만 무성한 빛 좋은 개살구와 속 빈 강정이 태반이요, 그렇게 차 떼고 포 떼고 나면 별반 실속은 없는 것이다. 의왕, 안양, 군포는 제법 넓어도 결국엔 휘돌아 서울로 들어가는 4호선이 유일한 생명줄인 것이고, 그러니 그 철길 따라 범계역과 평촌역 주변에 자리 잡은 터줏대감 평촌을 중심으로 금정역과 산본역으로 이어지는 좌측의 산본과 다시 우측 인덕원역 아래 학의천 따라 늘어선 내손, 인덕원이 3개의 거점을 형성하며 3개 시의 경계선에서 만나 하나의 핵을 이루는 것이다.

그래도 안양천을 사이로 마주한 평촌과 산본 정도는 진심인 편이다. 태생이 1기 신도시인 덕분으로 준수한 학군과 인프라에 기대 더러는 20~30년 뿌리내리고 살며, 초등학교 다니던 딸이 시집을 가고 장가 든 아들이 입주 당시 아버지 나이가 되기도 했다지만, 분당 일산과 다르게 꽉 차고도 넘친 용적률은 평일 저녁 주차장만큼이나 숨이 막힌다. 그래서 각자도생이라도 하겠다며 리모델링이다 뭐다 여기저기 기웃거리지만, 또 막상 손에 잡히는 건 없으니 결국 이건 나라가 나서 정책적으로 풀어줘야 할 문제다.

애초부터 콘셉트도 다른 데다 정든 이웃으로 30년 해로하며 다 같이 늙고 병든 처지에 이제 와 평촌과 산본을 비교한들 무슨 의미가 있겠냐마는 마침 사이좋게 변신을 마친 평촌 더샵센트럴시티와 산본 래미안하이어스를 보면 30년 지기 평촌과 산본의 서열은 대충 정리가 되는 것이고, 어디로 가야 할지 답도 나오는 것인데, 한 배에서 나온 1기 신도시 5형제도 강산이 세 번 바뀌는 세월의 풍파 앞에서 옥석이 가려지니 결국 갈 놈만 가는 게 또한 세상의 이치가 아니더냐.

그리고 한창 시끄러웠던 인덕원 말이다. 우선 인덕원은 행정구역이 아닌, 관양동에 위치한 4호선 인덕원역을 주변으로 우측의 의왕시와 좌측의 안양시가 경계를 이루는 일대를 통칭하는 통념상의 지명인데, 그 인지도 때문인지 포일동을 중심으로 한창 들어서고 있는 의왕시 신축들의 펫네임으로도 곧잘 쓰이고 있다. 인덕원이야 안 그래도 1기 신도시로 왕년에 이름깨나 날리던 평촌과 경기도 아닌 경기도, 과천 밑에 터 잡은 인연으로 4호선 타면 강남까지 30분 안쪽에 들락거릴 수 있는 곳이었고, 평촌·과천으로 이어지는 형님들의 교육과 상업 인프라까지 공유할 수 있었다. 그런 이유로 서울에 직장 둔 서민들이 자식들 키우며 가성비 좋게 살던 곳이자 근처 직장인들이 퇴근 후 차 없이 술 한 잔 걸치기에도 좋은 곳이었다.

그랬던 동네가 요즘 좀 들썩이며 부동산 뉴스에도 곧잘 오르내리는 까닭의 시작과 끝은 이번에도 역시 GTX고, 이슈가 GTX이니 어쩔 수 없이 또 지루한 철도 얘기다. 변창흠 이슈로 한창 공사다망하던 국토부가 작년 세밑 GTX-C 추진계획을 밝히면서 원안대로 추진하되 추가 정차역은 3개까지 가능하도록 고시하자 왕십리, 의왕과 더불어 거론된 곳이 인덕원이었다. 원안대로 추진하겠다고 국토부가 밝힌 마당에 과천에서야 인덕원이 뭐라 하든 말든 당연히 과천을 주장하는 것이고, 원안을 깨뜨려야 하는 인덕원은 기존 4호선에 더해 새로 생기는 복선전철인 월판선과 인동선까지 들먹이며 트리플 역세권의 효율과 시너지를 생각할 때 인구 6만의 작은 도시 과천보단 인덕원에 생기는 게 공익에 부합된다는 논리다.

만에 하나 GTX-C 노선이 생기는 것을 전제하더라도 난 인덕원 신설은 비관적이라고 본다. 교통복지가 어쩌고, 지역균형이 저쩌고, 그런 소리 집어치우고서 GTX의 핵심은 결국 속도와 시간이다, 속도가 빨라야 시간이 단축되는 것이고, 시간이 단축되려면 속도가 빨라야 하는 것이다. 삼성에서 일산을 83분에서 22분으로, 동탄에서 삼성을 66분에서 18분으로 단축할 수 있다는 것도 결국엔 빨리 달리고, 덜 정차하기 때문에 가능한 일이다. 도시철도 노선의 평균 속도는 시속 60~80㎞이고, 운행하는 거리를 정차시간을 포함한 소요시간으로 나눈 표정속도는 시속 25㎞다. 얼핏 보기에 신호등과 장애물 없이 달리니 속도가 굉장할 것 같지만, 도심을 고루 거치는 도시철도의 선로는 구불구불한 편이라 속력을 내기에 불리한 구조인 것이다.

반면 GTX는 최고 속도 시속 198㎞에 표정속도도 도시철도의 4배인 시속 100㎞를 자랑한다. 걸리적거리는 게 없을 때까지 땅을 어마무시하게 깊게 파 직선으로 선로를 구성하고, 정차역을 극한으로 줄였기 때문에 가능한 수치다. 금정역에서 인덕원역까지 직선거리는 대략 4.5㎞, 다시 인덕원역부터 정부종합청사역까지는 3㎞다. 저 경기도 어디서부터 삼성역과 서울역까지 22분이 걸리네, 18분이 걸리네, 1분 단위를 놓고서도 다투면서 시속 198㎞로 내달리는 기차역을 3㎞ 간격에 둘 발상을 한다니, 부동산을 떠나 물리의 영역에서 난 더 이상 말을 섞을 자신이 없다.

국토부가 GTX에서 줄곧 인덕원을 배제했던 이유는 의외로 간단하다. 돈이 안 됐기 때문이다. 인덕원이 어떤 역인가? 11년 전 예타에서 비용 대비 편익을 나타내는 B/C값이 0.86으로 나와 무산될 뻔한 사업을 그나마 기준을 완화시켜 0.98로 통과시킨 게 월판선이요, 7년 전 인동선은 그에도 미치지 못하는 0.95가 아니었던가. 손익분기점인 B/C값 1에도 미달되는 노선을 이미 2개나 달고 있는 마당에 인덕원에 GTX까지 신설하자는 것이 무에 그리 올바르고 공정한 일이며, 그것을 두고서 국토의 균형발전과 공공재의 효율성을 운운한다는 거 자체가 오히려 적반하장이자 어불성설이 아닌가 말이다. 그러니 실거래가 한두 개 들고서 호기롭게 덤비다 결국엔 매번 서로 감정만 상하는 것이고, 현실로 돌아오면 실제로 바뀐 건 아무것도 없는 것이다.

●

평타는 쳤다:
경기 중부, 광명

서울과 인천 사이에 끼인 부천은 중동을 앞세워 왕년엔 어지간한 서울보다도 끗발 꽤나 날렸다지만, 지금이야 서울 안에서 축에도 못 끼는 옆 동네 구로구 항동은 고사하고 강원도와 충청도에도 밀리는 신세가 됐다. 하기야 사람에게든 아파트에게든 마음속 돌아가고픈 그리운 시절 하나 정도는 간직하고 사는 법. 현시점을 기준으로 부천에서 가장 뜨거운 곳은 역시 중동센트럴파크푸르지오와 그 위에 붙은 힐스테이트중동일 텐데, 시청 옆 노른자위에 터 잡고서 7호선에 백화점과 마트에 공원까지 낀 1군 신축의 실거래가가 오늘날 부천의 위상을 나타내는 것이니 야속해도 어쩔 도리가 없다.

경기도를 기준으론 제법 가운데 있기도 하거니와, 그저 정리하는 과정에서 편의상 경기 중부로 묶긴 했지만, 경기도는 어떤 식으로든 서울과 엮여야 하는 것이고, 그러니 광명시는 관념상 차라리 서남권에 더 가까운 곳이다. 80년대 부천군과 시흥군으로부터 승격돼 떨어져 나온 광명은 그 태생부터가 60~70년대 급격히 팽창하던 서울의 배후지대로 낙점된 일종의 상비군이었고, 그러니 물리적 입지 못지않게 정서적으로도 서울과 이질감이 없는 곳이었는데, 시차를 두고 교통과 인프라까지 개선되니 맛깔나게 도드라지는 건 없어도 언제 어디에 껴서든 평타 이상은 치며 기특하게도 제 몫은 하고 사는 것이다.

광명은 상단의 광명·철산과 중앙의 하안·소하, 그리고 최근에 조성된 하단의 일직인데, 지금은 신축발로 제일 잘 나간다지만 일직이야 원래 앞마당 안양과 붙어먹던 곳이니 서울과 케미로 먹고사는 광명의 오리지널리티와는 조금 거리가 있는 것이고, 이러니저러니 해도 광명의 중심은 7호선 길 따라 늘어선 광명동과 철산동이니 결국 훗날의 완장은 광명뉴타운이며 철산 주공 재건축이 차게 되리란 것쯤은 어렵지 않게 유추할 수 있는 대목이다.

그러니 광명·시흥 같은 3기 신도시에 정신이 팔려 나 하나로도 부족해 죄 없는 가족들 인생까지 고되게 하지 말고, 굳이 광명에서 승부를 보겠다면 하루라도 빨리 들고 있는 내 돈에 맞춰 광명뉴타운이나 철산역 주변으로 들어가면 되는 건데, 광명뉴타운도 이래저래 넓어 보여도 복잡할 건 또 뭐냐 말이다. 어디서나 봐왔듯 또 수다스러운 몇 명이 나서 네가 못났네, 내가 대장이네, 세상 의미 없는 일들로 침을 튀기지만, 광명뉴타운이야 뉴타운 중심을 관통하는 7호선이 핵심인 것이고, 그러니 11구역이 대장 먹고, 12구역이 가방 들고, 마지노선 4·5구역이 뒷문 닫으면 되는 것이다.

철산은 광명시의 태생적 콘셉트에 가장 부합하는 곳이자 물리적으로도 서울과 가장 인접한 광명의 시그니처다. 안양천 따라 화려하진 않지만 어지간한 건 자족할 수 있는 내부 상권과 학군을 바탕으로 제법 균질한 주거지가 형성된 것인데, 뭐니 뭐니 해도 철산동 중에선 철산3동이 중심인 것이고, 광명에서 그래도 제일 인지도 있는 단지들이 이 바운더리 안에 터 잡고 섰다. 철산푸르지오하늘채와 철산래미안자이 2대장의 힘이 빠질 무렵 때맞춰 철센푸가 나섰는데, 훗날 광명시 통합 대장이 될 주공 12·13단지가 변신을 마칠 때까지 그 간극을 잘 메워 주리라.

시흥시는 배곧·장현·목감·은계가 삼각형을 이룬 모습인데, 가로세로로 이미 뚫렸거나 앞으로 뚫릴 지하철에 한껏 부풀어 있지만, 직접 가서 내 눈으로 보며 내 발로 밟고 내 손으로 만져보고 난 뒤에 그래도 생각이 바뀌지 않는다면 그때 비로소 들어가야 할 곳이다. 그리고 짐작했겠지만, 난 시흥이며, 경기 곳곳에 독버섯처럼 뻗쳐 있는 이런 기형적인 도시들이야말로 애초부터 조성되지 않았어야 하는 곳들이라고 생각한다.

유럽 대륙이나 미국, 캐나다, 호주 같은 나라들이야 도심을 벗어나 막힘없이 곧게 뻗은 하이웨이를 30분, 1시간 달리는 거리까지 범위를 넓히면 집 지을 땅은 거의 무한대에 가까울 정도로 넓어지는 것이고, 태생이 닭장 같은 아파트보단 크든 작든 정원이며 수영장 딸린 개인주택을 선호하는 서양인들의 취향으로 도심에 그 수요를 모두 담을 수 없다 보니 사무를 보고 여가를 즐기는 다운타운과 잠자고 휴식하는 베드타운이 서로 자연스레 구분되어 조성된 것이다.

그런데 수도 서울을 중심으로 경기, 수도권에 2천만이 바글대며 모여 사는 손바닥만한 대한민국에다 공급이랍시고 서양에서나 통용될 법한 짓들을 해놓았으니 그저 사방팔방이 쌩쌩 내달리는 고속도로와 산이며 저수지에 포위된 곳에 뜬금없이 드라마 세트장 같은 콘크리트 덩어리들이 듬성듬성 모여 있게 된 것이고, 그러니 누가 시킨 것도 아니건만 물불 안 가리고 일단 입주한 뒤에 출퇴근이 힘드네, 문화생활이 힘드네, 장 보러 갈 곳이 없네, 지하철을 깔아 달라, 도로를 더 놓아 달라 반평생 떼만 쓰며 사는 것이다.

갈 테면 가라:
경기 서남, 수원과 광교

별거 없이 지난하기만 했던 여정이 쓸데없이 늘어진 듯한데, 마지막으로 당도한 곳은 경기 서남부다. 이전 글에서도 언급했거니와, 워낙에 드넓고 경계가 모호한 탓에 경기도를 권역별로 어떻게 분류할지에 대해선 저마다 편차가 존재하는 법인데, 수원을 비롯해 화성·오산·평택 정도를 서남으로 묶는다면 큰 무리가 없을 것이다. 그리고 결론부터 말하자면 난 지금껏 둘러봤던 5개의 경기 권역 가운데 동북 다음으로 이곳 서남을 비관적으로 본다.

서남의 대표이자 선두라 할 수 있는 곳은 단연 수원이다. 수원이야 200년 전 정조가 왕권 강화를 위해 수원화성을 축조한 그때부터 일제 강점기를 넘어 산업화를 지나는 동안 나름의 역할을 하며 이미 경기 남부의 터줏대감으로서 자리매김을 마친 곳이고, 오늘날에도 도청

소재지이자 전국 지자체 가운데 최다 인구를 보유한 도시답게 삼성을 구심점으로 제법 공고한 자립 경제와 자족 능력을 지닌 곳이기도 하니 별반 다른 부연 설명 따윈 필요 없을 테지만, 적어도 부동산 공학적 측면에서 아파트라는 플랫폼으로 논제를 한정한다면 또 조금은 할 말이 생기는 것이다.

그리고 그런 수원에서 현시점을 기준으로 가장 뜨거운 곳을 꼽자면 그건 두말할 나위 없이 광교다. 사실 수원의 전통적 대표 주거지는 천천동·조원동·정자동 등의 북수원 일대와 동쪽의 영통이었다. 그런데 때마침 지어진 지 50년이 넘은 경기도청사의 이전이 필요했고, 내친김에 도청을 중심으로 시의회, 교육청 따위의 흩어진 공공기관을 한데 모아 함께 이전하기로 했으니, 그 경기융합타운 부지로 낙점된 곳이 이의동 터였고, 그보다 앞서 배후 주거지로 조성된 곳이 바로 광교신도시였다.

돌이켜보면 표면적으로 8개 구역에 대략 3만 세대에 이르는 광교신도시의 첫 입주가 시작된 2011년 무렵은 아직 하우스푸어와 미분양을 걱정하던 시절이었다. 이후 신분당선 2단계 구간이 개통되면서 호숫가 중흥S클래스가 분양했던 게 이번 랠리의 시작이었던 2016년 즈음이니 제법 운 좋게 시류를 잘 타기도 했지만, 아니 그보단 처음부터 싹 다 밀어버린 부지에 지어진 탓에 수십 년 양질의 주거환경에 목말랐던 인근 지역의 실수요는 물론, 대세 상승기에 일단 잡아두면 돈 된다는 생각에 몰려든 전국 각지의 가수요도 상당했으니 넘치는 공급을 수요가 받아주며 지난 5~6년간 제법 탄탄한 커리어를 쌓아올 수 있었던 것이다.

태생부터가 철저히 계획된 신도시인 탓에 단지 내 학교며 시원하게 쫙쫙 뻗은 도로와 그 사이사이에 자리 잡은 온갖 인프라는 모르는 사람이 봐도 딱히 흠잡을 데 없이 편리한 것이고, GTX가 아닌 손에 잡히는 신분당선이며 법조타운에 더해 도청과 교육청도 들어앉는다니 분명 광교는 앞으로도 꾸준히 제 갈 길을 갈 것이다. 하지만 난 저 동탄의 우포한이나 마곡의 M7처럼 완장 찬 네임드 대장을 중심으로 방사형으로 뻗어나가는 인근 단지들과 4~5억씩 급격한 매매가 편차를 보이는 지역들은 좀처럼 권하고 싶지 않은데, 광교 역시 웰빙이나 호반 같은 언저리들은 말할 것도 없고, 광자힐과 중흥 정도를 빼고 나면 가장 핵심인 광교중앙역 인근 50, 60대 단지들조차 가격 면에선 별반 유의미한 에센셜은 없는 것이다.

2021년 원천호수 옆 광교중흥S클래스 52평이 32.5억 원에 거래돼 한바탕 술렁인 적이 있었다. 근 1년 만에 거래된 호수 조망의 대형 평수라는 특이함에 더해 매매가도 상당했던 터라 거래 내막에 대해서도 뒷말이 무성했지만, 그럼에도 광교 32.5억은 표면적으로 대단한 상징성을 지닌 수치임은 부정할 수 없다. 광교가 30억 천정을 깼다는 건 경기 동남권에서 그간 줄곧 판교로부터 비교열위에 놓였던 설움을 딛고서 판교 대장 푸그와 어깨를 나란히 할 수 있다는 뜻이자, 액면가로는 서울에서도 강남 2구를 제외하고서는 송파구를 포함해 어지간한 뉴타운 정도는 추월했다는 의미가 되기 때문이다.

하지만 내 생각은 좀 다른데 이를테면 이런 것이다.

거래량이 희소한 상황에서 신고가 한두 개로 지역 간이나 단지 간의 우열을 비교하는 것이 얼마나 성급하고 어리석은 일인지는 이미 언급한 터이고, 그보다 세상에는 우리의 생각보다도 시장의 가격에 비탄력적이면서 대중적 사고의 메커니즘과는 다른 궤적의 삶을 살아가는 사람들도 무척 많다는 것이다. 그리고 이건 어디까지나 옳고 그르다거나, 맞고 틀림의 문제가 아닌데, 이런 궤적 밖의 영역을 궤적 안의 잣대와 기준으로 판단하니 정작 집주인도 아닌 제3자끼리 늘 반복적이고도 의미 없는 갑론을박만 무한히 재생산될 뿐이다.

부산 해운대구 중동에 우뚝 서 해운대 해수욕장을 내려다보는 100층짜리 주상복합 엘시티가 43.5억에 팔려나가는 건 역세권이거나 대단지여서도, 그렇다고 강남이나 여의도가 가까워서도 아니다. 엘시티와 길 하나를 사이에 둔 30평대 신축이 10억인 사실은 접어두고서라도 비슷한 비교군 가운데 수영만 부근 해운대아이파크 50평이 15억, 두산 위브더제니스 56평이 17억인데, 엘시티를 3배 가까운 값을 주고 사는 게 정상이냐, 그 돈이면 차라리 반포에다 아리팍 하나 사서 전세로 주고 트럼프월드마린에 들어가 사는 게 훨씬 낫겠다며 따박따박 따지고 달려들면 그때부턴 묻는 사람도 듣는 사람도 피곤해지는 것이다.

가령 대대로 태생이 부산이면서 집안도 좀 살고 처가도 좀 사는데, 일가친척에 불알친구들까지 모두 부산에 있으면서 연 소득이 5~6억 넘는 자영업체 사장이라면, 혹은 해운대 주복 어디 상가에 한 60평 규모로 막 개업한 부부 치과의사라면, 과연 이들에게 아리팍, 래대팰이 다 무슨 의미요, 근처에 비슷한 조망이 나오는 3분의 1 가격의 집이 있든 그게 다 어떤 의미인가 말이다. 그깟 돈 몇억 따지는 거보다 이들에겐 지난달 새로 뽑은 내 벤츠 주차하기 편하고, 쉬는 날 단지 안 커뮤니티 센터에 수영장 규격이나 조식 서비스 메뉴가 어쩌면 더 중요한 일일지도 모를 일이다.

　그러니 광교 호숫가 52평이 32.5억 신고가를 찍었다 한들, 이를 두고 외부 사람이 그 돈이면 서울 어디를 가겠다고 빈정거릴 필요도, 내부 사람이 이제 판교랑 잠실 정도는 우습다고 으름장을 피울 필요도 없는 일이다. 한 법인이 직원들 워크숍 모임 장소로도 쓸 겸 비용 처리 받으려고 매입했든, 근처 한 대학의 노교수가 호반의 야경이나 내려다보며 말년에 집필활동이나 하려고 매입했든, 집이라는 목적물을 투자의 개념이 아닌 주거 편익 그 자체로써만 바라보는 이들도 세상엔 얼마든지 존재하기 마련이며, 이것은 애초부터 해석이나 비판의 대상이 아닌 것이다.

　제도권 내의 시각으로써 시장에서 광교라는 지역의 위치를 굳이 따지려거든 1년 만에 거래된 호숫가 대형 한 채보단 광교중앙역에서 일찍부터 대장질 해먹고 있던 힐스테이트나 이편한세상 국평 정도는 가지고서 논하는 편이 말하는 이나 듣는 이 모두에게 사납지 않은 일 일 게다. 혹여 아직도 해묵은 광교 호숫가 52평 32.5억에 열광하는가? 아니면 여전히 혹세무민용 GTX가 동탄의 게임 체인저가 돼주리라 기대하는가? 그렇다면 말릴 이 없으니 이제라도 기꺼이 들어가시라.

Part 05

미래를
그려보다

존경하는 의원 여러분, 그리고 국무위원 여러분!
부산 동구에서 처음으로 국회의원이 된 노무현입니다.
국무위원 여러분, 저는 별로 성실한 답변을 요구 안 합니다.
성실한 답변을 요구해도 비슷하니까요.
제가 생각하는 이상적인 사회는 더불어 사는 사람 모두가
먹는 거, 입는 거 이런 걱정 좀 안 하고, 더럽고 아니꼬운 꼬라지 좀 안 보고,
그래서 하루하루가 좀 신명 나게 이어지는 그런 세상이라고 생각합니다.
만일 이런 세상이 좀 지나친 욕심이라면은
적어도 살기가 힘이 들어서, 아니면 분하고 서러워서
스스로 목숨을 끊는 그런 일은 좀 없는 세상,
이런 것이라고 생각합니다.

노무현 前 대통령 제142회 임시국회 대정부질의 中

난 말이다, 우파와 좌파, 진보와 보수, 이딴 걸 떠나 적어도 사람이 먹고사
는 문제 앞에선 모두가 좀 솔직해져야 하며, 무엇보다 어설프게 장난질 치
지 말아야 한다고 생각한다. 그러려면 때론 더럽고 불편한 현실을 인정해
야 할 때도 있을 것이고, 너희는 그러면 안 되지만 우리는 그래도 된다거나,
지난날 너희도 그랬으니 지금의 우리도 괜찮은 거란 역겨운 이중성의 유
혹도 뿌리쳐야 하며, '맞으면 좋고 아니면 말고' 식의 대학원 연구실 실습생
같은 아마추어리즘도 좀 곤란한 것이다. 안 그래도 하루하루 팍팍한 세상,
매일이 신명 나 좋아 죽지는 못할지언정, 먹는 거, 입는 거, 이런 걱정 좀 안
하고, 더럽고 아니꼬운 꼬라지도 좀 안 보는 그런 세상… 아이러니하지만
그래서 1988년 당시 초선 의원으로 첫 국회 대정부 질의에 나섰던 노무현
의 말은 34년이란 세월을 건너 2022년을 사는 오늘의 내 폐부를 찌르고
있는 것이리.

인플레이션 권하는 사회:
국가의 빚은 어떻게 내 삶을 갉아먹는가?

"올해 1분기 기준 (GDP 대비 국가부채비율이) 평범한 나라들은 평균적으로 110%를 넘는데, 우리나라는 45%에 불과하다. 이 숫자가 낮다고 칭찬받지 않는다. 국가부채비율이 100%를 넘는다고 특별히 문제가 생기나?"

무엇 때문인지 대한민국의 GDP 대비 국가부채비율이 평범한 나라들의 절반에도 못 미치는 것에 잔뜩 화가 나기라도 한 듯, 지난 대선 기간 중 한 후보자의 날선 일갈이었다. 말하자면 전대미문의 코로나 사태 앞에서 수년째 국민들이 빚에 허덕이며 고통받는 까닭은 빚이 늘어나는 걸 무서워한 나라가 돈을 더 찍어내 국민 개개인에게 나눠줄 수 있었는데도 굳이 그렇게 하지 않은 탓이고, 사실 지금 각각의 개인이 지고 있는 채무는 원래 나라에서 대신 짊어졌어야 할 몫이란 것이다. 듣고 보니 무언가 일견 그럴듯하다.

대학에서 경제학을 공부하기 전, IMF 외환위기로 온 국민이 금 모으느라 북새통이던 고등학교 시절엔 가끔 이런 공상도 곧잘 하곤 했더랬다. 아니, 나라 금고에 달러가 없다는데 굳이 이것저것 해라 마라 까다롭게 구는 외국에서 치사하게 빌리지 말고, 돈 만드는 한국은행에서 몇 날 며칠이고 밤새 기계를 돌려 필요한 만큼 무한정 돈을 찍고, 그걸 다시 달러로 바꾸면 되지 않을까란 생각, 아 그리고 이왕 밤새 기계를 돌리는 김에 좀 넉넉하게 찍어서 부도나는 회사에도 좀 꿔 주고, 국민들한테도 한 천만 원씩 골고루 나눠주면 모두가 행복하지 않을까 하는, 말 그대로의 공상 말이다.

그렇게 IMF 세대로 이따금 야자 시간에 엉뚱한 공상에 빠지곤 했던 난 대학에 진학했고, 폴란드의 칼레츠키와 영국의 케인스가 어떤 주장을 펼쳤던 사람이었는지, 인플레이션이 무엇인지에 대해 배우고 나서야 비로소 고등학교 정치·경제 시간 교과서에 실렸던, 지폐를 벽지로 쓰던 독일 바이마르 공화국 사진이 어떤 의미인지 알게 됐다.

그래, 그 시절 나의 공상대로 한다고 해서 당장에 오늘이나 내일 나라가 뒤집어지지는 않을지도 모를 일이다. 돈 찍어 내는 한국은행이야 어차피 범정부 기관에 속하는 중앙은행이니 나라에서 작정하고 석 달 열흘 문 걸어 잠그고서 야간작업까지 감수하며 빳빳한 5만 원 권으로 한 100억 장 찍어 낸다 한들 누구 하나 뭐랄 놈 있을 것이며, 나라를 의인화하면 결국 내가 나한테 돈 빌려다 빚지는 건데 내가 나한테 안 갚는다고 해도 또한 누구 하나 뭐랄 놈 없을 것이다.

대놓고 그런 식이라면 내친김에 이런 상상도 가능할 것이다. 대강 잡아 5만 원짜리 신권으로 100억 장이면 500조다. 한국은행 조폐 실무자들 석 달 치 야간작업 수당 수백만 원으로 하루아침에 꽁돈 500조가 생겼다. 이렇게 다시 석 달만 더하면 1,000조가 생기고, 이것도 성에 안 차면 돈도 많은데 그까짓 조폐 기계 몇백 대 새로 들이면 일주일 만에 1경이라고 못 만들 거 없다. 마음먹은 대로 돈을 찍어낼 수 있고, 어차피 내가 나한테 진 빚이라 장부상 숫자놀음일 뿐 안 갚아도 그만이요, 누가 뭐랄 놈도 하나 없는 마당이니 이제 드디어 돈 잔치할 일만 남았다.

그러고 보니 여태 매년 세밑에 국회의원들이 모여앉아 이듬해 예산 편성하며 어디 예산 몇억을 깎네, 마네 했던 삽질은 도대체 뭐하러 한 것이며, 진즉에 이렇게 했으면 24년 전 IMF 사태도, 코 묻은 돌 반지를 모을 필요도 없었을 텐데 참으로 개탄스럽다. 이제부턴 나라 예산을 한 해 전 미리 편성할 필요도 없다. 필요한 만큼 그때그때 기계로 찍어 내면 그뿐이니 말이다.

코로나로 전국의 영세 자영업자가 장사가 안돼 못 살겠다, 삭발까지 하며 연일 아우성인데, 이왕지사 이리된 거 일단 아쉬운 대로 두당 10억씩 땡겨 주고, 내년에도 코로나가 종식 안 되면 그땐 한 30억씩 더 땡겨 찔러주면 그만이다. 스텔스 오미크론으로도 모자라 다음 변종도 새로 나왔다는데, 그래 기분이다, 이참에 회사원들노 선부 사가에 대기시키고 수당에 정신적 위자료까지 국가에서 책임져 1인당 월 1,000만 원에 외식 장려금도 넉넉히 한 500씩 따로 챙겨주면 쿨

내 나고 서로 해피하다. 문 열고 장사 안 해도 연 순수익 10억, 지옥철 타고 출근 안 하고 집에 발라당 누워 온종일 넷플릭스만 봐도 매월 실수 1,500에 연봉 1억 8,000이 따박따박 통장에 꽂히니 마르크스와 김일성도 울고 갈 이런 유토피아가 따로 없다.

일하지 않아도 일할 때보다 연봉이 많아지고, 놀아도 먹고 사는데 지장없는 세상이 오자 의미 없는 국가부채비율은 진즉에 100%, 1,000%를 넘겼다. 하지만 상관없다. 그거 낮다고 칭찬받지 못했던 것처럼 높다고 뭐라 비난할 사람도 없는 마당에 말이다. 해외 신용평가기관으로부터 내려진 국가 신용도가 폭락하니 세계 그 누구도 대한민국과는 교역도, 투자도 하지 않게 됐다. 그래도 여전히 상관없다. 외부에서 투자하지 않아도, 누가 우리 물건을 팔아주지 않아도, 어차피 종이만 있다면 돈은 필요한 만큼 얼마든 더 찍어 내면 되니까 말이다.

시장에 무한정 돈이 풀리니 물가는 천정부지로 뛰고, 기업들의 손실은 누적되는데, 물가가 오르면 다시 오른 물가보다 임금을 더 올려주고, 돈이 부족하면 부족한 만큼 다시 찍어 낸다. 재화와 생물은 한정돼 있는데, 일 안 하고 앉아 놀면서 억대 연봉 받는 놈이 수천만이니 샴푸 한 통에 백만 원, 시금치 한 단에 이백만 원 하는 것이고, 돈으로 도배지를 사느니 도배지 살 돈으로 도배를 하는 세상이 기어이 오고야 마는 것이다.

"저는 일주일 안에
대한민국이 망할 거라고 생각합니다.
저는 그 무능과 무지에 투자하려고 합니다."

영화 <국가부도의 날>에서 정학의 대사 中

지난 5년 내내 우리 경제가 겪었던 가장 큰 문제들, 가령 수출이 급격하게 줄고, 그러다 보니 이익도 줄고, 불안해서 투자도 제대로 못하는, 이런 문제들은 사실 우리를 둘러싼 대외 여건이 어려웠던 탓이 가장 컸음을 부정할 수 없다.

트럼프 재임 시절 미국과 중국이 서로 관세 물리며 박 터지게 싸우니, 그 틈바구니 속에 중국 수출이 원활하지 않았던 데다, 지금은 상황이 좋아졌다고는 하지만 세계적으로 반도체 경기도 한동안 좋지 않았다. 그러니 수출로 먹고살면서 다시 그 수출의 20% 안팎을 반도체에 의지하는 나라로서는 도저히 당해낼 재간이 없었다는, 전 정부의 궁색한 변명도 일견 수긍되는 부분이 있는 것이다. 이러한 대외 여건들이야 시간의 문제일 뿐, 언제든 호전될 수 있다지만, 항상 문제는 내부에 있는 것이다.

이 나라 국민 769만 명에게 17조 원의 기초연금을 주는 것을 비롯해 세금으로 단기 알바 만드느라 쓴다는 26조 원으로도 모자라 그 기준도 모호한 '차상위 계층' 청년이 자기 돈 10만 원을 저축하면 나랏돈 30만 원을 얹어 준다는, 예를 들면 그런 것들 말이다. 봉이 김선달도 울고 갈 이런 희대의 코미디까지 등장한 덕분으로 그렇게 지난 정부 3년간 거저 쥐여 준 세금이 청년 1인당 1,080만 원이다. 그래 말이다. 집 없는 청년이 월세를 살면 세금으로 월세를 무이자 대출해 주고, 세금으로 백신 접종 보조 단기 알바 7만 명 늘리는 걸 두고 '고용 창출'이라 말하는 나라에 우리 모두는 살았던 것이다.

강북 썩다리 소형 평균 매매가도 6억을 넘기며 이제 이 땅의 신혼부부는 영끌조차 포기했고, 서울의 어지간한 중형과 경기도 대형이 다 같이 대출 저지선 15억을 넘겨 모두가 오도 가도 못 하는 상황에서 보유세와 거래세로 쪽쪽 빨린 돈은 소득구간 I, II, III에 들어가는 청년들의 정기적금 이자로, 코로나 백신 접종 보조원들 알바비로 꾸준히 지출 중이다. 코로나로 피해를 입었다는 개인채무자들의 신용을 회복해 주기 위해 2조, 대리운전기사와 학습지 방문교사 등 고용보험 지원을 받지 못하는 근로자 113만 명에게는 긴급 생활자금 1조 9,000억을 준다. 단기 알바 30만 개가 포함된 공공일자리 55만 개를 만드는 데 3조 6,000억, 전 국민에게 긴급재난지원금을 주는 데는 14조 3,000억이다.

지난해 국가부채는 전년보다 214조 7,000억이 늘어 결국 사상 처음 2,000조를 넘었다. GDP 대비 47%에 해당하는 액수인데, 국민 한 사람당 1,873만 원의 빚이 있는 셈이다. 아마 올해 코로나 추경까지 합치면 2,000만 원이 넘을 것이다. 정말이지, 숨이 목까지 턱턱 막힌다.

누구는 인류애를 위해 생판 모르는 남의 나라 전쟁에도 나간다는데, 나를 포함한 대부분의 일반인들한테 애초부터 그런 오지랖이야 없는 것이고, 그래서 지난 5년, 난 매일 더 악랄하고 표독스럽게 살려고 애썼다. 설사 비겁하다 손가락질 받아도, 여차해서 나라 망하면 내 부모, 내 마누라, 내 새끼 데리고 이민 갈 비행기 푯값은 쟁여둬야 했으니까 말이다.

내 다른 건 모르겠고, 부디 새로운 정부와 주변 모두에 바라건대, 그게 뭐 대단한 정의라고 나라가 제 앞가림 알아서 하는 국민들한테 돈 찍어 나눠주느라 수선 떨거나, 허우대 멀쩡한 자들이 나라에 손 벌리며 징징거리는 구차한 짓거리들은 이제 좀 서로 그만했으면 한다. 내가 오늘 나라로부터 거저 받는 돈은 내 자식들이 훗날 나라에 이자까지 쳐서 갚아야 할 빚인 것이고, 그게 바로 앞으로 남고 뒤로 밑지는 세상 미련한 짓이니 말이다.

상식과 비상식:
먹고사는 문제에 대하여

"집을 가진 계층과 그렇지 못한 계층은 투표 성향에도 차이를 보인다. 짐작하다시피 자가 소유자는 보수적인 투표 성향을 보이며, 그렇지 않은 경우는 진보적인 성향이 있다.(중략)

때문에 다세대, 다가구 주택이 재개발되어 아파트로 바뀌면 투표 성향도 확 달라진다. 한때 야당의 아성이었던 곳들이 여당의 표밭이 된 데는 그런 이유가 있다."

― 김수현 저서, 『부동산은 끝났다』 中 발췌

선거는 끝났지만, 정확히 반으로 쪼개진 이 나라에선 여전히 후폭풍이 거세다. 젠더, 이념, 세대, 지역과 같은 무수히 많은 어젠다에도 불구하고 난 지난 두 번의 선거는 상식과 비상식의 대결이었다고 믿는다. 정치 영역에 있어서의 상식과 비상식은 결국엔 먹고사는 문제와 직결되기 때문이다.

특별한 사정이 있지 않은 한, 불편했다면 편해지는 쪽으로, 부당했다면 정당한 쪽으로 움직이고자 하는 것이 인간의 본능이요 상식이다. 마치 무언가 대단한 개념이라도 숨어있는 듯 고상한 미사여구를 가져다 포장한들 현존하는 불편부당함을 계속해 이어가려는 건 분명 누군가 혹은 무엇으로부터 세뇌되고 순치된 의도적 비상식이나 다름 없다. 그리고 상식과 비상식을 가르는 문제, 사람이 먹고사는 일상의 치열한 문제들 앞에선 남자와 여자가, 2030과 4050이, 영남과 호남이, 가진 자와 못 가진 자가 다를 수 없는 일이다.

그건 그러한 상식과 비상식이 하루하루 연속되는 우리네 실전적 삶에 닿아 있기 때문이며, 애당초 시공간을 공유하며 살아감에 있어 남편은 불편함을 느끼는데 같이 사는 아내만 편함을 느낀다거나, 부모는 정당하다고 생각하는데 자식들만 부당하다고 생각한다거나, 대구 사는 삼촌 댁은 공정하다고 여기는데 광주 사는 이모 댁만 불공정하다고 여길 수는 없는, 말하자면 그런 보편타당의 문제이기 때문이다.

권력을 잡고, 다시 그 권력을 계속해 연장해야 하는 정치권력자들은 진정으로 국민이 행복하고 잘 살길 바랄까? 아니, 난 결코 아니라고 본다. 이미 충분히 행복하고, 이미 넘치도록 풍요로운 사람에겐 더 이상 무언가를 바꿔보려는 간절함과 절실함이 없다. 그러니 그들의 간절함을 부추기고, 절실함에 기대어 표를 얻어야 하는 입장에선 표를 줄 대상이 불행하고 가난할수록 비집고 들어갈 틈이 생기는 아이러니가 생긴다. 고단한 인생에 있어 달콤한 오아시스 같은 요행이란 애초부터 있지 않다는 생각을 가지고 사는 나는, 4~5년에 한 번씩 돌아오는 선거에서 대통령과 지역 국회의원, 그깟 구청장 하나 잘 뽑는다고 해서 우리네 인생에 당장 무언가 드라마틱한 변혁이 생기리라고는 믿지 않는다.

하지만, 진짜, 아니 정말이지 그럼에도 말이다. 제아무리 유권자의 아픈 곳을 볼모로 표를 구걸해 연명하는 게 권력의 더러운 메커니즘이요, 양아치 같은 정치인이라 할지라도, 어떡하든 내 집 한 칸 마련해 중산층으로 올라가려는 서민들의 발목 잡아 한평생 초딩한테도 손가락질 받는 임대에나 살라며, 이미 중산층으로 사는 사람조차 끌어내려 진창에서 허우적거리게 만드는, 이런 파렴치한 짓거리를 일삼는 세력들에겐 진보가 됐든 보수가 됐든 더 이상 정권을 넘겨줘선 안 된다고 생각한다. 왜냐면 그건 성별과 이념, 세대와 지역을 초월하는 상식의 문제이자, 나와 내 가족이 먹고사는 존엄한 생존의 문제이기 때문이다.

이제 땀 흘려 번 근로소득으론 내가 살고픈 곳에 있는 아파트는 살 수 없는 세상이 돼버렸다. 왜 이렇게 됐는지, 그게 다 누구 때문이고 언제부터였는지, 그 지겨운 복기를 이제 와 다시금 반복하자는 건 아니지만, 어쨌든 결론적으로 그런 세상이 돼버렸다. 필시 이 모든 걸 계획하고 설계한 이들조차 어느 시점부턴 그들 스스로 언제부터 무엇 때문에, 그리고 누구를 위해 어떤 짓거리를 한 건지 기억하지 못할 것이다. 몰라서였든, 알면서도 그런 거였든, 이도 저도 아니면 그저 한 줌도 되지 않는 그 알량한 권력을 연장하기 위해 벌인 얕은 꼼수 때문이었든, 우리 모두는 너나없이 불행한 시간을 보내고 있다.

집값은 닿을 수 없는 곳까지 올랐고, 돈은 생각만큼 벌리지 않으니 아직 집이 없는 사람은 더 이상 집을 살 수 없다. 갖은 이유로 집을 팔고 살 때 내야 할 세금도 엄두가 나지 않는 곳까지 올랐으니 집이 있는 사람은 더 이상 이사를 갈 수 없다. 집값 떨어질 때 환급해줄 것도 아니면서 아직 팔아서 만져보지도 못한 시세가 올랐다고 몇 달 치 월급에 해당하는 목돈을 보유세로 매기니 이젠 갖고 있는 집도 울며 팔아야 할 판이다. 하지만 집이 있는 사람도, 집이 없는 사람도, 우리 모두의 삶은 계속돼야 하는 까닭에 언제든, 어느 지점에선가, 어떤 방식으로든 해결책은 나와야 한다. 그리고 그 해결책은 어떠한 경우에라도 과격해선 안 되며, 누군가를 살리기 위해 누군가를 죽여야 하는 오징어 게임이 돼선 안 되는 것이다.

집 없고, 돈 없는 사람이 집을 살 수 있게 만들기 위해선 대략 두 가지 방법을 생각해 볼 수 있을 것이다. 오른 집값을 강제로 내리거나, 돈 없는 사람에게 집 살 정도의 돈을 안겨 주거나.

집 있는데 이사 못 가는 사람이 움직일 수 있도록 하기 위해선 또한 대략 두 가지 방법을 생각해 볼 수 있을 것이다. 그냥 집값 많이 올랐으니 엄살 부리지 말고 낼 세금 내라는 막무가내가 아닌, 적어도 세금 때문에 수평 이동이 제약받지 않을 수준으로 거래세와 보유세를 낮추거나, 이사 나갈 집과 이사 갈 곳의 집값을 강제로 조정해 가처분 소득을 높여주거나.

그렇다면 양쪽에서 최소한 이 정도의 합의는 볼 수 있을 것이다. 집 없는 사람이 집을 살 수 있게 하기 위해 집 가진 사람들의 집값을 인위적으로 반 토막, 세 토막 내는 건 파괴의 논리다. 그렇다고 돈 없는 사람에게 집값 정도의 뭉칫돈을 나라에서 거저 주거나, 그 사람의 연봉을 아무 이유 없이 100배 올려줄 순 없는 노릇이다. 그러니 그들에게 자신의 소득 수준 안에서 꾸준하고 성실하게 갚을 수 있는 정도의 대출을 해주는 정도, 그래서 일단은 이 시장에 진입할 수 있는 사다리를 놓아 주는 정도, 이 정도의 합의는 볼 수 있을 것이다.

집 있는 사람이 몇 년 새 집값 좀 올랐다고 그거 팔아 더 좋은 동네로 가거나 평생 놀고먹을 수 있도록 나라에서 일시적으로 그 사람의 집값만 올려주는 건 실현 가능성도 없거니와 역시 파괴의 논리다. 그렇다고 그 사람이 이사 가고 싶어 하는 동네의 집값만 일시적으로 떨어뜨려 줄 수도 없는 노릇이다. 그러니 그들에게 차익과 취득에 대한 정당한 세금은 부과하되, 적어도 세금 때문에 이사를 못 간다는 소리는 나오지 않을 정도, 그래서 어린 자식새끼 학교 때문이든 노쇠한 부모님의 봉양 때문이든 거주·이전의 자유 정도는 보장되는 딱 그 정도의 선, 이 정도의 합의는 볼 수 있을 것이다.

"왜 '왜'가 필요합니까?
각자 출발선이 다르면 노력으로 따라잡을 수
있게끔 골라인만큼은 평등해야 한다,
그 남재익 의원이 청년 일자리
확보하겠다고 하면서 한 말입니다.
그래놓고 본인 아들 꽂아 넣은 그 은행 자리에
그 해에만 2,800명이 모였다고 하는데요?!"

드라마 〈비밀의 숲 시즌2〉에서 시복의 내사 中

서민이 잘사는 세상도 좋고, 집도 좋고, 세금도 좋고, 표도 좋고, 이념도 좋고, 다 좋은데 말이다. 어디 중학교 도덕 교과서에 나올 법한 노력, 평등, 그런 것도 좀 그만 찾고, 정의로운 척 위선도 좀 그만 떨고, 일단 숨은 좀 쉬고 살자. 아니, 뭐 말이 어렵니? 이게?!

이 정도의 상상:
폭등과 폭락, 그 중간지점 어딘가에서

　새 정부가 출범했고, 지방선거도 끝이 났다. 조사 기관과 시기에 따라 조금의 차이는 있었을지언정 지난 대통령 선거 기간, 차기 정부 국정의 우선 해결과제를 묻는 질문엔 여지없이 부동산 문제 해결이 선두에 섰다. 한 가지 웃긴 건 새 정부가 들어서기 전부터 또다시 온 나라를 반으로 갈라 들썩이게 만든 이슈가 다름 아닌 대통령이 살 곳과 일할 곳을 옮기네, 마네 하는 문제였다는 사실인데, 아니 이쯤 되면 이놈의 나라와 부동산은 도무지 어쩔 수 없는 운명적 업보가 아닌가 말이다.

　무슨 뜻인지는 대충 알겠는데, 그렇다 해도 그간 문제가 있었다면 사람인 대통령에게 있었던 것이지 한낱 공간인 청와대엔 뭐 그리 대단한 잘못이 있다고 취임 전부터 그 혼란을 자초했던 것인지, 정히 하고

싫거든 치사하게 사사건건 딴지 거는 전 정부 인사들이 꼴 보기 싫어서라도 보란 듯 취임 후에 하면 그만이었을 것을 그 한 달을 못 기다리는 건지 도통 이해가 안 되었다. 그런데 말이다. 5년 내내 부동산으로 사람들을 달달 볶은 걸로도 모자라 임기 중 북한이 쏘아 올렸던 수십 발의 미사일조차 호부호형하지 못하고, 30억 넘게 들여 지어준 연락사무소가 눈앞에서 폭파돼 폭삭 주저앉을 때도 한마디 못하던 자들이 청와대를 이전한다니까 그제서야 국가 안보를 운운하면서 5월 9일 23시 59분 59초라는 그 알량한 남은 임기를 초 단위까지 따박따박 따지고 앉아 있었으니 지켜보는 입장에서는 꽤나 배알이 꼬였던 것이다.

온 나라가 정확히 반으로 쪼개져 이런 지난한 일들이 반년 넘게 이어지는 사이 좀 생뚱맞지만, 한편으론 난 그런 고민도 했었더랬다. 보수우파도 좋고 진보좌파도 좋고, 개딸도 좋고 이대남도 좋고, 뭐도 다 좋은데, 그보다 정작 지금 우리가 신경 쓸 건 새 대통령의 집과 사무실이 어딘가가 아니라 나와 내 식구가 앞으로도 살아갈 집이라는 생각. 지난 정부에서도, 새 정부에서도, 그리고 다시 그 후에 들어설 그 어떤 또 다른 정부에서도 결코 변하지 않을 사실 하나, 바로 내 돈 주고 내가 산 내 집의 소중함과 그것이 각자의 삶에 가져다주는 의미 말이다. 권력은 바뀌는 것이고, 이후로도 무수히 많은 정부가 사라지고 또 들어서겠지만, 언제든 이 또렷하고 명징한 대명제 하나만큼은 부디 잊지 말고, 저마다의 가슴속에 담아두고 살아갔으면 한다.

한창 집을 사거나, 살 돈을 모으고 있어야 할 이 땅의 2030들 가운데 상당수가 이번 생은 아무래도 망했다고 생각했는지 그린피만 30만 원에 달하는 비용에도 불구하고 주말 골프에 열광하고 있다는 소식이 심심치 않게 뉴스를 장식하고 있는데, 골프장에선 라운딩 내내 인증샷 촬영에 열중인 이들 때문에 경기 진행에 차질이 빚어지는 경우가 다반사고, 애초부터 골프보단 사진이 목적인 이들을 겨냥해 고가 브랜드의 골프 의류를 빌려주는 업체들도 성업 중이라고 한다. 어디 골프뿐이겠는가 말이다. 예쁜 그릇, 고급스러운 음식에 프라이빗한 공간까지, 한 끼에 10만 원은 우스운 '오마카세' 식당은 몰려드는 2030으로 예약 없이는 자리를 찾을 수 없을 지경이 된 지 오래다.

그렇게 일주일 또는 반달 치 생활비를 기꺼이 들인 주말 골프와 '파인다이닝'을 마친 그들이 집에 돌아와서 하는 일이라곤 기껏 SNS에 허세 가득한 인증샷을 올리는 일 정도다. 2030세대의 은행 예적금은 갈수록 줄어드는 반면, 가상화폐 투자는 급증하고 있는데, 시중 4대 은행의 2030 적금 신규 가입 구좌는 3년 새 100만 개가 줄었지만, 국내 최대 암호화폐 거래소 전체 계좌의 70%는 2030이 개설한 것으로 집계됐다.

팔자에도 없는 골프치고, 맛집 투어 하는 그들이라고 왜 애환이 없었겠는가. 아마 그런 그들의 마음 또한 마냥 편하지만은 않았을 것이다. 어떤 유명 유튜버는 이들을 향해 '허세의 인플레이션'이란 날선 독설을 날렸다는데, 이 대목에서 내 생각은 조금 다르다. 그래도 내가 2030 시절을 보냈던 10~20년 전엔 말이다. 나를 기준으로 스스로의 위치를 가늠하고 평가하는 비교군이 또래의 일가친척이나 이웃사촌, 아니면 내가 아는 친구 정도였더랬다. 그렇게 비교 대상 자체가 한정적이니 스스로가 좀 못났더라도 어지간하면 확률적으로 그래도 개중에 중간은 할 수 있었고, 나도 그리 알고서 지난 20여 년을 나름 나 잘난 맛에 살아왔던 것이다.

하지만, 각양각색 SNS와 소통 플랫폼의 급격한 발달로 이제 내 비교 대상은 전국을 넘어 전 세계로 시나브로 확장됐고, 학업, 취업, 연애, 결혼부터 옷차림과 취미, 자동차의 종류와 외식 메뉴에 이르기까지 인생의 거의 모든 영역에서 눈높이의 인플레가 극심해진 탓에 뭘 해도 스스로의 성에 차지 않고 늘 허기를 느끼게 돼버렸다. 말하자면 그저 내가 가진 능력 한도 내에서 같은 반 친구들끼리 경쟁하는 쪽지 시험이나 중간고사 정도면 족했을 일들까지도 매번 전국구 일제 모의고사를 치르는 수준을 일상으로 감내하는 꼴이니, 이 정도면 허세의 인플레가 아니라 소통과 목표의 인플레가 더 정확한 표현일는지도 모르겠다.

허세든 욜로든, 그도 저도 아니면 소신 있는 소비든 간에, 그건 어디까지나 개인의 자유 영역이니 누구도 할 말이 없다만, 그래도 똑같은 시간에 누구는 허리띠 졸라매고 그렇게 아껴 모은 돈으로 집도 사고 가정도 꾸리며 산다. 살 수 있는데도 굳이 사지 않겠다는 쪽한테는 나랏님이라도 어쩔 수 없는 노릇이지만, 그렇지만 좀 살아보겠다고 아등바등 몸부림치는 이들에게는 더 늦기 전에 그래도 이제 진입로 정도는 틔워 주어야 하지 않을까? 그렇게 없던 문이 생기고, 또 열리다 보면 골프장에서 사진 찍고, 호텔에서 수영이나 하던 젊은이들 가운데 몇몇은 다시 돌아와 인생의 다른 길을 모색할 수도 있지 않을까? 난, 정말이지 배달앱 쿠폰 뿌리듯 일 년에 한두 번 나랏돈으로 20만 원, 50만 원, 그따위 용돈 호주머니에 꽂아 주는 것보다 실상 이런 것들이 진정 나라에서 해야 할 일이라고 생각한다.

처음부터 오르지 않도록 했으면 가장 좋았을 것을, 그렇다고 이제와 이미 오른 집값을 인위적으로 떨어뜨릴 수는 없는 노릇이다. 내 집값 떨어질까 아깝고 무서워서가 아니라, 원래 경제란 다수의 이해관계자가 얽히고설킨 복잡계(Complex System)여서 하나의 변수를 건드리면 그다음 변수가 어떻게 바뀔는지, 어떤 부작용이 초래될는지, 도저히 예측할 수 없는 노릇인 까닭이다. 자칫 빈대 몇 마리 잡으려다 초가삼간 홀랑 태워 먹을 수도 있다는 말이다.

백번을 양보해 서울과 경기도 핵심지에 집 지을 땅이 무한하다는 공간적 난센스를 전제로 이제 와 집을 수백만 호 아니라 수천만 호 때려 박은들 이미 60억 가는 압구정이 30억이 되고, 20억 하는 마래푸가 10억으로 내려앉을 일은 아마 요원할 것이다. 그렇다고 지난 5년과 같은 관성으로 2년 뒤 아리팍이 60억 되고, 4년 뒤 흑석 아리하가 40억이 된다면, 그때는 정말 밖으로부터의 진입도, 안으로부터의 탈출도 불가능할는지 모를 일이다.

언제나처럼 새로운 정부를 향해 집 없는 자는 폭락을 바라고, 집 있는 자는 폭등을 바라지만, 그럼 정말로 집값이 폭락하면 집 없는 자는 하루아침에 없던 집이 생겨나 행복해지고, 집값이 폭등하면 집 있는 자는 자산이 불어나 마냥 즐거워질까? 아니, 난 아니라고 본다. 우리 모두가 지난 세월 분명하게 목도했듯이 오히려 그러한 진폭 큰 극단의 변동은 이쪽과 저쪽 모두를 불행하게 만드는 공멸만이 기다릴 뿐이다. 거듭 말하거니와, 소모성 재화들과 달리 사용과 잔존가치에 있어 영속적인 성격을 갖는 부동산은 결국엔 내가 샀던 가격보다 훗

날 비싸게 팔 수 있다는 게 기저에 담보돼야 비로소 임차가 아닌 소
유의 이유가 생겨나는 것이다.

내가 지금 매입하는 가격보다 훗날 떨어지는 것이 확정적이라면 집
없는 사람은 시장에 진입하지 않을 것이고, 집 있는 사람은 서둘러
시장을 이탈할 테니, 그럼 이 시장이 굴러갈 수 있겠느냔 말이다. 그
러니까, 근거와 논리 없는 맹목적인 부동산 가격 하락을 주장하는 건
그저 선거철 잠깐 표나 구걸하는 정치인들이나 애초부터 집 살 생각
이 아예 없었던 자들의 저열한 말장난일 뿐, 그 아무도 책임질 수 없
는 논리적 패러독스에 지나지 않는 것이다.

세대를 거듭할수록 인구가 줄어들어 나라의 존립 자체를 걱정해야
하는 시대에 근로소득도 한정된 상태에서 매년 수억씩 폭등을 바라며
'가즈아~'를 외쳐 요행히 그 꿈이 이루어진들, 그럼 지금부터 수십
년 후 50억, 100억이 됐을 그 물건은 그때 가서 대체 누가 받아 줄 거
냔 말이다. 그러니까 철딱서니 없이 맹목적인 상승을 주장하는 건 그
저 집으로 한밑천 잡아보겠단 투기꾼들의 얍삽한 부추김일 뿐, 그 아
무도 감당할 수 없는 논리적 역설에 지나지 않는 것이다.

그러니 말이다. 어느 쪽이든 간에 제발 아무도 책임지지 못할 폭락
이니 폭등이니 이딴 무책임한 쉰 소리는 좀 집어치우고, 그저 집 사
야 할 사람은 빚을 좀 내서라도 집 살 수 있고, 꼭 이사해야 할 사람
은 넓은 곳으로든 좁은 곳으로든 자기 상황에 맞게 이사도 할 수 있
고, 집 팔아야 할 사람은 자유롭게 집도 팔 수 있는, 그래서 누구든
저마다의 상황에서 각자의 필요에 따라 스스로의 길을 걸어갈 수 있
도록 물가 상승률 수준의 정직한 우상향 정도를 전제한다면, 그렇다

면 모두가 다 같이 둘러앉아 무언가 건설적인 얘기를 좀 시작해 볼 수도 있지 않을까, 난 그렇게 생각한다.

"블라디보스톡? 거창하네…
뭐 독립운동이라도 하시나?"

영화 **<낙원의 밤>**에서 재연의 대사 中

그래 맞다. 뭐 독립운동도 아니고, 이건 애초부터 거창할 거 하나 없던, 그저 먹고사는 일상의 문제였고, 당연히 했어야 할 국가의 고민이었단 말이다.

●

나의 제언 I:
세금과 대출, 그리고 다주택자

이제부터 다시 5년, 그래서 새 정부가 해야 할 일은 무얼까? 집 가진 쪽에서야 계속해서 오르거나 최소한 떨어지지 않기를, 집 없어 새로 사야 하는 쪽에서는 좀 떨어지거나 최소한 더 오르지는 않기를 바라겠지만, 애초부터 그 둘은 양립할 수 없는 일이니, 내가 평소부터 해봤던 생각의 부스러기들은 예를 들면 이런 것들이었다.

내 지식이 알량한 탓에 다른 분야는 모르겠고, 적어도 부동산에 있어서는 말이다, 지난 정부가 정신없이 쏟아낸 모든 규제를 원점에서 해체 수준으로 전면 재검토한 뒤 제로 베이스에서 하나하나 다시 정교한 메커니즘을 구축하고, 그래서 무너진 시장의 생태계를 복원해야 한다는 것이다. 이건 이념의 문제도, 그렇다고 정권이 바뀌었으니 이전 정권의 흔적을 깡그리 갈아엎자는 증오의 개념도 아닌, 정말이지 삶의 현장에서 평범한 사람들이 먹고사는 치열한 민생의 영역인 것이다.

부자들을 괴롭히면 가난한 사람들이 거저 잘살게 될 거란 무지한 몽니, 부자들을 가난하게 만들기 위해서라면 가난한 사람들은 더 가난해져도 내 알 바 아니라는 무책임한 파렴치, 말하자면 이런 생각들의 연장선에서 5년 내내 배설됐던 고약한 규제들만큼은 하루빨리 삶의 길목에서 치워져야 한다는 것이고, 그걸 만든 게 국가의 정당한 권한이었다면, 그걸 치우는 것 또한 국가의 준엄한 책무란 말이다.

잘못된 게 있으면 바꿔야 한다는 건 시공간을 초월하는 보편타당한 상식이다. 특히나 다수 국민들의 삶에 심대한 폐해를 끼치는 정책이라면 더더욱 그럴 것이다. 그리고 바꾸고자 할 때는 우선 무엇이 잘못됐는가에 대한 철저한 성찰과 어떻게 바꾸겠다는 명확한 방향성이 수반 돼야 한다. 하지만, 문재인 정부는 그러지 못했다. 아니 그러지 않았다. 처음엔 잘못된 게 없다며, 너희가 틀린 것이고, 우리가 맞는 것이라고 했다. 시간이 지나 감당할 수 없을 지경에 이르자 이번엔 잘못은 했는데, 그래도 우리의 기조는 바꿀 수 없다는 식으로 버텼다. 그러니 연이은 두 번의 선거에서 처절한 심판을 받은 것이다. 알면서도 일부러 그런 것이든, 아니면 정말로 몰라서 그런 것이든, 어쨌든 그들은 실패에 대한 인정도, 잘못된 정책에 대한 수정도 끝까지 하지 않은 채, 5년 내내 국민들의 삶을 담보로 어깃장과 꼬장만 부리다 퇴장했다.

만일 새 정부에게 지금의 이 비정상을 바꾸고자 하는 방향성과 그에 상응하는 결연한 의지만 있다면, 그렇다면 그리 많은 시간을 필요로 하는 일은 아닐 것이다. 전 정부의 우악살스럽고 반시장적인 규제들, 그로 인해 파생된 부작용들의 폐해와 그래서 어떻게 해야 될는지에 대한 학술적 연구는 이미 차고 넘치며, 이 나라엔 언제든 쓴소리와 함께 조언을 아끼지 않을, 균형 잡힌 사고를 가진 관련 분야의 전문가들 또한 얼마든지 있으니 말이다. 아마 인수위 시절부터 외부 전문가 그룹의 자문과 내부 연구를 통해 잘 다듬어진 대책들도 가지고 있을 것이다. 그러니 말하자면 이제는 그저 실천의 문제만이 남아 있을 뿐이다.

가령 양도세를 중과하고 종부세를 올리면 다주택자들이 못 견디고 집을 내다 팔아 시장에 공급이 늘어나고, 그래서 집값이 떨어질 거란 논리적 경로는 이미 비현실적인 망상이었던 것으로 시장에서 판정이 끝났다. 그러니 실패를 인정하고서 중과된 세금은 이전의 보편타당한 수준으로 환원시키면 되는 것이다. 정책적 효과가 없는 게 판명됐는데도 그 정책을 계속 존치시킨다면, 그때부터는 그야말로 집값이 아니라 그냥 세금을 더 걷겠다는 불순한 의도나 다름없는 것이며, 갈수록 조세저항과 부작용에 시달려 부동산 문제가 오히려 다른 국정운영에 악영향을 미치는 단초로 작용할 뿐이다.

20억짜리 집에 살든 100억짜리 집에 살든 비싼 집에 사는 부자니까 갑자기 과도한 세금을 물려도 상관없다며, 가진 집값이 얼마고 그간 오른 집값이 또 얼만데 그깟 세금 하나 못 낸다고 엄살이냐며 호통치는 것, 그것은 사유재산을 인정하고 보호해야 할 책무를 지닌 자본주의 국가가 결코 보여서는 안 될 행태이다. 누구보다 국가가 나서 개인의 사유재산을 보호하고 지켜준다는 그 대원칙이 작동되지 않는 순간, 자본주의 국가는 존재의 이유가 사라지는 것이고, 그때부턴 모두가 공평하게 못살아야 한다는 공산주의와 대체 뭐가 다른 것이며, 그러니 정의가 없다면 국가도 한낱 저잣거리의 강도와 다를 바 없어지는 것이다.

조세는 납세자의 부담 능력에 맞춰서 부과하는 것이 정상적이다. 살던 사람은 과거부터 계속해 그 집에 살고 있었을 뿐인데, 국가의 정책적 실수로 실현되지도 않은 장부상의 이익을 폭등시켜 놓고선 도리어 비싼 집을 보유했다는 이유만으로 갑자기 종전의 서너 배의 세금을 후려갈기는 것은 논리적 모순이다. 아니, 보유세라는 게 목적물을 가지고 있다는 현상에 부과되는 세금인데, 보유세를 내기 위해 집을 팔고 당장 나가라는 것처럼 폭압적인 처사가 대체 어디 있는가 말이다.

집이라는 확실한 담보물건이 있는데도 그 담보가치보다 현격하게 낮은 수준에서만 대출을 해주도록 나라에서 금융기관을 통제하니 어떻게 됐는가 말이다. 대출을 못 받아 투기꾼들이 사라진 게 아니라, 선량한 서민들의 내 집 마련 기회가 박탈됐고, 꼭 사야 했던 사람들은 1금융권에서 비교적 저리로 빌릴 수 있던 걸 굳이 저축은행과 캐피탈에서 고리를 물어가며 자금을 조달해야 하는 통에 가계만 더 부실해졌을 뿐이다.

집이 하나 아니라 두세 채가 있더라도 말이다, 살다 보면 어떠한 이유에서든 내 집은 전세 주고 남의 집에 들어가 전세 살 일도 생기는 법이다. 서울에 25평짜리 내 집이 있더라도 결혼과 출산 후 가족이 늘면 내 집을 전세로 주고 저기 한적한 경기도 어디 40평대에서 쾌적하게 살겠노라 전세로 들어갈 수도 있는 것이고, 반대로 경기도에 대형 평수 하나를 내 집으로 가진 사람도 학령기 자녀의 교육을 위해 내 집을 전세로 주고 평수를 좀 줄여서라도 서울에 전세로 갈 수도 있는 일이다. 그리고 이런 일련의 과정에서 내 집 전세 주고받은 보증금보다 내가 전세 들어갈 집 보증금이 비싸면 전세 대출도 받아야 하는 것이다.

자, 그런데도 우리네 삶의 과정에서 너무도 자연스럽고 평범했던 이런 일들이 도대체 왜, 언제부터, 누구에 의해, 무엇 때문에 죄인이자 투기꾼 취급을 받아야 했던 것이며, 아니 나라에서 나 대신 대출 이자 갚아줄 것도 아니면서 내가 필요해 내가 갚을 수 있는 한도 안에서 대출 좀 받겠다는데, 왜 따박따박, 사사건건 나서서 분탕질이냐 이 말이다.

전 세계 그 어디에도 서민이나 중산층이 대도심의 아파트를 대출 없이 현찰로 덥석 살 수 있는 나라는 없다. 그리고 그 대출은 소득이 적거나, 모아놓은 자금이 없는 사람에게, 싼 집보단 비싼 집을 사려는 사람에게 더 많이 필요한 게 보편적 상식이다. 그런데 소득이 많은 사람들보다 정작 집 살 돈이 없어 대출이 절실한 사람들의 대출을 옥죄고, 서울 전체 아파트의 중위값이 이미 10억을 넘긴 마당에 9억, 15억에 리미트를 걸어 집값이 비쌀수록 대출 한도를 줄이거나 아예 없애버리니 서울에 살아야 하는 사람은 경기도로, 경기도에라도 살아야 했던 사람은 강원도와 충청도로 밀려나게 된 것이다.

그러니 이제라도 기회의 사다리이자, 시장의 입장권에 해당하는 대출은 상식에 부합하도록 해줘야 한다는 것이다. 정부가 우려하는 가계대출의 부실 문제는 돈을 빌려주는 금융기관과 돈을 빌리는 개인의 합리적이고 기민한 상호작용을 통해 시장에서 충분히 해결해 나갈 수 있다. 어차피 문제인 정부가 비상식적 대출 규제를 하기 이전에도, 적어도 주택담보대출은 문자 그대로 담보물권인 주택의 담보가치 안에서 돈을 빌리는 개인의 소득과 신용 수준을 감안해 실행이 됐었던 것이고, 혹여 상환능력을 상실했을 경우에는 정해진 법과 절차에 따라 담보물권인 집을 경매에 부쳐 우선순위에 따라 청산하면 그뿐인 것이다. 주택가격 상승이 근로소득의 축적보다 몇 배 가파른 지금의 상황에서 시드 머니가 부족한 계층도 자신의 소득과 담보가치가 감내할 수 있는 수준 내에서 최대한의 대출을 받아 하루라도 빨리 이 시장에 진입할 수 있는 길을 열어주는 것, 정부의 입장에서도 이것이야말로 가장 손쉽고도 가성비 좋은 부동산 정책이 아니겠는가 말이다.

이제는 시장의 다주택자들을 바라보는 정부의 시선도 좀 달리할 필요가 있다. 다주택자들을 느닷없이 투기꾼 범죄자로 규정하고는 모든 사람이 대도시 역세권에 살아야 한다는 비현실적 판타지를 목표로 부동산 정책을 펼치니 임기가 더할수록 해를 거듭해 집값이 폭등하기 시작했던 것이다. 그나마 처음에는 서울 강남의 고가 아파트들을 위주로 움직였던 것이 전 정부 임기 중반 이후로는 지역과 동네를 가리지 않았고, 체감되는 오름폭은 두 배는 기본이요, 많은 곳은 서너 배에 가까웠다. 그야말로 광란의 폭주였던 것이다.

논리적이고 상식적이었다면 그 시점 어딘가에서 집값이 오르는 지역에 신축을 더 많이 공급해서 가격을 낮추고자 했을 것이다. 하지만, 이념과 자신감에 경도됐던 당시 박원순의 서울시와 김현미의 국토부는 공급은 이미 충분하다며 재건축 안전진단을 강화함으로써 도리어 공급을 줄였다. 그러고는 슬며시 3기 신도시 카드를 꺼내 들어 허허벌판에 30만 채, 80만 채를 더 짓겠다고 선언하고선 여기저기 GTX를 깔아주겠노라 그 수선을 떨었던 것이다. 공급이 부족해 가격이 오른다니까 공급은 충분하다며 화를 내더니, 느닷없이 이제 경기도에다 공급을 늘렸으니 서울 집값이 잡힐 거란, 그야말로 정책을 떠나 논리와 상식이 마비된 아비규환이었다.

그러니 새로 출범한 정부는 이제라도 다른 선진국들처럼 다주택자를 부동산 시장의 공급자로서 대우하고 우대해줘야 한다. 자, 이 나라의 못사는 서민들에게 각종 보조금도 좀 퍼주고, 우리 아이들 학교에서 급식도 공평하게 먹이고, 교통 불편한 곳에 지하철이며 도로도 더 깔아주려면 나라 곳간에 돈이 많이 필요하다. 그러니 미안하지만 당장 먹고사는 데 크게 지장 없는 너희들한테 감당할 수 있는 수준의 정당한 보유세는 앞으로도 계속 걷어 가겠다. 하지만 그 대신 너희들도 저마다의 상황 속에서 예측 가능한 계획을 세울 수 있도록, 그리고 나라가 못 하는 공급의 일부를 담당하는 선량한 시장의 참여자로서 인정하고 정책적으로 배려하겠다. 말하자면 이런 취지의 신뢰와 신호를 확실하게 보내줘야 하는 것이다. 뭐 터키 아이스크림도 아니고, 매번 줬다가 빼앗고, 빼앗았다 다시 주는 저급한 장난질 따위 치지 말고 말이다.

분양가 상한제 역시 폐지에 준하는 수준까지 대대적으로 손을 봐야한다. 주변 시세는 이미 오를 대로 올라 일정 궤도에서 시세를 형성하고 있는데, 새로 짓는 아파트 분양가에 상한을 걸어 놓으니 어떻게 됐는가 말이다. 당연히 입주 후 해당 아파트의 시세는 주변과 커플링돼 직전의 신고가부터 출발하는데, 오히려 신축이니 이후의 신고가를 경신할 가능성이 높은 것이고, 그러니 당첨된 사람만 막대한 시세차익을 누리는 이른바 '로또'를 맞아 청약시장에 광풍이 부는 악순환이 계속된 것이다. 당첨만 되면 당장 5~6억을 먹는데 그 앞에서 눈이 뒤집히지 않을 성인군자가 과연 몇이나 될 것이며, 기회의 균등, 과정의 공정, 결과의 정의를 외쳤던 지난 정부가 어째서 이 불로소득만큼은 그토록 철저히 방관했는지 모를 일이다. 아마 매주 발표되는 로또 당첨자처럼 맑은 개천에 모여 사는 '가붕개'들에게도 하나쯤 달콤한 희망은 던져줘야 했기 때문이 아닐지 개인적으로 어렴풋이 짐작하고 있을 뿐이다.

집값은 시장 안에서 공급과 수요를 통해 안정을 꾀하는 것이지, 살고 싶은 곳에 살고 싶은 집의 공급이 부족한 상황 속에서 인위적으로 분양가를 통제하는 건 그야말로 눈 가리고 아웅이요, 건설사나 조합원들에게 돌아갔어야 할 이익을 수분양자들에게 몰아준 월권적 부의 전가에 다름 아니다. 특히나 코로나 장기화와 우크라이나 전쟁 등으로 유가와 원자잿값이 상승하는 지금과 같은 글로벌 경제위기 상황에서는 대단히 정교한 정책적 접근이 필요하다. 과거 노무현 정부가 도입한 분상제가 폐지되는 데도 10년이란 세월이 걸렸다. 그 사이 이명박 정부 시절에 국제 금융위기가 도래했고, 이 무렵 우리나라 50대 건설사 중 절반가량이 법정 관리에 들어갔다. 분양가 상한제로 적정한 이윤을 보장받지 못한 채 치솟는 원자잿값을 감당할 수 없던 탓이었다.

그 당시 분상제 폐지를 반대했던 쪽의 논리는 그걸 풀어주면 부자

건설사들만 돈 벌게 해준다는 것이었다. 악덕 건설사들이 꼴좋게 망하면 집 없는 서민들이 행복해지고, 올랐던 집값도 좀 잡힐까? 굴지의 기업들이 한 번 도산하기 시작하면 그 후 나라 경제에 미칠 파급효과는 상상할 수 없을 것이고, 우린 그걸 이미 1990년대 후반 IMF 때도, 2000년대 후반 국제 금융위기 때도 여실히 목격하지 않았던가. 그러니 이거야말로 바로 앞에서 말했던, 부자들을 괴롭히면 가난한 사람들이 거저 잘살게 될 거란 무지함, 부자들을 가난하게 만들기 위해서라면 가난한 사람들은 더 가난해져도 내 알 바 아니라는 무책임함이 아니면 또 뭐냐 말이다.

───

"준석아, 세상에 완벽한 사람은 없어.
살다보면 누구나 잘못을 하고 실수를 해.
중요한 건 그다음이야.
그다음에 어떻게 살아가는지 진심으로 반성하고
더 나은 사람이 되기 위해 노력하는 사람이 있고,
그렇지 않은 사람이 있어.
아저씨는 준석이가
더 나은 사람이 되기 위해 노력했으면 좋겠다."

드라마 <아름다운 세상>에서 무진의 대사 中

일상을 살아가는 사람이라면 누구나 실수란 걸 하고 산다. 그런 사람 5,000만이 모여 사는 나라를 조율하는 정부라고 해서 아마 다르진 않을 게다. 중요한 건 그다음이다. 지난 실수를 겸허히 인정하고, 무엇이 잘못되었던 것인지 치열하게 복기해본 뒤, 더 나은 사람이 되기 위해 노력하는 것, 진정 용기 있는 삶의 자세일 것이다.

난, 골프장과 맛집에서 사진이나 찍고 다니는 2030도, 지난 5년 정책이란 이름으로 평범한 국민들의 일상을 파괴했던 정부도, 모두 더 나은 방향으로 나아가기 위해 노력했으면 좋겠다. 온 마음을 다해 진심으로 말이다.

나의 제언 II:
공급, 띠부씰과 1기 신도시:

단종된 지 16년 만에 다시 나온 빵 하나로 전국 편의점이 반년 넘게 오픈런 몸살을 앓고 있다고 한다. 품절에 격분해 편의점 계산대를 발로 차 매대를 엎어 어디로 경찰이 출동했다는 소식이 들리는가 싶더니, 넉 달 만에 팔려나간 빵이 2,100만 개를 헤아린단다. 2000년대 초반, 코 묻은 용돈 모아 띠부띠부씰을 모으던 어린이들이 그새 어른으로 성장해 추억과 호기심에 이끌려 빚어진 해프닝이라 치부할 수도 있겠지만, 그보단 한평생 포기만 강요당하는 이 풍진세상 속에서 어릴 적 간당간당한 용돈으로 원하는 캐릭터가 나올 때까지 감질나게 사 모았던 스티커 하나라도 이제는 내 마음껏 사보자는, 스스로에게 건네는 일종의 작은 위로이자 선물이 아닐까, 난 어렴풋이 그렇게 짐작한다.

하지만, 아무리 퍽퍽한들 인생을 추억과 감성팔이만 가지고 살 수는 없는 법이고, 빵 하나에 목숨 거는 호들갑들을 보며 정작 난 이런 생각이 들었다. 업체가 마케팅 전략으로 일부러 안 만드는 것이든, 아니면 설비가 부족해 정말로 못 만드는 것이든, 어쨌든 지금 전국 편의점에서 밤낮으로 저 난리들을 떠는 건 결국 공급이 수요를 따라가지 못해서 벌어진 일이고, 부동산도 이 단순한 메커니즘으로부터 별반 크게 다를 건 없다는 것이다.

한 개에 1,500원 하는 포켓몬빵 속에 든 띠부띠부씰 중 일부가 중고 시장에서 5만 원 넘게 거래되는 건, 사람들이 빵을 사는 이유가 빵을 먹고 싶어서가 아니라, 똑같은 스티커라도 잘 나와 흔한 것보단 잘 안 나와 귀한 것이 가져다주는 희소성 때문이다. 그렇듯 오늘날 대한민국 전체가 단체로 아파트에 미쳐 있는 건, 결국 흔하디흔한 집 중에서도 유독 아파트란 특수한 플랫폼이 지닌 혜택 때문이자, 똑같이 새로 지은 아파트라도 저기 어디 지방 변두리보단 서울과 경기도 핵심지가 주는 희소성과 편익 때문인 것이다. 그리고 이것이 바로 현재 대한민국 부동산을 관통하는 공급 문제의 본질이기도 하다.

그런데 마치 삼시 세끼 밥 먹고 배설하는 본능처럼 너무도 당연한 이러한 문제들 앞에서, 넌 왜 꼭 거기서 살아야 하는 것이고 잰 왜 꼭 아파트에서 살아야 하는 것인지를 따박따박 따져 물으니, 아니 배고 파서 밥 먹었고 배 아파 화장실 한 번 갔다는데 거기다 무슨 이유를 더 대라고 저 유난을 떠는 건지, 그때부턴 묻는 사람이나 대답하는 사람이나 매번 서로 감정만 상하곤 했던 것이다. 땅 밑으로 지하철 좀 다닌다는 어지간한 서울 역세권 주변에 아파트가 들어선 곳 대부분은 2종이나, 3종 주거지인데, 3종조차 용적률 최대치는 250%이고, 기부채납이란 이름으로 나라에 뭐 좀 안 찔러주면 그나마도 210%로 묶이니 현재 용적률 204%인 은마가 오지 않는 까닭이다.

안 그래도 모두가 살고 싶어 하는 물리적 공간은 한정적인데, 그나마 재개발과 재건축은 또 못하게 틀어막으니 공급에 비해 수요가 폭발해 터져버릴 지경이란 건 이미 너나 할 거 없이 온 국민이 다 아는 얘긴데 말이다. 그럼 만일에 새 정부와 서울시의 기조대로 한강변의 용적률 상단을 500%, 1,000% 무한정 틔워주고, 재개발과 재건축도 마음대로 할 수 있게 해준다면, 그렇다면 이 해묵은 수요와 공급의 불균형이 사라질까? 아니, 아마도 그렇게 되지는 않을 것이다.

거듭 말하거니와, 압구정 현대를 200층으로 재건축하고, 한남동을 초고밀도로 재개발해 용산구에만 100만 호를 때려 박는다고 한들 어차피 그런 누구나 살고 싶어 하는 곳에 살고 싶어 하는 누구나의 수는 무한대에 가깝기 때문이다. 그래서 말이다, 의학적으로 백신을 맞는 건 코로나에 안 걸리기 위함이 아니라 걸려도 죽지 않게 하기 위함이란 희대의 말장난은 좀 웃겼을지 몰라도, 적어도 부동산 공학적으로 서울과 경기도 핵심지에 주택 공급을 늘리자는 건 그곳의 집값을 떨어뜨리기 위함이 아니라, 지난 5년 동안과 같은 비상식적 폭등을 막고, 그나마 좀 온순하고 상식적인 수준에서 오를 수 있도록 관리하기 위함이란 말이다.

인간의 욕망과 내 집 마련의 수요를 인위적으로 통제할 순 없는 노릇이니 말이다. 결국, 새 정부의 부동산 정책 제1 명제도 역시나 공급인 것이고, 그러니 이 대목에서 내가 생각한 건 다름 아닌 1기 신도시와 용적률이었다.

1기 신도시는 일산 169%, 분당 184%, 평촌 204%, 산본 205%, 중동 225%로 일산과 분당 일부 정도를 제외하곤 재건축 사업의 손익분기점이라 여겨지는 용적률 180%를 이미 넘긴 상태다. 그렇다고 천년만년 녹물 나오고 지하주차장 없는 집에서 살 수는 없는 노릇이니 그나마 급한 사람들은 단지별 리모델링에 매달리고 있는데, 구조개선의 한계야 살던 사람의 몫이니 그렇다 친다지만, 3·4·7호선과 분당선을 기반으로 서울로부터 최적화된 물리적 거리와 함께 이미 성숙기에 접어든 인프라까지 생각할 때 이들의 세대수를 묶어두는 건 사회적 낭비에 가까운 일이요, 국가 재정이 투입돼 건설된 1기 신도시의 각종 인프라를 보다 많은 사람들이 누릴 수 있게끔 하는 게 모두가 그토록 바라는 공공의 주거복지에도 부합되는 일이 아니겠는가 말이다.

공공주택에만 과도하게 집착하거나, 토지세를 매기느니 1가구 1주택법을 만들겠다는 소설 같은 공상이나 할 시간에 도시정비법이나 개정해 우선 1기 신도시 용적률을 급한 대로 500%까지만 틔워줘도 당장 지금보다 두 배 이상 수용이 가능해지며, 서울 수요의 상당분을 흡수할 수 있을 것이다. 3기 신도시는 현시점에서 불가역적인 일부를 제외하곤 전면 백지화한 뒤 그곳에 투입할 재정을 표류 중인 2기 신도시 인프라 확충으로 돌려 궁극적으론 향후 1기 신도시 재건축 기간 중 이주민 흡수를 위한 대체지 역할을 맡기고, 언젠가 2기 신도시들이 같은 방식으로 재건축될 때는 다시 1기 신도시가 그 역할을 해주는 큰 그림은 그릴 수 없는 것인가 말이다. 그래야 개도 살고 재도 살고 너도 살고 나도 살 수 있는 건데, 1기는 묶어두고, 2기는 방치하고, 3기는 내지르는 지금의 방식은 결국 모두 같이 죽는 공멸의 길일 뿐인 것이다.

3기 신도시까지 분양되고 있는 지금, 머지않은 어느 시점에 누군가는 앞선 1기와 2기 신도시의 불편한 현실을 마주해야 한다. 1기 신도시가 한창 지어질 무렵 초등학교에 다녔던 내가 불혹을 넘긴 지 한참이니 언제까지 세월의 풍파를 맞은 그것들을 저대로 방치할 순 없는 노릇이다. 정권마다 폭탄을 돌리며 매번 선거철 때만 반짝 쓰고 버리다가 혹여 정말이지 아파트 한 동이 폭삭 주저앉고 나서야 생각해 볼 게 아니라면, 이제라도 공론을 모으고 머리를 맞대서 어떤 식으로든 해결책을 찾아야 하지 않겠는가 말이다.

"그 시간들을 마주할 용기가 생긴 지금,
그 시간들을 버릴 용기도 함께 생겼다."

드라마 <은주의 방>에서 은주의 독백 中

집의 본질은 결국 안락한 삶이고, 그건 자산의 안정적 방어와 실거주의 만족도라는 두 가지가 전제될 때 비로소 성립될 수 있다. 오래돼 살기가 힘들고, 교통이 불편해 다니기가 힘들다면, 그렇다면 다시 짓도록 해주고, 부족한 교통망을 깔아주어야 한다. 나라가 나서 만든 도시이니 나라가 나서 해결해야 한다는 뜻이다. 일단 현실을 마주할 용기를 낸다면, 그렇다면 그다음엔 무언가 버리고 새로 채울 길도 보일 것이다.

나의 제언 III:
교통, 그리고 GTX와 지하철

규제든 정책이든 하물며 냉동실 구석에서 돌덩이보다도 딱딱하게 굳어버린 식빵까지도, 버릴 용기가 생겨야 무언가 새로이 채울 수 있는 법이다. 그러니 난 같은 견지에서 GTX도 이미 착공에 들어간 A노선 정도를 제외하고는 축소 내지는 백지화가 필요하다고 본다. 과학과 기술의 발달로 과거에 불가능했던 물리적 한계를 속속 극복해내고 있다지만, 적어도 부동산에 있어 물리적 거리는 인간에게 순간이동의 능력이 부여되지 않는 한, 어쩔 수 없는 한계의 영역이다. 지하 50m에서 시속 200㎞로 달리며 지하철 시늉하는 기차를 깔아 경기도에 사는 사람들이 매일 서울로 출퇴근하도록 하겠다는 건, 국토의 균형발전 차원에서 수도권과 지방을 연결히는 도로망이며 교통수단을 확충하는 것과는 근본적으로 결이 다른 문제인 것이다.

아니, 그렇지 않은가 말이다. 같은 서울이면서도 중심부로의 접근성이 떨어져 편도 1시간 정도는 우습게 걸리는 사각지대가 아직도 무수히 존재하는 마당에 하루 1만 원도 넘을 왕복 교통비를 물어가며 송도와 마석, 수원과 의정부에 사는 사람들이 서울로 들고 날 기차를 X자로 깔아주고는 송도에서는 23분이 걸리네, 의정부에서는 15분이 걸리네, 따박따박 따지고 앉아 있는 게 무에 그리 대단한 사회적 정의인가? 기왕에 그런 논리라면 GTX X, Y, Z 노선까지 깔아 경남과 전남, 강원도 영동지역에서 사는 사람들에게도 서울 출퇴근 수단을 보장해줘야 균형된 거 아니겠는가 말이다.

직장이나 학교가 서울에 있다면 서울에 살아야 하는 것이고, 서울에 집을 사기 힘들다면 그걸 힘들 게 만든 원인들, 가령 서울에 집을 살 때 대출 한도가 아예 안 나온다든가 하는 규제들을 없애 줘야 하는 것이지, 그건 그것대로 잔뜩 만들어 방치해두고서는 그 규제들 때문에 서울에 살고 싶어도 살지 못해 경기도로 쫓기듯 나간 사람들에게 출퇴근을 편하게 해주겠노라 GTX를 깔아주겠다는 모순적 논리가 세상 어디 있느냐 말이다. 지역의 균형발전이란 경기도나 세종시에 사는 사람을 서울에 출퇴근 편히 하게 해주는 게 아니라, 정작 서울에 사는 사람이 서울 안에서 편하게 다니고, 노·도·강, 금·관·구에 사는 사람도 마·용·성에 사는 시민들에 결코 뒤지지 않을 정도의 균질한 삶의 질을 누릴 수 있게 해주는 것이리라.

다시 철도를 본다. GTX는 표정속도를 높여야 한다는 그 태생적 숙명으로 정차역을 극한으로 줄인 탓에 도심 철도 대비 집객 효과가 물리적으로 현저히 떨어질 수밖에 없는 구조다. 요행히 GTX역 근처에 사는 사람이라면 몰라도, 이미 서울 안, 도심 철도도 걸어서 가기 애매한 위치라면 우회 교통수단을 선호하는 현상이 뚜렷한 마당에 왕복 1만 원이 넘는 기차 같은 지하철을 타러 다시 마을버스며 택시를 이용해 역까지 갈 사람이 그리 많겠냐는 말이다. 그러니 이 GTX는 도심 철도를 신설하거나 연장하는 것보다 훨씬 큰 단위 공사비용을 들여놓고도 막상 이용객은 드문드문 있는 정차역 주변 거주민들로 한정된다는 비효율성이 기본적으로 내재 돼 있는 것이다. 그리고 이건 단순히 예비타당성 B/C값이 1보다 크게 나왔으니 손익분기점은 넘긴 것 아니냐는 절대적 개념을 초월해, 한정된 국가의 공적 자금으로 보다 많은 사람이 공공의 교통 인프라를 누리려면 어느 것에 선택과 집중을 해야 하는가를 따지는 상대적 공공선의 개념에서 접근해야 한다는 것이다.

얼핏 많아 보이지만, 사실 서울의 지하철은 자세히 들여다보면 노선별 선형이 부자연스럽고 노선 간 연계가 비효율적인 곳 천지다. 그건 관선과 민선이 혼재됐던 까닭에 노선을 계획하여 확정하고 건설하는 지난한 과정들 속에서 누가 서울시장을 맡느냐에 따라 정치적 이해 관계가 개입됐던 탓도 있었을 것이고, 1·2호선과 같이 정부가 주도한 노선과 3·4호선처럼 민간이 주도한 노선으로 노선별 사업의 주체가 갈리다 보니 한정된 예산 안에서 공익성과 수익성 가운데 어느쪽에 무게를 두느냐, 말하자면 가치 판단의 딜레마에 빠진 탓도 있었을 것이다. 무엇보다 급속한 산업화 아래 난개발된 80~90년대 서울 도심 구조 속에서 미상 원하는 대로 지하와 지상 구간의 선형을 뽑아내기에도 제약이 따랐을 것이다.

런던(좌)과 뉴욕(우)의 지하철 노선도

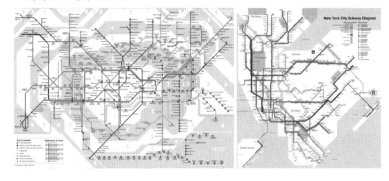

　주요 선진국들이 수송능력 극대화를 위해 혼잡한 도심 구간에서
는 여러 노선이 거의 복선 개념에 가까울 정도로 역사를 공유하며 근
접 평행하게 다니도록 설계한 것과 달리 우리나라는 기본적으로 선
형 설계 단계에서 노선 간의 경합과 중복을 배제하는 특성을 보인다.
그러니 어떻게 됐는가 말이다. 지역별 경전철이며 경춘선까지 포함
해 서울에 16개 노선이 있어도 붐비는 노선은 출퇴근 시간 매일같이
콩나물시루처럼 빼곡히 서서 숨 쉴 틈 없는 지옥철에 시달리고 있는
반면, 면밀한 검토 없이 그저 선심성으로 깔아 준 몇몇 경전철은 그
저 무임승차한 노인들의 등산용 아니면 장보기용 셔틀로 전락하고야
만 것이고, 노선별 중복 경합을 배제했으면 곳곳에 사각지대라도 없
어야 하거늘 또 막상 현관문 열고 나가면 역세권 아닌 집이 역세권인
집보다 몇 배는 많은 것이 현실인 것이다.

　물론 서울에도 남부권역을 횡으로 달리는 2·5·7·9호선이나 동부권
역을 종으로 달리는 2·3·5·수인분당선처럼, 평행히 달리는 중첩 선형

이 권역별로 존재하기는 한다. 하지만 선형만 평행할 뿐, 상당 거리가 이격된 탓에 지나는 동네나 이용객의 목적지가 완전히 다르니 오히려 비효율성만 가중될 뿐이고, 그러니 차로는 가깝지만 지하철로는 먼 애매한 사각지대도 존재하는 것이다. 그리고 이 과정에서 환승 저항이 발생해 결국은 비싼 세금으로 놓은 지하철의 수송 효율이 떨어졌던 것이고 말이다. 사실 이런 노선의 비효율을 극복하고자 계획됐던 것이 예산의 부족 등으로 무산된 서울의 3기 지하철이었다.

그러니까 이런 틈바구니 어딘가에서 머리를 맞대고 전향적인 고민을 해본다면 좀 더 나은 대안들이 나올 것도 같은데 말이다. 그런데도 기껏 맨날 한다는 짓이 송도와 마석, 양주와 동탄 같은 곳에 그럴싸한 선 몇 가닥 그려 넣고선 B/C값이 1도 안 되는 노선 2개를 이미 달고 있는 인덕원에 3㎞ 간격으로 GTX 역을 놓느니 마느니 이딴 문제로 설왕설래를 하고 앉아 있었으니, 말하자면 그런 것들이 참 지켜보기에 눈꼴 사나웠다는 것이다.

차라리 나라면 말이다. 한정된 재원으로 효율이 떨어지는 GTX에 그 아까운 시간과 돈을 내다버리느니, 그럴 여유가 있다면 돈 없다고 무산됐던 3기 노선이나 보완해 제대로 그려볼 텐데 말이다. 가령 'u'자나 'n'자 혹은 'S', 'W', 'X'자 형태의 선형을 통해 기존 노선들이 커버하지 못했던 사각지대를 메우고 환승 연결성을 높인다면, 붐비는 노선의 부족한 선로와 객차를 보강해 출퇴근 시간 가축수송이란 오명을 쓴 서울의 도심 철도를 좀 개선해 수송능력을 배가시킨다면, 그리고 동시에 각종 부동산 규제도 풀고 노·도·강, 금·관·구며 중랑 같은 서울 변두리에 과감한 재개발, 재건축으로 공급도 좀 늘려 소외된 지역들을 활성화한다면, 그렇다면 그 틈에 좀 많은 여지가 생길 것도 같은데 말이다. 그래서 원래 서울에 살아야 했지만, 경기도로 쫓기듯 내몰려 GTX로 정신승리나 하려던 사람들이 다시금 서울로 돌아와 살 수 있게 된다면, 이것이야말로 진정한 의미의 지역 균형발전이자 주택문제의 능동적 해결이 아니겠는가 말이다.

"매운탕… 이름 이상하지 않냐?
아니, 알이 들어가면 알탕이고,
갈비가 들어가면 갈비탕인데,
얜 그냥 매운탕… 탕인데 맵다, 그게 끝이잖아.
안에 뭐가 들어가도 그냥 다~~ 매운탕.
맘에 안 들어.
그냥 나 사는 게 매운탕 같아서,
안에 뭐가 들었는지 모르겠고 그냥 맵기만 하네."

영화 〈건축학개론〉에서 시연의 대사 中

그래, 오가다 사 먹는 그깟 8,000원짜리 탕에도 저마다의 이름이 있는 법인데, 명색이 나라의 정책이든 개인의 삶이든 그저 맵다고 매운탕이 돼서는 안 되는 일이고, 그러니 알 넣고 알탕이 되든, 갈비 넣고 갈비탕이 되든, 이제라도 좀 손에 잡히면서 선명한 무언가가 있어야 하지 않겠냐는 것이다. 이왕지사 내용물 든 탕인데 맛까지 있으면 더 좋고 말이다.

GTX A, B, C로도 모자라 선거철 기어이 D, E, F까지 슬쩍 흘린 정부와 그에 열광하며 알록달록 또다시 그림 공부에 신이 난 사람들의 '찰떡 케미'를 보고 있자니 어느 순간 난 그만 정신이 혼미해졌더랬다. 아무리 제멋대로 살다 가는 게 인생이라지만, 우리 말이다. 맛은 몰라도 최소한 안에 뭐가 들었는지 몰라 그냥 맵기만 한 탕을 만들어 누구한테 들이밀거나, 그걸 좋다며 덥석 받아먹는 그런 매운탕 인생은 살지 말자.

KEEP CALM and CARRY ON:
시장은 위대하다

상황에 대한 깊은 고민과 이해 없이 그저 왜곡된 이념과 허황된 신념에 경도된 자들은 언제나 너는 틀리고 나는 맞다는 오만에 사로잡혀 산다. 그리고는 이론적 이상과 실존하는 현실을 구분하지 못한 채 스스로의 생각으로 금방이라도 세상을 바꿀 수 있을 거란 착각에 빠지게 되는데, 그런 일부 위정자들의 오판으로 정작 피해를 보는 쪽은 그들 자신이 아닌, 늘 대다수의 서민이란 사실이 그저 서글플 뿐이다.

가령 "서민들이 못 살고 힘든 건 돈이 없기 때문이니까 월급이든 시급이든 막 올려주면 잘살게 되지 않을까? ㅎㅎㅎ", "이것저것 온갖 세금으로 다주택자들 정신없이 후려갈기면 집값이 금방 떨어질 텐데, 그 쉬운 걸 여태 안 했네? ㅋㅋㅋ 한 번 해봐야지!"라고 해서 나온 게 소주성이고 스물여덟 번의 부동산 대책들이었던 것이다.

자연은 인간이 개입할 수 없고 위대하지만, 때로는 누군가에게 참기 힘든 아픔을 준다. 비가 필요한 경상도 농민에게 가뭄의 시련을 주기도, 볕이 필요한 전라도 염전업자에게는 폭우의 고통을 주기도한다. 생활용수가 부족한 강원도에는 해마다 가뭄이 심하건만, 집중호우가 빈번한 제주도에는 해마다 상습 침수 피해가 일어나기도 한다. 하지만 누구도 그것을 가리켜 왜곡이라고 하거나, 옳지 않다는 표현은 하지 않는다. 자연(自然)은 문자 그대로 스스로 그러한 것이기 때문이다. 그리고 난 지성을 지닌 다수가 자유의사에 따라 참여해 굴러가는 시장도 그것과 별반 다르지 않다고 생각한다.

그리 복잡할 거 없다. 이 나라 부동산 시장, 이 나라 국민이 다른 나라의 그것들에 비해 뭐 대단히 유별나거나 특별나지 않다는 것이다. 여기도 사람 사는 나라고, 그런 사람들이 먹고사는 문제인 거다. 무엇보다 나라와 공공이 나서 모든 걸 조정하고 해결하겠다는 강박과 아집에서 속히 벗어나야 한다. 나라는 시장 안에서 낙오하거나, 도움 없이는 스스로 일어설 수 없는 소외된 일부의 계층만 보듬으면 될 뿐, 나머지는 그저 민간의 영역에 맡겨 두면 될 일이다. 정의구현이랍시고 죽창 하나 손에 쥐고서 시장에 난입해 인위적으로 무언가를 통제하려 들거나 윽박지르지 말고, 시장 참여자들의 상호작용 아래서 정상적이고 온순하게 굴러갈 수 있는 가드레일과 생태계만 조성해 준다면 결국 시장과 구성원 모두는 각자 제 갈 길을 갈 것이다. 이 시장엔 그런 자정작용이 있기 때문이다.

앞선 어딘가에도 언급했거니와, 시장에서는 절대 비싸고 안 좋은 물건은 팔 수 없다. 왜? 그렇게 사주는 사람이 없기 때문이다. 반대로 시장에서 좋은 물건을 싸게 살 수 없다. 왜? 그렇게 파는 사람이 없기 때문이다. 비싸면 비싼 대로, 또 싸면 싼 대로 다 이유가 있는 것이고, 그러니 돈 없는데 비싼 걸 못 샀다고 징징거리거나, 돈 없는 내가 살 수 있는 수준까지 비싼 게 떨어져야 한다는 식의 저주에 가까운 주장은 옳고 그름을 따지기에 앞서 참 마주하기 역겨운 것이다. 차라리 나라면 비싼 걸 사고 싶은데 돈이 모자라니 부족한 만큼 대출을 해달라거나, 비록 지금은 돈이 부족해 상황에 맞는 물건을 사지만 훗날 나도 노력하면 비싼 걸 살 수 있는 구조적 메커니즘을 만들어 달라고 부탁했을 것이다. 그래야 그걸 들어주는 사람도 황당하지 않고, 비로소 무언가 해줄 수 있는 선택지가 생기기 때문이다.

난 내가 남을 부당하게 해치지 않는 한, 국가든 그 누구든 내 자유를 침해하지 않아야 한다고 생각한다. 남이야 추운 동지섣달 겨울날 백화점 명품매장 셔터 앞에서 밤을 새워 줄을 서든, 누가 아침부터 콜라에 밥을 말아 먹든, 그것이 나에게 피해를 주지 않는 한, 내 생각과 기준과 다르다고 해서 그들을 비난할 필요가 없는 것이다. 그래, 각자의 생각과 서로의 방식, 그리고 현재의 위치. 그것들을 서로 인정하고 겸허히 받아들이는 것이 전제되어야 민주주의와 시장경제를 근간으로 하는 이 사회의 일원으로 살아갈 수 있는 것이고, 그 범주에는 국가라고 예외일 순 없는 것이다. 어차피 시장의 시간은 인간의 그것과 다른 것이어서 정해진 길을 걷다가도 언젠가 또 때가 되면 알아서 쉴 테니까, 그러니 애초부터 달라질 거 하나 없는 일에 제발 새도 복싱하며 아까운 힘 빼지 말고, 그저 좀 지켜보자는 말이다.

아니 그렇지 않은가 말이다. 그깟 지하철 흉내 낸 기찻길 깔려봐야

양주, 파주, 송도, 마석보단 썩어도 서울이 나은 것이고, 같은 서울에서도 노·도·강, 금·관·구보다야 지하철 한두 개 정도 다니면서 싹 밀고 다시 지은 뉴타운이 좋은 것이다. 끄트머리 마곡이나 고덕보다야 중심에 있는 노량진, 흑석이 나은 것이고, 같은 강북이라도 허파에 바람만 잔뜩 들어간 청량리나 이문·휘경보단 공덕과 아현이 좋은 것인데, 그렇게 동네별 이상형 월드컵을 바닥부터 차근차근 하다 보면 언제나 결승전엔 강남, 서초가 남는 것이 세상의 단순한 이치다.

아리팍과 래대팰도 진즉에 평당 1억을 넘긴 마당에 아직도 철모르는 사람들이야 다 썩은 압구정 현대와 바퀴벌레 나오는 대치 은마를 누가 그 돈 주고 사느냐며 떠들지만, 철들고 돈 쥔 사람들이야 지금 평당 1억에 30억, 50억 하는 썩다리도 언젠간 평당 2억에 60억, 100억 갈 줄 아니깐 들어가는 것이고, 15억을 넘으면 대출도 안 나오는 세상이 돼버린 지 한참이지만 서울의 상급지와 뉴타운들은 아랑곳하지 않을 만큼, 이 대한민국에 20~30억쯤 현찰 박치기할 정도의 부자는 차고 넘친다.

그러니 대출을 해주네, 마네, 집 사고팔 때 나라 허가를 받아라, 어째라, 5년 동안 서른 번 가까운 몽니를 부려도 집값엔 아무런 영향이 없었던 것이다. 어차피 돈 있는 사람이야 대출 안 해줘도 좋은 직장에서 내 소득 자체가 많은 데다 부모 재산까지 받쳐주니 사고 싶으면 규제고 뭐고 아무 때나 사면 그뿐인 거고, 또 돈 없거나 집 살 생각이 없는 사람들이야 그 옛날 나라에서 원하는 만큼 돈 빌려줄 테니 제발 좀 사라고 부추겼을 때도 안 샀던 마당에 그 어떤 규제가 앞으로 더 나온들 무슨 상관이냔 말이다. 이건 애초부터 그런 문제였다.

"너, 무슨 생각이 그렇게 복잡한지는 모르겠다만…
야, 이놈아! 생각이 밥 떠먹여 주는 거 아녀!
생각 너무 많이 하지 말고 살어~."

드라마 <허쉬>에서 준혁 아버지의 대사 中

개인은 틀릴 수 있지만, 시장엔 틀림과 과불급이 없다. 그러니 당장엔 정책이 시장을 이긴 듯 보여도, 긴 호흡으로 보면 결국 시장과 맞서 싸워 이길 수 있는 개인과 정부는 존재하지 않는다. 정부가 험상궂게 다그쳐도 시장은 제 갈 길을 갈 것이고, 무주택자나 집 살 생각이 없는 자들이 아무리 저주를 퍼부은들 집 가진 사람들은 또한 그렇게 각자도생할 것이다.

매번 무슨 꿍꿍이로 그리 복잡한지 모르겠다만, 그러니 정책과 규제를 만드는 나라든, 집을 살까 말까 고민하는 개인이든 생각 너무 많이 하지 말고 살자 이거다. 그러다 진짜 생기는 거 없이 병나니까 말이다.

추신:
삶을 마주할 용기

　3월 중순 즈음 출판 제의를 받았더랬다. 얼마간의 고민 끝에 4월 초 출판사에 들러 계약을 맺었고, 계약 당일 오후, 집에 들어오자마자 무엇에 홀리기라도 한 듯 옷도 갈아입지 않은 채 A4 석 장 분량의 프롤로그를 썼다. 그렇게 4월 중순부터 본격적으로 시작해 하루에서 이틀 간격으로 소 챕터 하나 정도를 써 내려갔고, 두어 달 만인 6월 중순 탈고를 했다. 탈고 시점을 기준으로 통상적이었다면 출판사의 윤문과 퇴고, 디자인 작업 등을 감안하더라도 8월 말 정도에는 아마 시중의 서가를 채울 수 있었을 것이다.

　하지만, 생각보다 좀 지체됐다. 서로 난처할까봐 구태여 묻진 않았지만, 내 글에 앞서 미리 계획된 다른 출간 일정도 있었을 것이다. 무엇보다 새 정부의 출범 이후 8월을 지나며 시장의 상황이 급변했으니, 작가인 내게 직접적인 내색은 없었을지언정 출간 시기 그 자체를 두고서 출판사의 고민이 적지 않았으리라 어렴풋이 짐작했다. 그렇지 않은가 말이다. 상식적으로 출판과 판매란 행위를 통해 이윤을 추구해야 하는 것이 출판사의 입장인데, 금리가 오르네, 집값이 폭락하네, 부동산도 하락기로 접어들었네, 여기저기 시끄러운 상황에서 부동산 관련 서적, 그것도 하루빨리 집 사라고 채근하는 책을 낸다는 게 여간 쉬운 일이 아니란 것쯤은 인지상정이니 말이다.

　나 역시도 그랬다. 애초부터 내 이름으로 된 책 한 권 세상에 낸다고 내 삶이 바뀔 건 없는 문제였고, 변변찮은 필력에다 온라인 등에서 기존부터 인지도가 있었던 '인싸'도 아닌 바에야 판매 부수란 처음부터 뻔한 것인데, 작가 몫으로 예상되는 인세 기백만 원도 내겐 그리 큰 변수가 아니었으니 말이다. 그러니 탈고 후 예상보다 늦어지는 출판사의 연락을 기다리며 어느 시점에선가는 만일 이런저런 상황으로 출판을 한참 뒤로 미루거나, 아예 보류하자는 제안이 불쑥 들어오더라도 웃는 낯으로 흔쾌히 응하리라 내심 마음도 먹었던 터였다.
　그렇게 9월 말쯤 출판사로부터 연락이 왔고, 각자의 입장과 의견을 나눴다. 하지만 예상과 달리 서로의 생각은 의외로 간결하고 확실했다. 시의성에 연연하거나 매몰되지 말고, 최초에 출판사에서 내게 제안했던, 그리고 내가 쓰고자 했던, 그 초심의 본질에 소신 있게 집중하자는 것이었다. 프롤로그에서부터 전술(前述)했다시피, 기획단계에서부터 이미 이 책을 통해 담아내고자 했던 건 아무거나 해도 다 됐던 상승장 속에서 투자를 빌미로 투기를 부추기는 일타 강사의 족집게 천기누설도 아니었고, 작가의 비현실적 부동산 성공담으로 읽는 이들의 변죽만 올리는 희망 고문도 아니었다. 그저 누구든, 그리고 언제든, 살면서 내 집 하나는 장만해야 한다는 그 단 한 가지 명제에 대한 월급쟁이 가장(家長)의 담담한 고민을 담아내고 싶었을 뿐이다. 그렇게 서로의 입장을 확인하고 나니 나라의 경제 상황과 부동산 시장의 분위기가 어떻든 출판에 대한 고민은 오히려 더 이상 이야기할 것이 없었다.

그나저나 잘 나가다가 왜 막판에 추신까지 달아가며 묻지도 않은 출판 비하인드 스토리에 대한 뜬금없는 고해성사인 건지 궁금증도 생길 것이다. 그건 말이다. 그 좋던 지난 5년 다 보내고 부동산 책을 내놓기에는 어찌 보면 가장 적절하지 않은 지금에 와 굳이 출판을 감행하려는 그 진정성이, 역설적으로 얄량한 이 한 권의 책을 통해 여태껏 내가, 출판사가 여러분께 전하고자 했던 주제와 의지를 명징하게 대변하는 것이라 여겼기 때문이었다.

우리와 먼 곳에서 벌어진 전쟁 탓으로 연초부터 세계 경제가 몸살을 앓고 있다. 유가와 물가는 연일 치솟는데, 인플레이션을 방어하기 위해 어디서 연속해 자이언트 스텝을 밟으니, 또 어디는 홀로 뒤처질 순 없다며 빅 스텝을 계속해 밟을 거란다. 누구는 이러다 제2의 IMF나 서브프라임 사태가 올 거라며 호들갑이고, 또 누구는 오래전 종영됐던 부동산 폭락과 '하우스 푸어'가 시즌 2로 컴백할 거라 설레발이다.

자고 일어나면 여기저기 온통 자극적이 제목의 기사들로 몇 달 새 피로감도 극심하다. 그것들만 보고 있노라면 정말이지 금방이라도 나라가 망해서 나자빠지기라도 할 듯하다. 언론이란 게 태생적으로 휘발성 강한 '어그로'를 끌어야 하는 팔자를 타고 나 그런 거라 대수롭지 않게 넘기려다가도 실제로 내가 마주하는 일상에서 '훅~' 하고 치고 들어오는 것들이 있으니 또 마냥 그렇게 무시하기에도 무언가 마땅찮은 것이다.

원웃값이 연일 사상 최고가를 경신하던 틈에 원자잿값과 물류비도 함께 오르니 생물이든 공산품이든 종류를 불문하고 따라 오르지 않을 재간이 없는 것이고, 전기료에 가스비까지 공공요금도 뒤질세라 힘을 보태니, 굳이 그 잘난 통계와 수치를 가져다 과거와 비교해주지 않더라도 삶의 일선에서 체감되는 그 무직함과 불편함이란 누구에게도 예외일 수 없게 되었다. 하지만 말이다. 점심에 먹던 국밥 한 그릇이 8천 원에서 만 원으로 돈 2천 원 올랐다고, 온라인에서 정기배송시키던 우웃값이 하룻밤 새 1천 원이 올랐다고 해서, 내 차에 넣는 주유소 기름값이 지금보다 더 올라 1리터에 3천 원이 된다고 한들, 매일의 일상이 좀 짜증나고 퍽퍽해질 순 있을지언정 실상 당장에 우리네 인생이 파탄나지는 않는 법이다.

진즉부터 알고 있던 터라 별반 새삼스러울 것도 없다지만, 인간이란 동물이 얼마나 간사한 것이냐면 말이다. 1년, 아니 불과 대여섯 달 전까지만 해도 추켜세워 달라 부탁한 적 한번 없건만 굳이 다가와 집이 많아 부럽다는 둥, 집값이 올라 좋겠다는 둥, 반갑지 않은 호들갑은 기본이요, 별로 가깝지도 않은 사이인 것 같은데 세상 친한 척 살갑게 언제 어디다 어떻게 집을 사면 좋겠냐며 묻던 이들이 있었다. 하지만 두어 달 사이에 돌변해 이제는 날 측은한 눈으로 쳐다보는가 하면 생뚱맞은 위로까지 곁들이며 그래서 집은 언제 팔 건지를 꼬박꼬박 묻고 있다. 아니, 정말이지 난 말이다. 기분 좋아 죽겠는데 애써 표정 관리하는 시답잖은 겸손도 아니었고, 우울해 미치겠는데 애써 현실을 외면하며 태연한 척 자위하는 애잔한 정신승리도 아니었더랬다. 적어도 난 지난날 그랬고, 지금도 그렇다.

귀가 얇은 사람들이야 집 있으면 집값 떨어질까 봐 불안하고, 집 없으면 그래, 역시 안 사길 잘 했노라 정신승리 중이겠지만, 그래봐야 이게 다 도대체 무슨 소용이냐 말이다. 난 진즉부터 내가 가진 집이 몇 억 올랐다고 해서, 아니면 정반대로 몇 억 아니라 그간 오른 걸 다 토해낼 만큼 떨어진다고 한들 홀라당 내다 팔 생각은 애초부터 없었다. 왜? 그깟 알량한 집값 몇 억 오른들 내 집 오른 것보다 내가 이 집 팔아 가고 싶은 상급지에 있는 남의 집은 더 오른 마당에 내 집 팔아 어디 갈 데도 없는데 냅다 팔아서 그다음엔 뭐 어쩌자는 것이며, 집값이 폭락 아니라 '떡락'을 해 반 토막, 반의반 토막이 난다고 해도 어디든 우리 식구 살아야 할 집 한 채는 있어야 하는 상황에서 그리 올랐을 때도 안 팔았던 집을 이제 와 구태여 손해까지 보면서 내다 팔 이유도 없기 때문이다.

앞으로 몇 년간 이 나라 경제가 거덜이 나 20년 전 외환위기 때나 10년 전 금융위기 때처럼 집값이 다시 반 토막이 난다면, 그러면 그동안 집 못 샀던 이들은 없던 집이 거저 생겨나고, 그래서 그 고단한 인생도 좀 펴질 수 있을까?

아니, 아마도 쉽지 않을 것이다. 그때처럼 어느 날 갑자기 집값이 반 토막 나려면 말 그대로 IMF나 서브 프라임 사태와 같은 국가적 경제 위기가 또 한 번 들이닥쳐야 한다는 게 전제돼야 하는 것인데, 만에 하나라도 나라가 그 지경이 될 정도의 상황이 된다면 그깟 집값 반 토막 따위를 따지기에 앞서 당장 자신의 알량한 직장과 사업장은 과연 온전할 것이며, 오를 때도 안 샀던 이들이 바로 눈앞에서 바라던 대로 집값이 반 토막 난들 더 떨어질까 무서워 덤벼들 배짱이나 있겠느냐 말이다. 오를 땐 오른다고 못 사더니만, 떨어질 땐 또 떨어진다고 못 사니 우리네 삶이란 게 그처럼 늘 만만하지 않은 것이다.

아니, 백 번을 양보해 그렇게라도 반 토막이 난 집을 어떡해서 샀다고 한들, 자신이 매입한 뒤에도 집값은 계속 떨어져야 한다고 과연 외칠 수 있겠는가? 경제든 부동산이든 그딴 걸 다 떠나서 말이다. 내가 안 샀을 땐 오르는 게 불륜이요 떨어지는 게 정의지만, 내가 사고 난 뒤에는 오르는 게 로맨스고 세상의 순리라는, 그 한 줌도 안 되는 이중성이 참 역겹다는 말이다, 내 말은.

언젠가 20억 갈 집을 미리 알아보고 10억, 15억 갈 때 미리 살 수 있다면 아마 그보다 더 좋은 일은 없을 것이다. 하지만, 이건 다분히 답안지를 미리 다 까보고 내린 결과론적인 해석이지 과거의 그 시점에선 이 집이 장차 20억이 갈 집인지, 그러니 지금 내가 매입하려는 그 10억, 15억이란 가격이 어느 수준의 가격인지는 도무지 아무도 알 수 없는 영역이다.

그러니 마찬가지로 말이다. 지금 시세로 10억쯤 하는 집인데, 향후 2~3년 이내 5억까지 반 토막이 났다가 5년 후 전고점을 회복하고서 7년 후엔 다시 15억까지 오를 집이 어디 있다고 치자. 그리고 누군가 나서 지금 시세에다 조금 더 인심을 써 11억쯤에 매수했다고 한번 쳐 보자는 말이다. 한 줌도 안 되는 철부지들이야 지금부터 얼마간은 눈 앞에서 몇억씩 빠지니 11억에 산 누군가를 가리켜 '호구'네, 뭐네, 조 리돌림을 할 테지만, 다시 5년 후, 7년 뒤 전고점을 회복하고 그 이 상으로 오를 때가 오면 또다시 꿀 먹은 벙어리가 된 채 뼈 빠지게 일 해서 집 하나도 살 수 없는 '헬조선'이라 징징대는 악순환을 반복하는 것이다. 지난 30년 세월 대한민국 부동산은 시차를 두고 매번 이런 패턴을 그리며 여기까지 왔다.

물론 언젠가 15억까지 오를 그 집을 지금 11억이 아니라 2~3년 더 기다렸다 바닥인 5억에 사서 7년 뒤 15억까지 뼈까지 다 발라 먹을 수 있다면 그것이 최상일 테지만 말이다. 그건 그 누구도 알 수 없는 세상 저편의 영역인 것이고, 그러니 대략 30대 중반부터 60대 중반까 지 경제생활의 한 세대를 30년 정도로 봤을 때 언제든 내 집 한 채는 보유해야 하고, 그건 가급적 빠를수록 좋다는 것이었다, 내 말은. 그 럴 때 비로소 이 변화무쌍한 세상에서 주거비용을 고정하며 오르든 내리든 전체 부동산 시장과 내 자산의 동조화를 이룰 수 있고, 그때 부턴 다른 곳들에 집중할 여력이 생기기 때문이다.

새 정부기 출범한 지 반년이 넘어가는 지금까지 두 번의 부동산 대 책이 발표됐지만, 여전히 무언가 손에 잡히는 건 없다. 굳이 의미를 찾자면 2022년 6월 21일 관계부처 합동브리핑 형식으로 발표된 첫 대책을 통해 앞으로의 5년 동안 이 정부의 부동산 정책 기조와 방향성을 엿볼 수 있었다는 것 정도였다. 말하자면, 앞으로 부동산 가격의 폭등과 폭락 같은 극단은 없다는 것을 대전제로 적정 가격 수준을 유지하고 관리해 나가겠다는 것인데, 그 틈에 일단 '상생 임대인' 제도 등을 통해 임대인을 존중하고, 종부세를 비롯해 다주택자들에게 부과됐던 과중한 세제도 좀 손보겠단 것이다. 물론 신통기획(신속통합기획)을 비롯한 재개발·재건축 등으로 민간 주택 270만 호를 공급하는 한편, 임대주택을 활성화하겠단 복안도 빼놓지 않았다.

그래, 언제나 그렇듯 공급 늘리고 세금 깎아주겠다는데 잘 다듬어진 그 말과 생각이야 좋지 않을 리가 있겠는가 말이다. 하지만, 난 이 대목에서 좀 다른 생각이 들었다. 적어도 부동산 문제에 있어 지금 새 정부가 고민해야 할 부분은 정작 다른 곳에 있는데, 그것들에 대한 정책이나 대책은 빠진 것에 대한 짙은 아쉬움 말이다.

앞선 제언에서처럼 부동산 분야에 있어 새 정부가 출범 전부터 해야 할 과업은 사실 명확했다. 그건 바로 이전 정권에서 벌여 놓은 그 수많은 반시장적인 패악과 상식에 반하는 규제들을 없애 무너진 시장의 생태계를 복원하는 일이었고, 그건 20대 대선 과정을 관통했던 여론조사에서 줄곧 명징하게 확인할 수 있는 민심이었다. 그러니까 말이다. 무너진 시장의 복원이라는 대명제를 앞에 두고 우선순위와 중요도를 따졌을 때 새 정부의 첫 번째 부동산 정책으로 하필 가장 상징성이 떨어지는 종부세나, 그깟 임차인 소득공제 확대 따위를 택했어야 했는가에 대한 대목에서 작은 안타까움이 남는 것이리라.

반년 넘게 이어지고 있는 예기치 못한 전쟁과 코로나 장기화 등으로 촉발된 유례없는 인플레이션, 그리고 고금리 기조 아래서 이 나라의 부동산 문제는 언제부턴가 '영끌'족들의 늘어난 주담대 이자 부담, 아니면 단순한 아파트 가격에만 초점이 맞춰져 있다.

　그래, 지켜보는 입장에서야 집 사지 말라고 그렇게 5년 내내 말했는데, 영혼까지 끌어모아 집 산 자들이 오른 금리 앞에 곡소리 내며 나자빠지는 게 쌤통이요, 집 없는 입장에서야 지난 7~8년 집값 오르는 게 그렇게 배 아팠던 마당에 이제야 집값이 떨어진다니 집 가진 자들 돈 날아가는 거 구경하는 게 세상 고소할는지도 모르겠다. 그러니 언론도 덩달아 대출 이자에 허덕거리는 영끌족이나, 몇억씩 집값 떨어져 당황하는 집 주인들 사연처럼 자극적인 것에 눈이 돌아갔을 것이다. 하지만 말이다. 내 늘 말하듯 그런 쌤통의 심리로는 애초부터 세상에 달라지는 건 아무것도 없다. 내게 없던 집이 생기려면 어떡하든 돈을 모아 집을 사야 하는 것이지, 깔깔거리며 영끌족이나 유주택자를 조롱한들 내 삶으로 돌아와 달라지는 현실은 없는 것이니 말이다.

　내가 생각하는 이 나라 부동산, 아니 평범한 소시민들의 가장 큰 문제는 바로 3~4년 전부터 본격적으로 시작된 거주·이전 자유의 박탈이다. 종부세 역시 그 자체로도 모순이요 문제라고 생각했지만, 사실 한 자락만 접고 생각하면 그건 결국 낼 사람만 내는 세금이요, 이미 헌재에서 합헌 판결을 두 번이나 내린 마당에 더 이상 이중과세라는 지적도 공허해졌으니 그다지 감흥이 없는 것이다.

그러니 말하자면 이런 거다. 집값이 '떡락'을 하든, 대출 금리가 올라 '영끌이'들이 곡소리를 내든, 그것과는 또 다르게 말이다. 집 없는 사람이 집을 사 이사를 들어가는 것도, 집 있는 사람이 집 팔고 이사를 나오는 것도, 살던 집 팔고 새집 사 이사로 옮겨가는 것도, 모든 게 사실상 불가능한 세상이라는 이 엄연한 현실을 어떡하든 좀 풀어야 하지 않겠느냐는 말이다, 내 말은.

아니 그렇지 않은가 말이다. 자식 교육 때문이든, 내 직장 때문이든, 무슨 이유에서든 살던 집 팔고 이사를 갈 때엔 적어도 지금 살던 집이나 동네보다 더 낫거나, 최소한 유사한 수준으로 수평적 이동은 담보가 돼야 무언가 견적이 나오고 출발이 되는 것인데, 팔 때 양도세에 살 때 취득세까지 물고 나니 굳이 이사비나 복비까진 따지지 않더라도 도무지 계산이 서지도, 엄두가 나지도 않는 것이다.

이 와중에 이번 가을, 대통령이 주재한 비상경제민생회의와 뒤이은 주거정책심의위원회를 통해 몇 가지 소식들이 들려왔다. 이제 무주택자나 처분 조건부 1주택자라면 규제지역 안이라도 시세 15억이 넘는 아파트를 살 때 주택담보대출을 받을 수 있고, 분양가 9억이 넘는 아파트에 당첨이 돼서도 중도금과 잔금 대출을 받을 수 있는 세상이 다시 온 것이다. 그래, 대단히 늦었지만, 이 뒤틀린 시장이 비로소 정상화로 가는 첫걸음을 뗀 것이라 생각하며 환영한다.

물론 15억 리밋이 풀리고, 규제지역이 대거 해제되고, LTV가 조정됐다고는 하지만 이들의 매개변수인 DSR이 그대로인 탓에 어차피 받을 수 있는 대출이라고 해봐야 내 연간 소득의 40%를 넘진 못하는 것이고, 이미 주택담보대출 금리가 5%를 넘어 10%에 육박할지도 모른다는 예상까지 나오는 마당에 이제 와 새삼 더 빌려준다고 한들 내가 감당이 안 되는, 그야말로 빛 좋은 개살구라 할지라도 말이다. 하지만 분명, 이 넓고 다양한 시장 속에서 선의의 피해를 봤던 누군가는 이 완화된 정책 몇 가지만으로도 그간 나라 등쌀에 못 갔던 이사도 가고, 못 샀던 집도 사는 혜택을 볼 순 있을 것이다.

부동산이 하락장으로 접어드니 인터넷 공간 곳곳엔 여지없이 유주택자들을 조롱하는 글들이 난무한다. 그래, 내 행복만으론 부족하고, 내 행복에 남의 불행이 더해질 때 비로소 완성되는 쌤통의 심리로 살아가는 게 인간이니 말이다. 구태여 그걸 탓하고픈 마음은 일절 없다. 지난 상승장에서 일부 철부지 유주택자들이 무주택자들을 향해 퍼부었던 저주에 가까운 마타도어가 공격과 수비만 바뀐 채 여전히 계속되고 있다는 그 부질없는 현실이 그저 안타깝고 피곤할 뿐이다.

딴은 그렇다. 나 역시도 지난 5년 내내 개인 블로그며 여기저기 주변에 전 정권의 무도함을 탓했고, 그들이 만든 독소적 규제들은 하루속히 치워져야 한다고 외쳐왔지만 말이다. 하지만 적어도 그건 집값이 계속해 올라야 한다는 욕망 때문이거나, 반대로 이제 와 떨어진다는 집값 앞에서 남몰래 가슴 졸이며 어떡하든 다시 분위기를 반등시켜야 한다는 열망 때문은 분명 아니었다.

집 가진 사람으로서 집값이 오르는데도 기분이 나쁘다거나, 집값이 떨어지는데 기분이 날아갈 듯 즐겁다면 그건 보편적 공감 능력이 결여된 것일 테고, 그런 성인군자 같은 말을 액면 그대로 믿어줄 이 또한 어디에도 없을 것이다. 솔직히 말해서 나 또한 집 가진 입장에서 집값이 오르는데 불쾌할 건 없고, 집값이 떨어진다는데 유쾌할 것도 없는 것이다. 하지만, 그건 어디까지나 내 개인적 기분의 영역인 것이고, 적어도 부동산 대책, 아니 한 나라의 주거정책만큼은 개개인의 유불리나 기분 따위를 떠나 가격에서 조금은 디커플링 돼 보편적이면서도 다수 국민의 주거 안정을 꾀하는 방향성을 지녀야 한다는 안타까움의 발로였다. 언젠가 내 집을 팔고 내가 죽어 없어져도, 또다시 언젠가는 내 아이들이 새로운 집을 사고 그들의 식구들과 계속해서 살아가야 할, 이곳은 그런 땅이기 때문이다.

자본주의 국가에서 구매자가 돈이 있든 없든, 집값이 오를 때든 떨어질 때든, 그건 사는 쪽과 빌려주는 쪽이 알아서 판단할 영역인 것이지, 시세가 15억이 넘는다고 국가가 나서 개인이 민간 금융에서 받는 대출을 0원으로 통제하는 것, 내 청약점수로 당당히 분양받은 아파트에 입주하는데 분양가가 9억, 12억이 넘는다고 국가가 나서 중도금과 잔금 대출을 아예 해주지 말도록 은행을 다그치는 것, 상황과 지역은 일절 고려하지 않은 채 그저 기존에 주택을 가지고 있다는 그 사실 하나에 꽂혀서는 다른 곳에 집을 사거나 전세를 얻을 때 단 한 푼도 대출을 받을 수 없도록 국가가 우악살스레 한 개인의 선택과 결정을 무력화시키는 것, 그래서 수십 년 청약점수 차곡히 모아 당첨이 돼도 돈 없으면 집도 못 사고, 지방이라도 집 하나 있으면 다급한 가정사가 있어도 경기도 어디에 전셋집 하나 얻지 못하는, 그래서 선량한 사람들의 일상을 국가가 가로막는 이런 폭압적이고 불합리한 상황만큼은 제발이지 이제 좀 걷어내자는 거였다.

"지금은 싫고, 똑바로 보고 싶지 않을 겁니다.
피하고 싶겠죠.
하지만 용기를 내서 마주 본다면…
어쩌면 당신도 저처럼
그곳의 가치를 찾을 지도 모릅니다."

드라마 <호텔 델루나>에서 준석의 대사 中

　새 정부가 들어섰다고, 애초부터 달라질 건 아무것도 없다. 어제까지 없던 집이 오늘 갑자기 생기거나, 작년까지 사기 힘들었던 집이 내년에는 갑자기 쉽게 살 수 있게 되지는 않는 것이다. 어차피 삶은 늘 고단한 것이고, 우리네 인생에 있어 요행이나 기적 따윈 좀처럼 드문 일이니 말이다. 그저 제 자리에서 제 역할을 하며 묵묵히 내 길을 걸으면 그걸로 된 것이다. 어떤 세상이 오든, 실상 우리네 삶을 지탱해주는 건, 언제나 그런 일상의 소중함이다.

　정부든, 개인이든 지금의 상황이 싫고, 그래서 피하고 싶을는지도 모를 일이다. 하지만, 외면한다고 해서 달라지는 건 없다. 용기를 내어 삶을, 현실을 마주보는 것이야말로 모든 문제 해결의 첫걸음이다. 우리가 어떤 옷을 입을지, 어떤 모습으로 살아갈지, 어떤 모습을 보여줄지에 대한 선택권은 오롯이 우리 스스로에게 있다는 확신을 가지고 이 긴 글을 마치고 싶다. 옳다고 생각되는 일이라면 해도 괜찮다.

성공과 실패가 모여 우리라는 존재가 완성되고, 그래서 우리라는 존재는 특별한 것이니까 말이다. 어떤 옷을 더 걸칠지, 어떤 옷을 벗어 던질지, 우리 모두는 스스로 결정할 수 있는 권리를 가지고 있다. 그래서 인생은 아름답다.

Your future hasn't been written yet. No one's has.

Your future is whatever you make it.

So make it good one, both of you!

너희들의 미래는 아직 쓰이지 않았어.

자신의 미래는 스스로 만들어 가는 거란다.

그러니 너희 스스로 밝은 미래를 만들어 보거라!

영화 <빽 투 더 퓨쳐3>에서 브라운 박사의 마지막 대사 中

부동산은 과거를 기준으로 오늘을 해석한다는 점에선 객관적 사실의 영역이다. 하지만, 아직 쓰이지 않은 미래를 그려야 한다는 점에선 또한 개인의 주관이 개입된 상상의 자유 영역이다. 과거를 반추하며 실재하는 오늘을 해석하는 건 정도와 깊이의 차이는 있을지언정 누구든지 할 수 있는 일이다. 반면 오지 않은 미래를 상상하고 그리는 일은 그리 녹록지 않으며, 때로는 인생의 성공과 실패를 가른다는 점에서 달콤하지만, 어쩌면 상당히 아찔하고 위험한 일일지도 모른다.

그래, 미래는 아직 쓰이지 않았고, 뭐 하나 정해진 것 또한 없다. 조금 더 빨리 이 시장에 들어온 선배가 이제 막 고민을 시작하는 후배에게 당부하고픈 말 하나, 자신의 미래를 풍요롭게 만들기 위해 저마다 아찔하고도 발칙한 상상의 나래를 펼쳐보시길. 언제나 상상은 자유요, 책임은 본인의 몫이다. 하지만, 우리에겐 늘 스스로 생각하고 결정할 수 있는 힘이, 저마다 지켜내야 할 가족이 있으니 말이다.

아직 쓰이지 않은 미래

지난 5년간 삶의 길목마다 우리를 난처하게 만들었던 정권은 끝이 났고, 또다시 새로운 사람들이 그 자리를 대신해 채웠다. 다른 이념을 가진 쪽에서 정책을 낸다고, 대통령과 장관 몇 명이 바뀌었다고, 그렇다고 해서 우리네 인생에 무언가 드라마틱한 변화는 없을 것이다. 어제까지 없던 내 집이 내일 저절로 생겨나거나, 작년까지 살 수 없었던 집을 내년 들어 갑자기 쉽게 살 수 있는 요행이란 결코 오지 않을 것이기 때문이다. 앞으로의 5년, 그 뒤로의 또 다른 5년, 아마 우리의 삶은 언제나 쉽지 않을 것이고, 또한 매 순간 지금처럼 치열할 것이다.

그저 나와 사랑하는 가족들이 함께 살아갈 내 집 하나를 갖는 문제다. 한없이 어렵고 복잡한 듯 보여도 이 문제의 본질은 이처럼 처음부터 너무나 당연하고도 단순한 것이었다. 마음을 먹고, 무언가 결행하지 않는다면 언제까지나 바뀌는 건 아무것도 없다. 현상 유지도 팍팍한 일상에서 종잣돈을 모으고, 대출을 받고, 또 그렇게 장만한 집에 들어가 세금이며 원리금까지 갚고 살자면 시작 전부터 눈앞이 아뜩하기도 할 것이다. 충분히 이해한다. 나 또한 그랬으니 말이다.

하지만 말이다. 그렇게 내키지 않는 걸음을 한 발짝 움직여 비록 현실은 이전보다 좀 빠듯해질지언정, 2년마다 돌아오는 전셋값으로부터 탈출해 주거비용을 고정시킬 수 있다는 현실적 안정감, 이 시장과 내 자산의 동조화를 통해 스스로를 방어하며 집값의 변동에 초연해질 수 있다는 심리적 위안 같은 것들이 가져다주는 반대급부로 일상을 지탱하며, 비로소 나와 내 가족의 삶을 보편적 궤도 안으로 진입시킬 수 있는 것이다.

새로운 정부가 들어선 지 반년 가까이 지났건만, 치솟는 물가와 인플레이션, 그리고 그걸 잡기 위한 금리 인상이 맞물려 부동산 시장도 다시금 혼돈으로 빠져들고 있다. 누구는 올해보다 내년이 더 힘들 거라 하고, 또 누구는 제2의 IMF가 온다고도 하는 통에 집 가진 사람은 불안하기만 하며, 집 없는 사람은 또 한 번 스스로의 선택이 옳았음을 자위한다. 이런 일희일비가 얼마나 부질없는 것인가는 이미 앞선 이야기로 충분할 테니 그것으로 갈음하고, 어쨌거나 난 지난 5년 동안 그러했듯 앞으로의 5년 또한 묵묵히 지금의 자리에서 내 갈 길을 걸을 것이다.

오늘의 서울을 좋아하며 미래의 서울을 고대하는 내가 정작 동경하는 건 아이러니하게도 살아보지 못한 60~70년대의 서울이다. 격동의 60~70년대, 저마다의 고향을 떠나 서울에 그토록 가고자 이 땅의 숱한 젊음들이 앓았던 갈망의 본질은 무엇이었을까? 그건, 아무리 발버둥 쳐도 좀처럼 바뀔 것 하나 없는 답답한 현실로부터 스스로를 향한 위로이자, 동시에 기회의 공간인 서울에서 앞으로 펼쳐 갈 자식들의 밝은 미래에 대한 희망찬 상상, 아마도 그것이었으리라. 그리고 그중에는 60여 년 전, 강원도 원주를 떠나 이촌향도를 결행하신 우리 할아버지와 할머니도 계셨다.

　　뉴타운과 신축 아파트만을 고집하는 내가 아련한 추억 속에서 문학적 감수성을 얻거나, 땅의 온도를 느끼기 위해 매번 찾는 곳은 아이러니하게도 80~90년대 서울의 후미지고 낡은 골목길이다. 변화의 80~90년대, 앞으로 다시없을 대한민국 반만년 역사상 최고의 경제 호황을 기반으로 중산층이 되고자 이 땅의 서민들이 앓았던 열병의 본질은 무엇이었을까? 그건, 그들의 부모 세대로부터 이어진 가난의 대물림을 내 대에서 끊어 내고, 내 새끼만큼은 먹는 거, 입는 거, 그런 거 부족함 없이 제 하고 싶다는 공부며 운동도 맘껏 시키면서 키워내고자 했던 간절한 소망, 아마도 그것이었으리라. 그리고 그중에는 30여 년 전, 강서구 신월동의 3층짜리 낡은 연립주택을 팔고 신시가지 아파트 입주를 결정하신 우리 부모님도 계셨다.

그 시절 내 할아버지와 아버지의 그것에 비할 바는 아니겠지만 말이다. 나 역시 결혼 이래 걸어온 지난 10년의 세월을 반추할 때, 그간 내가 내렸던 모든 선택과 결정의 기준은 언제나 아내와 함께 만들어 낸 가정, 그리고 그 울타리 안에서 새롭게 태어난 아이들이었다. 만약 아내와 아이들이 아니었더라면, 아마도 그때 그 시점에서 난 조금 더 쉽고 편한 길을 갔을는지도 모를 일이다.

난 그래서 말이다. 이 나라에서의 부동산, 그리고 집이란 단순히 거주라는 물리적 공간이나 큰돈을 벌기 위한 투기의 수단이 아닌, 가족에 대한 가장의 묵직한 책임감이자, 자식에 대한 부모의 무한한 사랑의 또 다른 이름이라고 생각한다. 그리고 한국인이라면 누구에게나 공통적으로 내재 돼 있는 이 DNA야말로 세대를 이어 우리의 팍팍한 삶을 그나마 지탱시켜 주는 원동력이요, 그렇기에 결국은 조금이라도 더 좋고, 조금이라도 더 편하고 넓은 집에 내 가족을 살게 해주고자 우린 오늘도 저마다의 위치에서 각자의 방식으로 이토록 악착같이 버텨내고 있는 것일지도 모르겠다.

평범한 서민이 그깟 집 하나에 자신의 인생과 가족 전체의 명운을 걸어야 한다는 지금의 이 현실이 하염없이 서글프다가도 말이다, 그렇다고 또 그냥 넋 놓고 가만히 앉아 잉여가 될 수는 없는 노릇이니 그 쓰이지 않은 미래를 그리기 위해 이미 집을 장만한 지금에도 난 틈만 나면 로드뷰로 혼자만의 서울 유람을 떠나고는 한다. 세상의 발전으로 구태여 현장에 가지 않고서도 제법 밀도 있게 현장을 둘러볼 수 있는데, 물론 실제로 현장에 간 것에 비할 바는 아니겠으나, 촬영된 시기별로 빼곡히 오버랩 되어 있는 사진 속 거리의 풍경은 오히려 지난 과거와 변화된 오늘을 대조하기에 안성맞춤이다.

그리고 언제나처럼 홀로 조용히 떠난 로드뷰 유람은 중년의 내 할아버지와 그의 어린 자식들이 살았던 성북구 정릉동, 20대 중반의 젊은 신혼부부였던 내 부모님이 갓난 날 살뜰히 보듬었을 관악구 신림동, 그리고 서울 올림픽을 목전에 둔 88년 여름, 목동으로 이사 가기 전까지 살았던 강서구 신월동 어디쯤 있는 옛 동네를 둘러보는 것으로 마무리된다.

무심한 세월은 그 시절 철부지 초등학생을 불혹을 넘긴 중년으로 바꿔놓았지만, 오징어 게임 덕에 한창 주가를 올렸던 달고나 포장마차가 들어앉았던 놀이터도, 아버지가 잡았던 손을 슬쩍 뗀 지도 모른 채 보조 바퀴 없이 처음으로 혼자서 두발자전거 타기에 성공했던 그 골목도, 동네 아이들과 해가 질 때까지 술래잡기를 할 때 썼던 전봇대도 모두 아직은 그대로 있음에 작은 안도감을 느끼는 스스로를 발견하곤 한다. 자고 나면 곳곳에 천지개벽이 일어나는 세상이건만, 이제는 남의 동네가 돼버린 그곳에 어린 시절의 추억 몇 개는 언제까지나 남몰래 남겨두고픈 내 작은 이기심의 발로이자, 너무도 쉽게 변해가는 세태에 대한 부질없는 서글픔 때문이리라.

앞뒤 없는 내 이야기는 일단 여기까지다. 몇 해 전 방송됐던 어떤 드라마의 마지막 대사처럼 그 시절이 그리운 건, 그 동네와 골목이 그리운 건, 단지 지금보다 젊은 내가 보고 싶어서가 아니다. 그곳에 내 할아버지와 할머니의 푸근함이, 아빠의 청춘이, 엄마의 청춘이, 친구들의 청춘이, 그리고 내 사랑하는 모든 것들의 청춘이 있었기 때문이다. 이 책의 첫 장, 프롤로그를 쓰면서 부끄럽게도 내가 쓴 글에 스스로 심취해 가슴 저 한 편으로부터 알 수 없는 먹먹함을 느꼈던 건, 아마 다시는 한데 모아놓을 수 없는 그 젊은 풍경들에 마지막 인사조차 못 했다는 것이 안타까웠기 때문이었을 게다.

두어 달 남짓 일상과 병행해 틈틈이 이어온 집필은 내 스스로에게도 자못 새롭고도 소중한 경험이었다. 공백과 그림을 제하고도 20만 자가 넘는 활자를 떠올리고 조합했던 그 오롯한 혼자만의 시간 동안 줄곧 난 마치 내 안의 또 다른 나와, 60여 년 전의 내 할아버지와, 그리고 30여 년 전의 아버지와 시공간을 초월한 대화를 주고받은 것 같은 느낌이 들었더랬다. 그래서 내겐 수고롭거나 고되기보단 지치고 피곤한 삶을 따뜻하게 위로해 준 참 고마운 시간이었다.

그 밀도 있는 시간 동안 늘 아낌없는 조언을 해주신 크레파스북 이상우 팀장님과 정미현 편집장님, 평범한 월급쟁이에게 흩어진 생각의 조각들을 한데 정리해 볼 기회를 제안해주신 장미옥 대표님께 감사의 말씀을 드린다. 제멋대로 부족한 사위를 항상 인내의 눈으로 지켜봐 주시는 장인, 장모님께 이 자리를 빌어 죄송하고 감사하단 말씀을 드리고 싶다. 그리고 별 볼 일 없는 글을 쓴답시고 주말이면 방에 틀어박혀 자판이나 두들기고 있는 남편과 아빠를 인내심 있게 기다리고 격려해준 사랑하는 아내 윤아와 서현, 다현 두 딸에게도 온 마음을 다해 고마움을 전한다.

무엇보다 지금의 나와 내 아이들이 일상을 영위하고 있는 서울이란 공간에 삶의 터전을 마련하고 전해주신 내 할아버지, 우리 부모님께 존경의 마음의 담아 감사의 인사를 드린다. 그리고 오래전 작고하신 할아버지와, 2년 전 작별의 인사도 드리지 못한 채 갑자기 우리 가족의 곁을 떠나신 아버지께 이 지면을 빌어 다짐한다. 당신들께서 그 시절 그러셨듯이 내가 지켜야 할 소중한 가족들을 위해 앞으로 어떤 세상이 와도 지금처럼 제 자리에서 제 역할을 다하겠노라고. 그래서 언젠가 내게 주어진 소임을 다 하는 날, 다시 우리 삼대(三代)가 정답게 둘러앉아 각자가 저마다의 인생에서 그렸던 서울, 그리고 각자가 내렸던 선택에 대해 이야기꽃을 피워보자고 말이다.

남산 위에 파란 하늘과 높게 내걸린 뭉게구름이 오늘따라 참 예쁘다.

2022년 12월
뽀사장

이미지 출처

045p	©David Fowler / Shutterstock.com
134p	©세종도시교통공사 공식 블로그
210p	(좌) ©lllKWPHOTOlll / Shutterstock.com (우) ©kuremo / Shutterstock.com
217p	(좌) ©Stock for you / Shutterstock.com
227p	©Wikipedia/김민성
273p	©abline.co.kr/
281p	(좌) ©sekitarief / Shutterstock.com (우) ©Keitma / Shutterstock.com
375p	(좌) ©https://tfl.gov.uk/maps/track/tube (우) ©Wikipedia/CountZ